国家社会科学基金项目（12CJY014）研究成果

# 社会资本对我国金融发展与收入分配关系的调节效应研究

马 宏◇著

中国社会科学出版社

## 图书在版编目（CIP）数据

社会资本对我国金融发展与收入分配关系的调节效应研究/马宏著. —北京：中国社会科学出版社，2020.6
ISBN 978 - 7 - 5203 - 3650 - 5

Ⅰ.①社… Ⅱ.①马… Ⅲ.①社会资本—影响—金融事业—经济发展—研究—中国②社会资本—影响—收入分配—研究—中国 Ⅳ.①F832②F124.7

中国版本图书馆 CIP 数据核字（2018）第 266291 号

| | |
|---|---|
| 出 版 人 | 赵剑英 |
| 责任编辑 | 卢小生 |
| 责任校对 | 周晓东 |
| 责任印制 | 王 超 |

| | |
|---|---|
| 出　　版 | 中国社会科学出版社 |
| 社　　址 | 北京鼓楼西大街甲 158 号 |
| 邮　　编 | 100720 |
| 网　　址 | http://www.cssp w.cn |
| 发 行 部 | 010 - 84083685 |
| 门 市 部 | 010 - 84029450 |
| 经　　销 | 新华书店及其他书店 |
| 印　　刷 | 北京明恒达印务有限公司 |
| 装　　订 | 廊坊市广阳区广增装订厂 |
| 版　　次 | 2020 年 6 月第 1 版 |
| 印　　次 | 2020 年 6 月第 1 次印刷 |
| 开　　本 | 710×1000　1/16 |
| 印　　张 | 17.25 |
| 插　　页 | 2 |
| 字　　数 | 258 千字 |
| 定　　价 | 90.00 元 |

凡购买中国社会科学出版社图书，如有质量问题请与本社营销中心联系调换
电话：010 - 84083683
版权所有　侵权必究

# 前　言

改革开放以来，中国居民的收入差距总体上不断扩大，已经超过国际公认警戒线0.4。金融发展是影响收入分配的重要因素，很多学者从理论和实证分析方面深入讨论了金融发展与收入分配之间的关系。一部分学者认为，金融发展使穷人从充分的金融服务中受益，从而有利于减小收入分配不平等的程度。另一部分学者持相反观点，认为金融发展并未使金融服务向穷人和新企业延伸，只有富人以及具有政治关系的企业，才能享受金融服务，从而进一步提高后者的相对收入，因此，金融发展会加剧收入分配的不平等。也有学者主张金融发展和收入分配之间存在倒"U"形关系。即金融发展的初期只有少数富人会受益，收入分配因而恶化。但随着金融中介的进一步发展和穷人财富的积累，穷人也可以跨越金融门槛，获得充分的金融服务，穷人与富人之间的收入差距开始缩小。可见，资本是增加居民收入的关键要素，金融发展与收入分配之间的关系主要取决于金融服务对象是否将低收入群体包含在内。嵌入理论认为，任何一个企业或个人的经济行为总是嵌入社会网络关系中，也必然受到诸如网络、关系、信任、合作等非正式制度潜移默化的影响。中国是一个"关系社会"，在渐进式的社会经济转轨过程中，其传统的社会关系和结构并未被新生的市场机制所瓦解和替代，反而嵌入其中，依然发挥着重要的作用。因此，为了更好地理解中国金融发展与收入分配之间的关系，有必要考虑两者所嵌入其中的社会资本等非正式制度的影响。总体来说，包括人际关系网络、信任与互惠规范等在内的社会资本可以通过增强人们之间的合作关系、减少机会主义倾向、降低交易成本等机制促进金融发展，调节金融发展的规模和结构，使金融发展更好地服务于穷人和中小企业，从而改善居民收入分配关系。

中国目前正处于从传统农业社会和计划经济制度向现代工业社会和市场经济制度的转轨时期。金融发展、收入分配和社会资本在巨大的社会经济制度和结构变革过程中都出现了新的特征。在金融市场领域，多层次、多领域的现代金融体系逐步建立，金融改革逐步深化，但仍然存在国有银行的高度垄断以及政府干预过多、金融市场发展不平衡和金融创新不足等问题。在收入分配方面，国民经济中的收入差距逐步拉大；在社会资本方面，中国转轨期的社会资本出现了结构断裂性危机，具体表现为：在传统"三缘"等强关系网络的强度和效用下降的同时，更广泛的弱关系网络的效用尚未完全发挥；在特殊信任发挥作用的空间变得狭小的同时，培育普遍信任的外部环境还不成熟；在传统伦理道德的约束力弱化的同时，现代契约意识根基尚浅。中国社会资本在转轨时期出现的重大变化使当前的社会资本呈现以下特征：在微观层次，社会资本的载体个人关系网络从封闭性强关系走向开放性弱关系；在中观层次，社会资本的载体民间组织和社区变化巨大，凝聚力下降；在宏观层次，社会资本的内涵普遍信任和公民参与积极性大幅度下降；社会资本分布的不均衡性日益明显；社会资本的固化现象严重。

中国转型期社会资本的这些重大变化必然会影响金融发展和收入分配之间的关系发展变化。社会关系网络的多元化、普遍信任的发展会促进金融发展，帮助低收入群体获得更多的金融服务，缩小居民收入差距，但普遍信任的下降和民间组织、社区发展的不完善则加大了整个社会的交易成本，损害了市场契约精神，弱化了其在改善金融发展的收入分配效应方面发挥的积极作用，而社会资本分布的不均衡发展也会使金融资源的分配不均衡，从而进一步恶化了金融发展的收入分配效应。中国转轨时期的实证研究表示，社会和谐、社会规范的引入总体上降低了非正规金融对收入分配的不利影响，普遍信任可以降低正规金融对于收入分配的不利影响。民间组织可以帮助正规金融和非正规金融发挥降低城乡居民收入差距的作用，城镇社区组织的发展能缓解正规金融对于城乡收入差距的不利影响，但会进一步加重非正规金融对于城乡居民收入差距的不利影响。中小企业拥有的社会资本可以有效地帮助其缓解融资约束，从而提高企业经营绩效。对于微观层次关系，网络的多元化和异质性对非正规金融以及微型金融的促进作用有利于发挥非正规金融和微型金融在缩小收入差距方面的积极作用。农民和农民工等低收入群体拥有的社会资本在帮助其获得更多的金融服务、提升收入方面发挥了积极的作用。但企业和个体社会资本分布的不均衡发展恶化了金融发展的收入分配效应。

可见，社会资本的良性发展有利于优化金融发展的收入分配效应。但是，我国社会资本变迁过程中出现的一些问题阻碍了社会资本积极效应的发挥。因此，应该注重从微观、中观和宏观三个层次构建和完善社会资本，加强对社会资本的管理，充分发挥社会资本的积极作用。另外，也要继续深化金融改革，放宽金融业准入限制，大力发展农村新型微型金融组织（如小额贷款公司、社区银行、乡镇银行、合作金融等）和地方中小金融机构体系，实施区域金融协调发展，让中小企业和低收入者也能够享受到金融服务。在正规金融发展的同时，也要规范非正规金融发展。

# 目 录

**第一章 导言** ………………………………………………………… 1
    第一节 研究背景和研究意义 …………………………………… 1
    第二节 国内外文献回顾 ………………………………………… 5
    第三节 研究框架与主要内容安排 ……………………………… 18
    第四节 研究方法与创新之处 …………………………………… 21

**第二章 社会资本的相关理论综述** …………………………………… 22
    第一节 社会资本的理论发展及其在经济学中的运用 ………… 22
    第二节 社会资本的概念与内涵 ………………………………… 24
    第三节 社会资本的特征与分层 ………………………………… 30
    第四节 社会资本的测量 ………………………………………… 35

**第三章 中国转轨时期金融发展与收入分配的特征及相互关系** …… 45
    第一节 中国转轨时期的金融发展特征 ………………………… 46
    第二节 中国转轨时期收入分配发展的现状与原因 …………… 58
    第三节 金融发展影响收入分配的作用机制 …………………… 66
    第四节 中国转轨时期金融发展与收入分配的关系 …………… 69

**第四章 社会资本对金融发展与收入分配关系的影响** ……………… 74
    第一节 社会资本对金融发展与收入分配关系的积极影响 …… 74
    第二节 社会资本对金融发展与收入分配关系的消极影响 …… 92

# 第五章　中国转轨时期社会资本变迁现状 …… 97

## 第一节　中国转轨时期社会资本变迁方向 …… 97
## 第二节　中国转轨时期社会资本变迁现状 …… 100

# 第六章　中国转轨时期社会资本对金融发展与收入分配关系的影响 …… 123

## 第一节　宏观层次社会资本对金融发展与收入分配关系的影响 …… 124
## 第二节　中观层次社会资本对金融发展与收入分配关系的影响 …… 142
## 第三节　微观层次社会资本对金融发展与收入分配关系的影响 …… 172
## 第四节　社会资本分布的不均衡对金融发展与收入分配关系的影响 …… 215

# 第七章　优化中国社会资本和改善金融发展的收入分配效应的对策 …… 226

## 第一节　优化中国社会资本的对策建议 …… 227
## 第二节　深化金融发展的对策建议 …… 235

# 参考文献 …… 240

# 第一章 导言

## 第一节 研究背景和研究意义

改革开放以来,随着整个经济的市场化转型,中国经济发展取得了巨大的成就,人民生活得到了显著改善和提高。1978—2014年,中国GDP平均年增长率超过9%,大大超过了世界经济的平均增长水平。2013年,中国GDP总量达到9.1814万亿美元,居世界第二位,国民总收入也从1978年的3645.2亿元增加到2013年的566130.2亿元。

表1-1　　　　　　　　国内生产总值和国民收入

| 年份 | 国民总收入（亿元） | 国内生产总值（亿元） | 人均国内生产总值（元） | GDP指数 |
|---|---|---|---|---|
| 1978 | 3645.2 | 3645.2 | 381 | 111.67 |
| 1979 | 4062.6 | 4062.6 | 419 | 107.57 |
| 1980 | 4545.6 | 4545.6 | 463 | 107.84 |
| 1981 | 4889.5 | 4891.6 | 492 | 105.24 |
| 1982 | 5330.5 | 5323.4 | 528 | 109.06 |
| 1983 | 5985.6 | 5962.7 | 583 | 110.85 |
| 1984 | 7243.8 | 7208.1 | 695 | 115.18 |
| 1985 | 9040.7 | 9016 | 858 | 113.47 |
| 1986 | 10274.4 | 10275.2 | 963 | 108.85 |
| 1987 | 12050.6 | 12058.6 | 1112 | 111.58 |
| 1988 | 15036.8 | 15042.8 | 1366 | 111.28 |
| 1989 | 17000.9 | 16992.3 | 1519 | 104.06 |

续表

| 年份 | 国民总收入（亿元） | 国内生产总值（亿元） | 人均国内生产总值（元） | GDP 指数 |
|---|---|---|---|---|
| 1990 | 18718.3 | 18667.8 | 1644 | 103.84 |
| 1991 | 21826.2 | 21781.5 | 1893 | 109.18 |
| 1992 | 26937.3 | 26923.5 | 2311 | 114.24 |
| 1993 | 35260 | 35333.9 | 2998 | 113.96 |
| 1994 | 48108.5 | 48197.9 | 4044 | 113.08 |
| 1995 | 59810.5 | 60793.7 | 5046 | 110.92 |
| 1996 | 70142.5 | 71176.6 | 5846 | 110.01 |
| 1997 | 78060.9 | 78973 | 6420 | 109.3 |
| 1998 | 83024.3 | 84402.3 | 6796 | 107.83 |
| 1999 | 88479.2 | 89677.1 | 7159 | 107.62 |
| 2000 | 98000.5 | 99214.6 | 7858 | 108.43 |
| 2001 | 108068.2 | 109655.2 | 8622 | 108.3 |
| 2002 | 119095.7 | 120332.7 | 9398 | 109.08 |
| 2003 | 134977 | 135822.8 | 10542 | 110.03 |
| 2004 | 159453.6 | 159878.3 | 12336 | 110.09 |
| 2005 | 183617.4 | 184937.4 | 14185 | 111.31 |
| 2006 | 215904.4 | 216314.4 | 16500 | 112.68 |
| 2007 | 266422 | 265810.3 | 20169 | 114.16 |
| 2008 | 316030.3 | 314045.4 | 23708 | 109.63 |
| 2009 | 340320 | 340902.8 | 25608 | 109.21 |
| 2010 | 399759.5 | 401512.8 | 30015 | 110.45 |
| 2011 | 468562.4 | 473104 | 35198 | 109.3 |
| 2012 | 518214.7 | 519470.1 | 38459 | 107.65 |
| 2013 | 566130.2 | 568845.2* | 41908 | 107.67 |

资料来源：国家统计局。

随着经济和居民收入水平的显著提高，中国居民的收入和财富分配格局也发生了重大变化。无论是农村内部、城市内部还是城乡之间，各地区的居民收入差距总体上呈现不断扩大的趋势，贫富差距日益恶化。其中，城乡居民之间的收入差距尤其严重，世界银行报告认为，中国衡量城乡居民收入差距的基尼系数1981年为0.29，1995年为0.39，2006年达到0.45，已经超过国际公认警戒线0.4。据国家统计局的数据，中国的基尼系数在改革开放后呈现逐年上升的趋势。1978年中国的基尼系数为0.317，1988年为0.38，自2000年开始越过0.4的警戒线，2003年以来的基尼系数基本位于0.47—0.49的区间，2008年达到最高水平0.491，随后小幅回落，但总体上看，十多年来都高于国际警戒线。其他研究机构和学者估计的不平等程度甚至会比这更高。根据西南财经大学中国家庭金融调研中心的研究，2010年中国的基尼系数为0.61。这充分反映出中国城乡、行业间收入差距较大。不断扩大的居民收入差距将会诱致各种负面效应，例如，会带来消费不足，导致经济增长减速或者经济危机。除经济增长难以持续外，严重的收入分配不平等还会带来社会不稳定等问题，因此，如何缩减收入差距，优化收入分配成为中国目前迫切需要解决的重要问题之一。

20世纪70年代，麦金龙和肖（Mckinnon and Shaw）在其金融发展理论中首次提出，金融抑制使发展中国家的信贷配给造成的融资不平等，加重了社会收入分配不均，金融自由化改革与发展有助于改善收入分配状况。之后，诸多学者开始关注金融发展对收入分配的影响，分别从理论和实证方面对金融发展与收入分配之间的关系进行了探讨。一部分学者认为，金融发展使穷人从充分的金融服务中受益，从而有利于减小收入分配不平等的程度。另一部分学者持相反观点，认为金融发展并未使金融服务向穷人和新企业延伸，依然只是针对富人和具有某种政治联系的企业，并使后者的相对收入进一步上升。因此，金融发展会加剧收入分配的不平等。还有一些学者主张金融发展和收入分配间存在倒"U"形关系。也有一些学者开始关注非正规金融或微型金融等区别传统正规金融体系的金融形式在提升低收入群体收入方面发挥的积极作用。

自法国社会学家布尔迪厄（P. Bourdieu）1980年提出"社会资本"概念以来，社会资本理论逐渐成为最近20多年来最前沿的理论问题之一。格拉诺维特（Granovetter，1985）明确指出，任何一个企业或个人的经济行为总是嵌入社会网络关系中的，也必然受到诸如网络、关系、信任、合作等非正式制度潜移默化的影响。因此，为了更好地理解金融发展与收入分配之间的关系，有必要考虑两者嵌入其中的社会资本等非正式制度的影响。这里所说的社会资本，是指通过行为个体间或组织间交往联系所形成的社会网络、信任与规范来获取资源并由此获益的能力，具体可分为结构型和认知型两个分析层次，前者又被称为民间社会资本，而后者则被称为政府社会资本。从社会资本角度研究金融发展与收入分配问题也成为该领域令人瞩目的最新发展之一。近年来，国内外学者越来越关注和强调非正式制度社会资本在金融发展与收入分配研究中的重要作用。目前相关理论和实证研究主要集中在以下两个方面：一是研究社会资本与金融发展的关系。普遍认为，社会关系网络、信任、互惠与规范等社会资本形态可以增强人际或企业间的合作关系，减少机会主义倾向，降低交易成本，从而促进金融发展。二是研究社会资本与收入分配的关系。大部分国内外学者认为，社会资本可以通过促进劳动市场信息传播与分享，缓解低收入者的信贷约束以及协调集体行动等机制，提高居民收入水平，缩小收入差距，改善收入分配状况。

中国深受儒家文化影响，是一个"关系社会"，具有独特的文化、人情、礼仪。中国的"关系社会"特质，很早就为学术界所深刻认识（费孝通，1948；黄光国，1989）。在中国渐进式的社会经济转轨过程中，传统的社会关系和结构依然与新生的市场机制并存，共同影响中国的经济和社会发展（王永钦，2006）。因此，社会资本的引入对研究中国转轨情景下的金融发展与收入分配关系也具有独特的价值。作为非正式制度的社会资本可以通过金融发展这个中介机制来影响收入分配，并且转轨时期不同层次、不同特征的社会资本对于金融发展和居民收入分配关系的影响是不一样的。但现有关于中国金融发展与收入分配的研究，要么很少考虑到诸如信任、文化、关系网络等社会资本的重要作用，要么单独分析社会资本与金融发展或收入分配的关系，没有将社会资本、金融发展与收入分配三者纳入同一分析框架，来分析社会资本作为一项重要非正式制度对金融发展与收入分配关系发挥的调节作用。

基于这一认识，本书将基于嵌入性视角，从中国转轨时期制度、金融体制和社会资本的特征出发，建立分析社会资本、金融发展与收入分配三者关系的统一框架，研究不同层次社会资本及其特征对金融发展与收入分配关系的调节效应。基于当前金融发展不断深入和居民收入差距不断扩大的背景，我们的研究将深化人们对金融发展与收入分配关系的认识，从而为有关部门擘画未来金融发展与改善收入分配格局提供新的思路与理论及实证证据基础。

本书研究的新视角与系统研究方法的理论价值在于，它将突破目前既有研究在理论与分析上的局限，包括在分析金融发展与收入分配关系时对社会资本的普遍忽视以及缺乏对社会资本、金融发展与收入分配三者关系在不同社会经济背景下嬗变的考察，将结合中国经济转型的特定背景改进和完善现有对于社会资本、金融发展与收入分配三者关系进行理论探讨。

从实践中看，本书对中国的社会资本建构、金融改革和制度完善提出的改进思路和政策建议有利于指导中国各级政府、金融部门和社区、个体等主体采取适当措施，改善收入差距不断扩大的现状。

## 第二节 国内外文献回顾

**一 金融发展与收入分配关系的相关文献回顾**

（一）正规金融发展与收入分配的关系

20世纪90年代以前的金融发展理论很少专门研究金融发展与收入分配的关系，只是隐含在金融发展与经济增长的关系之中。1973年，经济学家麦金农和肖先后出版了《经济发展中的货币和资本》与《经济发展中的金融深化》。他们对金融发展与经济增长进行了创新性研究，提出了M—S模型。他们在模型中指出，应该使实际利率等于均衡利率，政府应该实行利率自由化，不得对利率实行管控，防止通货膨胀，实现金融自由化。他们还指出，发展中国家收入分配不均的加剧是由于政府的金融抑制和金融管控政策。发展中国家存在利率限制的金融政策，既控制贷款利率又控制存款利率。在实际利率低于均衡利率的情况下，资金需求增加，现有的资金量又不足，为了获得信贷支持，就会出现"寻租"或资金分配给一些低效率国有企业。这种非价格性的信贷政策使社会投资的效率降低。为了提高资金的使用效率，促进经济发展，应该提高实际利率，使其尽可能地等于均衡利率。

随后，加尔比斯在继承麦金农和肖的理论基础之上构建了两部门模型，提出了"金融抑制"理论。在1977年发表的《欠发达国家的金融中介与经济增长：一种理论探讨》一文中，他假定经济是由落后和技术先进两个部门组成。两个部门所生产的产品相同，按照同一个价格进行销售。加尔比斯指出，技术不仅会带来较高的资本收益率，还会提高劳动者的报酬。他假设部门1得不到银行贷款；部门2可以从银行取得信贷支持，取得的多少由部门1的储蓄决定。当利率升高时，部门1会增加存款，减少非必要投资；部门2也会积极提高资金的使用效率，从而加速经济的快速健康发展。可是，在大多数发展中国家，由于制度、法律和现实状况等原因，利率受到严格管控，低于均衡利率。在此情况下，贷款需求大于资金供给，部门1潜在的存款者由于利率低会把资金投向低效率的项目上，部门2由于存款资金减少使潜在的贷款者贷不到资金而损失获利机会。其结果是限制了金融发展，影响了实际的经济增长，形成了"金融抑制"。

20世纪90年代，经济学家开始对金融发展与收入分配之间的关系展开正式研究。经济学家从不同的角度，运用不同的研究方法来对其展开讨论，得出了不同的结论。他们的观点主要可以分为以下三种：①金融发展与收入分配呈倒"U"形关系；②金融发展缩小了收入差距；③金融发展扩大了收入差距。

1. 金融发展与收入分配呈倒"U"形关系

倒"U"形关系曲线是由库兹涅茨在1955年发表的《经济增长与收入不平等》一文中提出的。库兹涅茨指出："在长期中，收入结构波动存在不平等性：在由农业文明向工业文明转变的早期阶段，不平等性扩大；经过一段时期之后，趋于稳定；在后期阶段，不平等性再一次扩大。"在图形中表现为收入的不平等性与经济发展程度呈现倒"U"形变化。库兹涅茨认为，在经济发展的初期，资本在原始积累过程中集聚了大量资本，进而促进了城市化和工业化快速推进，这必然会导致城乡收入差距拉大。随后，随着经济的持续发展，一方面，城市化水平的不断提高和城市基础设施的日益完善，吸引了大量的非城市人口涌入城市工作，从而增加了个人收入；另一方面，政府也通过行政立法手段，保障低收入者的利益，减小了收入差距。这一假说不仅首次将收入分配与经济增长因素一起进行分析，而且也为国家发展提出了"先市场，后社会"的理论依据。

格林伍德和约瓦诺维克（Greenwood and Jovanovic）在1990年发表的《金融发展、增长和收入分配》一文中构建了一个动态模型来讨论经济增长、金融发展和收入分配三者之间的关系[①]。模型的假设前提是有两种投资方式，但是，一个人在一期中只能选择一种投资方式：一种方式是投资低收益率、低风险的无风险资产，如购买国债；另一种方式是投资高风险、高收益的风险资产，如实业投资。企业的投资回报率随着社会资产平均收益率和具体项目的盈利率波动。单个企业投资者可以得出最后的投资回报率，但不知道社会资产的平均收益率和具体项目的盈利情况。金融中介机构掌握着充分的投资信息，秉持着审慎性原则，对项目的收益和风险进行评估，使自身获得高收益，同时也保证了存款人的较高回报。但是，享受金融中介机构的服务需要付出一定的成本，在第一期中，会付出固定的成本，在以后的每一期中会在前一期的成本上加上一定比例的可变成本，这样，就形成了一种财富门槛。在经济发展早期，金融发展水平较低，由于金融机构较少，彼此之间缺乏竞争，运营成本较高，高收入人口由于有能力承受高额的金融中介费用而享受金融服务；低收入人口由于无法承受金融中介费用而被排斥在金融市场之外。随着经济的发展和金融机

---

[①] Jeremy Greenwood, Boyan Jovanovic, "Financial Development, Growth, and Distribution of Income", *Journal of Political Economy*, 98, 1990, pp. 1076-1107.

构的效率提升，金融服务费用的下降，以及低收入人口自身的储蓄率水平的提高，积累的财富不断增加，可以享受到一定的金融中介服务，收入差距会缩小，收入的不平等性会得到缓解，收入分配格局将会稳定。这样，金融发展与收入分配差距经历了先扩大后缩小的过程，呈倒"U"形状态。在模型上，他们得出了与库兹涅茨相似的结论。阿吉翁和博尔顿（Aghion and Bolton, 1997）基于信贷市场的不完善性建立的模型也表明，初始资本积累过程会加剧收入不平等，但是，随着资本积累的增加，后期将逐渐缩小收入不平等差距，因此，随着金融发展，收入分配呈倒"U"形变化[①]。汤森德和乌达（Townsend and Ueda, 2003）构建了一个更为完整的动态模型，探讨了金融深化对收入分配的影响及其动态演化路径，并论证了金融发展与收入之间的关系遵循库兹涅茨曲线。

2. 金融发展缩小了收入差距

20世纪90年代后期，经济学家开始关注于金融发展的正效用，围绕"金融发展→经济增长→降低贫困→缩小差距"的研究思路展开。1993年，Galor 和 Zeira 在《收入分配与宏观经济》中提出，金融发展与收入不平等性呈负相关关系。他们假定生命周期分为两个时期，每个人都可以以非熟练的方式加入两个时期的工作，也可以在第一时期进行技术积累后再进入第二个时期工作。不熟练的劳动者工作于效率低、工资率低的传统部门；熟练的劳动者工作于效率高、工资率高的现代企业部门。每个人都愿意为达到一定的熟练程度而付出成本。他们也指出，由于个人初始财富的不同，财富多的人，人力资本投资也多；财富少的人，人力资本投资相对较少。因此，在第二期，初始财富多的人收入高，初始财富少的人收入低，从而初始财富的差异影响着整个经济活动。因此，金融发展与收入不平等性之间并不是倒"U"形关系而是呈负相关关系。

Banerjee 和 Newman（1993）在 Galor 和 Zeira 的两部门模型基础

---

① Aghion, P. and Bolton, P., "A Theory of Trickle – Down Growth and Development", *Review of Economic Studies*, 64, 1997, pp. 151 – 172.

上,又分析了职业选择与财富分配之间的关系,建立了三部门模型①。他们依据风险和收益的不同,认为财富投资存在三种选择:第一种投资于无风险资产,第二种自我雇佣生产,第三种投资办企业,从事高风险高收益活动。与此相对应,形成了四种职业选择:第一种是雇佣工人,第二种是企业家,第三种是自我雇佣,第四种是不工作。由于金融市场初期,信贷市场不完善,人们不能充分利用信贷市场的资金进行融资,因此,初始财富的能力决定了融资能力。富人在利用自身良好的初始财富的基础上,从信贷市场上获取资金,雇用工人开办工厂,进行生产,收入分配的差距会因初始财富和信贷市场的不完善而扩大。

Imran Matin、David Hulme 和 Stuart Rutherford (1999) 认为,通过金融服务创新,穷人也可以获得金融服务,从而提高消费和人力资本积累,增加自身收入,突破自身初始财富的门槛限制,缩小与富人的收入差距。

在实证层面,大多数学者利用跨国数据对于金融发展与收入分配关系的实证研究,研究结论基本上都支持金融发展有利于改善收入分配不平等程度的观点。Clark、Xu 和 Zou (2003) 使用 91 个国家 1960—1995 年的数据进行实证研究,认为金融发展会显著降低一国收入分配差距。贝克等 (Beck et al., 2004) 的研究表明,在金融自由化过程中,最低收入阶层的收入增长往往快于人均 GDP 的增长,因此,金融发展有利于缩小一国的贫富差距。Beck、Demirguc – Kunt 和 Levine (2004) 的研究表明,金融发展可以惠及穷人,增加穷人的信贷比例,促进穷人收入更快地增加,从而降低收入的不平等。Beck、Demirguc – Kunt、Laeven 和 Levine (2008) 以及 Beck、Demirguc – Kunt 和 Maksimovic (2005) 通过对跨国的产业和企业层面数据进行实证研究,发现金融发展既对于面临严重信贷约束的小企业更有利,也可以增加对劳动力的需求。如果这种劳动力需求的增加主要体现为低技术

---

① Newman, A. F., Banerjee, A. V. and Newman, A. F. et al., "Occupational Choice and the Process of Development", *Journal of Political Economy*, 1993, 101 (2), pp. 274 – 298.

工人的劳动机会增加，金融发展就有利于减少收入差距。Beck、Levine 和 Levkov（2007）对美国银行业放松管制的考察也发现，放松金融管制可以通过增加对非熟练工人的需求，减少收入分配不平等。

3. 金融发展扩大了收入差距

一些学者对于发展中国家的数据进行了研究，发现收入的不平等性并没有随着金融机构的建立和金融法律法规的完善而缩小，反而越来越大，社会的贫富问题越来越突出，因此，提出了金融发展对于收入分配具有负效应的观点。最有代表性的学者是 Maurer 和 Haber，他们（2003）认为，随着金融发展的不断深化，低收入者的融资渠道并没有得到改善，仍然面临着融资难问题。相反，高收入者能够凭借自身的特殊身份，比低收入者享受更多的金融服务特别是信贷服务，使其获得回报的方式更多样。其结果是低收入者和高收入者之间的收入差距并没有因为金融发展而降低，反而扩大了。因此，在社会精英统治的国家，金融深化不是增强而是减弱了金融市场的竞争，增进了高收入者的福利，而牺牲了低收入者、中产阶级的利益。

Galbraith 和 Lu（1999）从金融危机角度研究了金融发展与收入差距之间的关系，指出金融危机使低收入者成为最终受害者，收入差距拉大。Philip Arestis 和 Asena Caner（2004）从金融自由化角度研究金融发展与收入分配之间的关系，认为虽然金融自由化的发展能够增加低收入者的金融服务机会，增加信贷，但对于低收入者而言，由于缺乏必要的资金管理技能和高收益的投资机会，导致资源配置低下，因此，他们往往得不到正的收入效应，反而会使收入减少，财富缩水，收入差距扩大。

大多数国内学者在利用中国数据进行检验时得出的结论大多都支持中国的金融发展扩大了收入分配差距的观点。章奇、刘明兴、陈和陶然（2003）以银行信贷占 GDP 的比重为指标来衡量一个地区的金融发展水平，发现金融中介的发展拉大了城乡收入差距。姚耀军（2005）研究发现，中国 1978—2002 年金融发展与城乡收入差距之间呈现正相关关系且具有双向的因果关系。杨俊、李晓羽和张宗益（2006）认为，由于我国金融发展水平不高，并具有信用约束较高的金融门槛效应，因此，我国金融发展主要是为富人提供金融服务，进而扩大了全国、农村以及城乡居民收入不平等程度。郑长德（2006）对金融和城镇居民收入分配关系的研究表明，金融中介的发展拉大了城镇居民收入差距。张前程和范涛（2008）对中国1978—2007年的相关数据进行分析，发现城乡金融发展规模和效率的非均衡在一定程度上拉大了城乡收入差距。

也有少数学者认为，我国的金融发展有利于缩小我国的收入差距。国内学者苏基溶、廖进中（2009）对中国2001—2007年的省际面板数据进行的研究发现，中国的金融发展可以有效地提高贫困家庭的收入水平，降低收入分配不平等程度。张文（2010）也认为，我国金融发展水平的提高有助于缩小我国城乡收入差距。

可见，虽然国内外学者对于金融发展与收入分配之间的关系并没有形成统一的结论，但遵循的逻辑基本是：金融发展与收入分配的关系主要取决于金融服务对象。如果金融服务向穷人和小企业等弱势群体延伸，则金融发展会改善居民收入分配不平等状况。如果金融发展只为富人和大企业服务，则会加剧收入分配的不平等。但上述研究仍然囿于"社会化不足"的新古典经济学研究范式，主要关注正式制度安排下金融发展与收入分配的关系，没有考虑非正式制度社会资本的引入会对金融发展与收入分配的关系产生的影响。

（二）非正规金融发展与收入分配关系的文献回顾

发展中国家的金融系统一般被分割为正规金融市场和非正规金融市场。多数学者认为，由于发展中国家存在严重的不完全信息、金融政策的扭曲和金融抑制等因素，因此，借贷机制灵活、效率高，依靠当地的某种社会机制和自律机制执行合同的非正规金融作为一种理性对策必然存在。但是，目前在大多数金融发展与收入分配关系的研究文献中，金融发展指标主要侧重于正规金融，而忽视了发展中国家金融体系中的重要组成部分——非正规金融（相对于官方的正规金融制度和银行组织而言自发形成的民间信用部门）。虽然非正规金融与收入分配关系的研究在某种程度上可以借鉴正规金融发展与收入分配的关系研究成果，但不能完全套用，因此，有必要对非正规金融与收入分配的关系进行独立研究。理论上说，由于非正规金融主要是为无法从正规金融机构获取贷款的穷人和中小企业等弱势群体服务，因此，可以直接提高低收入者的收入水平，降低贫困，在缩小收入差距方面能发挥比传统的正规金融融资平台更重要的作用（Mran Matin, David Hulme and Stuart Rutherford, 1999）。

目前，国内外关于非正规金融与收入分配关系的研究主要隐含在非正规金融的融资效应、经济增长效应和提高农民收入效应等功能贡献的研究之中。研究表明，非正规金融的发展既可以改善低收入群体的融资状况，提高低收入群体的收入水平，进而改善居民收入分配不平等状况，又可以促进经济增长，发挥经济增长的滴流效应，进而改善社会居民收入分配状况。

Besley 和 Levenson（1996）指出，非正规金融组织能够满足那些被正规金融机构拒之门外的中小企业和家户的融资需求，帮助它们跨期平滑生产经营生活中的风险与不确定性，进而促进经济增长。Calomiris、Rajarraman（1998）指出，相比正规金融市场，非正规金融市场能够获得相对充分的信息以及隐性抵押，因而减少了贷款的违约风险，使缺乏担保和抵押的农民有机会获得小额贷款进行小规模和短期投资，促进经济增长。

国内学者也利用中国数据进行了相关实证检验。刘民权、徐忠（2003）提出，非正规金融能够有效地降低风险，提高资源配置效率，增加储蓄规模，为交易提供便利，增加资本积累和推进技术创新，所有这些优势都促进了经济增长。林毅夫等（2003）证实，中国非正规金融在中小企业融资方面的作用是正规金融无法完全替代的。钱水土、陆会（2008）研究发现，非正规金融在满足不同收入等级农户多样化的资金需求上能发挥比正规金融更大的作用。钱水土和俞建荣（2007）从实证角度探讨了农村非正规金融对农民收入的影响。高艳（2008）对农村非正规金融和农民人均纯收入关系进行了计量检验。结果显示，两者之间存在长期稳定的正向相关关系，并且非正规金融在促进农民增收的效率上要高于正规金融。刘海波、张丽丽（2009）认为，农村非正规金融的存在有利于农民增收。

(三) 微型金融发展与收入分配的关系

虽然有研究表明,通过金融服务为低收入群体提供信贷是缓解贫困、缩小居民收入差距的有效途径。但据世界银行 CGAP 2005 年的年报,全世界大约有 30 亿人缺少获得金融服务的途径,其中大部分为贫困者及低收入者。因此,在传统正规金融体系之外,专门向目前金融体系并没有覆盖的小型和微型企业及中低收入阶层提供小额度的可持续的金融产品和金融服务的一种新型金融方式——微型金融开始在全球迅速发展。

微型金融一般由国家政府、非政府组织、捐赠者或多边发展银行资助建立。早在 18 世纪,爱尔兰民族主义者约纳姗·斯威福特发起了信贷基金制度,有偿地向穷人和普通家庭提供短期的小额信贷。随后,大量的类似信贷基金在爱尔兰不断建立,截至 1840 年,总共有 300 多个信贷基金成立,其金融服务的特征都是为低收入群体提供低于市场利率的贷款。进入 20 世纪 70 年代,孟加拉国格莱珉银行(Grameen Bank)开始利用联保群体发放贷款的方式为低收入家庭提供免抵押担保小额信贷。由于这种贷款具有金额微小、手续简便、还款率较高、利率水平高和可持续性强等特点,因此,经营取得了一定成功,其经营模式在全世界尤其是发展中国家开始不断蔓延发展,掀起了一场"小微金融革命",信用组团、非政府组织和商业银行都参与到微型金融的运作之中。

各国学者从多个角度对微型金融缓解和消除贫困问题的机制和效果等进行了理论和实证研究。代表性观点认为,微型金融主要通过以下途径来减少贫困:第一,提供金融信贷等基本的金融服务,缓解低收入群体面临的信贷约束,帮助其获得持续性的收入,同时增加其抵抗风险的能力。第二,构建参与者之间的交流平台,帮助参与者最有效地使用贷款并获得最大收益(Mawa,2008)。第三,通过改善低收入群体的营养、健康和儿童的教育等因素间接地提高其收入水平。第四,通过提高妇女的参与程度和社会资本总量,使妇女的收入水平大大增加,从而有利于整个社会的贫困减少。

大部分的经验研究也证实了参与微型金融项目的家庭收入水平都

会有较大程度的提高。Chowdhury、Mahmood 和 Abed（1991）研究发现，早期参与孟加拉国农村发展委员会（BRAC）项目的人收入来源更多，能获得更高的收入水平，拥有更多的资产以及更有机会获得高收入的工作。Imai 等（2010）利用 99 个发展中国家的跨国面板数据进行研究，结果发现，微型金融的总体贷款量与度量贫困的 FGT 贫困指数呈显著负相关的关系，微型金融可以显著降低贫困发生率、贫困深度和贫困强度等多个指数，使最贫困的群体能从中受益。

可见，无论是从直接影响效应还是从间接影响效应来看，微型金融都有利于低收入群体收入水平的提高和贫困水平的降低，进而缩小一国居民收入差距，改善收入分配的不平等程度。

## 二　社会资本与金融发展关系的文献回顾

借贷关系是金融发展的主要关系之一，借贷的完成是以彼此之间的信任为基础的，而社会资本的基本核心概念就是信任，正是社会关系网络间的相互交流与合作增强了人与人之间的信任，因此，社会资本是影响金融发展的一种重要的非正式机制。社会资本可以通过社会关系网络、人际信任和互惠规范等方面，增强人们之间的合作关系，减少机会主义倾向，降低交易成本，促进金融和经济发展。

Guiso、Sapienza 和 Zingales（2004）对意大利进行的实证研究表明，社会资本是导致意大利不同地区金融发展差异的关键因素之一。在社会资本较高的地区，个人（家庭）更愿意投资股票，更多地使用支票，因此，该地区的金融发展水平更高。

Karlan（2001）对秘鲁社会资本与银行业的关系研究发现，社会资本越高的地方，相应的贷款偿还率、储蓄率和储蓄收益率越高。并且文化相近和地理位置相近的群体之间发生的借贷效率更高。Calderón、Chong 和 Galindo（2001）对 48 个国家 1980—1994 年的信任和金融结构、金融发展等数据进行了分析，研究表明，信任水平越高，金融深化程度和金融效率也越高，并且法律法规越不完善，信任对于正式制度的替代作用越明显。随后，Guiso 等（2004）研究发现，信任与金融发展指标之间存在显著的正相关性。金融交易双方的信任程度越高，借贷契约越容易实施，借款者越容易获得信贷资金。而社会整体信任水平的提高也会扩大信用交易规模，促进金融发展效率的提高和金融市场的有序运行。并且在法律制度不完善和人们教育水平相对较低的地区，社会资本对金融发展的这种积极影响效应更明显。

张俊生、曾亚敏（2005）对中国各地区社会资本与金融发展之间的关系进行的实证研究也表明，社会资本相对优势与地区金融发展之间存在正相关关系。卢燕平（2005）的实证研究发现，社会资本在中国的金融发展和金融合同的运用中起着非常重要的作用。皮天雷（2010）研究表明，转型期的社会资本是对法制的有效替代体制，对促进地区金融发展具有显著的积极正效应。

在非正规金融市场，学者研究发现，基于社会资本（如网络关系、信任等）的民间金融行为是普遍存在的。林毅夫（2005）、张捷（2003）等认为，基于人缘、地缘而拥有的对借款者的信息获取优势以及"声誉机制"使非正规金融得以顺利开展。徐璋勇、郭梅亮（2008）的研究表明，农村民间金融产生的内生性原因在于农村中长期积淀的乡土文化能有效地解决由于市场信息不对称所引发的逆向选择和道德风险问题。程昆、潘朝顺、黄亚雄（2006）从社会资本微观、中观和宏观三个层面分析了我国农村社会资本的现状及其在农村非正规金融运行中的作用，认为农村社会资本的变化及其对农村非正规金融运行有着重要的影响。张改清（2008）认为，农村居民社会资本是依靠村落人际关系网络形成的，进而其成为民间金融交易的主要渠道。而在渠道的形成中微型金融的重要因素——信任成为农村金融交易的基础，但是，由于农村居民本身的特点，引起农村金融契约的发展受限。

在微型金融市场，熊芳（2014）对新疆维吾尔自治区乌苏市6个村庄的调查研究显示，从联保贷款小组的形成以及聘用本地信贷员等方面来看，微型金融机构在提供金融服务过程中注重社会关系网络、互惠、信任和参与等社会资本的运用。张建杰（2008）认为，农村社会资本的高低会影响农村地区新型金融机构的发展。李兰兰、赵岩青（2008）从社会资本要素角度剖析了我国小额信贷的运作情况。

上述研究表明，宏观层次的社会资本对于各种形式的金融发展都具有积极的作用，而正规金融体系以外的非正规金融和微型金融的发展则主要依赖于中观和微观层次社会资本的发展，与宏观层次社会资本的发展关系不大。Guiso 等（2004）研究发现，非正式借贷与宏观层次社会资本的水平存在负相关关系［在宏观层次社会资本低的地区，从朋友和亲戚借款（非正式借贷）的可能性提高］。

### 三　社会资本与收入分配关系的文献回顾

近年来，国内外学者越来越关注具有广泛内涵的社会资本（包含如信任、互惠、网络、规范、团结等诸多因素）在收入分配中的重要角色。卢里在对劳动力市场研究中首先发现，社区的社会资源所体现的社会资本决定了处于不同社会地位群体的收入和就业机会。随后国内外学者分别利用国外和国内的数据进行了理论和实证分析。大部分学者认为，社会资本可以通过促进劳动市场信息传播与分享，缓解低收入者的信贷约束，协调集体行动等机制提高居民收入水平，缩小收入差距，改善收入分配状况。一些学者研究了社会资本对收入和贫困的影响。格鲁塔弗特（Grootavert，1999）认为，社会资本可以提升家庭收入和消费。C. 格鲁特尔特和 T. 范·贝斯特纳尔在《社会资本在发展中的作用》一书提出，无论是民间社会资本还是政府社会资本，都在减轻个人和整个国家的贫困程度方面发挥了重要作用。周长城（2003）在《贫困：一种社会资本视野的解释》中提出，社会资本质量低劣的人群容易贫困，因此，要摆脱贫困需要从发展社会资本方面寻找契机。边燕杰（2004）研究发现，城市居民的社会资本可以帮助提升其收入水平。刘国亮和武美闯（2006）研究表明，家庭社会资本与家庭收入之间存在明显的正相关关系。钟云华和杜旭宇（2006）认为，社会资本可以帮助农民增收，因此，要大力培育和完善有利于农民增收的各种社会资本，弱化不利的社会资本。张爽（2007）从社区和家庭两个层面分析了社会网络和公共信任对降低农村贫困的积极影响。佐藤宏（2009）认为，农村社区层面的社会资本有利于农村收入增长。

另一些学者研究了社会资本对收入分配的影响。Stephen Knack（1999）、Lindon J. Robinson、Marcelo E. Siles、Terrence Casey 和 Kevin Christ（2005）分别对国外数据的研究都发现，社会资本有利于改善

收入分配，缩小收入差距。赵剑治（2009）对家庭的社会关系网络与农村居民收入差距的关系研究发现，社会关系网络有利于农村居民收入差距的缩小。朱建军、常向阳（2010）分析发现，构成村庄社会资本的互助度因子对居民收入差距的缩小有显著的正向影响，而另外两个信任度因子和参与度因子对居民收入差距的影响不明显。

也有部分国外学者认为，社会资本不一定会改善居民收入分配，反而会进一步加深居民收入分配不平等状况。虽然社会资本能够有效地提高居民收入，缓解绝对贫困，但是，如果我们进一步从网络结构、不同网络的性质以及动态的观点来看待社会关系网络的作用，会发现穷人和富人在网络结构方面存在巨大的差距，并且这种差距随着时间的推移会发展得越来越不利于穷人从中获益。首先，从网络结构来看，穷人在网络结构中处于相对不利的地位，其摄取资源的能力和所获得的资源数量都比网络内的富人要少。其次，穷人可以接触到的社会网络比富人少很多，并且可利用的资源十分有限。因为"物以类聚，人以群分"，穷人的社会关系大部分都不富裕，只能让其度日，几乎不可能为他们以及他们的子女提供良好的工作或其他机会，贫困的代际传递现象十分严重。而富人的社会关系不仅可以使他们继续维护他们的经济地位，而且可以传递给他们的子孙后代，保证他们的子孙后代可以接受良好的教育，获得体面的工作。可见，穷人和富人进入了不同的社会关系网络，形成经济—社会二维极化，社会资本二维极化进一步加深了经济不平等，并使不平等更具有持续性。如果个人将其财富和社会维度的特性（如肤色或户口特征）都传给下一代，则下一代首先面临的是比上一代极化程度更高的初始条件，因而必将面对比上一代更加不平等的经济结果。（Mogues and Carter，2005）

### 四　评述

上述研究表明，社会资本能够通过金融发展这个中介机制影响收入分配。然而，迄今为止，绝大多数相关文献还局限于分别考察金融发展与收入分配、社会资本与金融发展或者社会资本与收入分配两两之间的关系。现有研究鲜有将社会资本、金融发展与收入分配三者纳入同一分析框架，分析社会资本作为一项重要非正式制度对金融发展与收入分配关系所发挥的调节作用。此外，众多国内外学者在研究时也未充分考虑市场化的发达国家和转轨中的发展中国家之间在市场机制、法律等正式制度和社会资本等非正式制度上可能存在的巨大差异，尚未有任何理论或实证研究探讨中国转轨时期社会资本的多层次与动态变化等特征对金融发展与收入分配的关系产生的影响。并且目前研究侧重于分析社会资本对于金融发展产生的积极影响，对于社会资本带来的负面影响研究不足。这些不足在很大程度上制约了对社会资本、金融发展与收入分配三者互动关系认识的深化。

因此，本书将在上述研究的基础上，重点对不足部分进行探索，通过构建社会资本、金融发展和收入分配的统一分析框架，从理论和实证上分析中国转轨时期不同层次社会资本及其特征在调节金融发展与收入分配关系方面所发挥的积极作用和消极作用。并基于研究结论，从社会资本和金融发展的角度提出如何提升居民收入、缩小居民收入差距的政策建议。

## 第三节 研究框架与主要内容安排

### 一 研究思路

基本思路是：在收集整理相关文献资料和数据的基础之上，构建嵌入性视角下的社会资本、金融发展与收入分配的理论框架，结合中国转轨情景的特点，提出相应的理论假说，然后运用中国省际数据对相关理论假说进行实证检验，最后得出结论，提出相应的政策建议。本书研究的具体技术路线如图 1-1 所示。

### 二 主要内容安排

第一章主要介绍本书的研究意义、国内外文献回顾、研究思路和框架、研究方法和创新之处。

第二章为社会资本的相关理论综述。本章主要内容包括社会资本的理论发展及其在经济学中的运用、社会资本的概念与内涵、社会资本的特征和分层以及社会资本的测量方法。

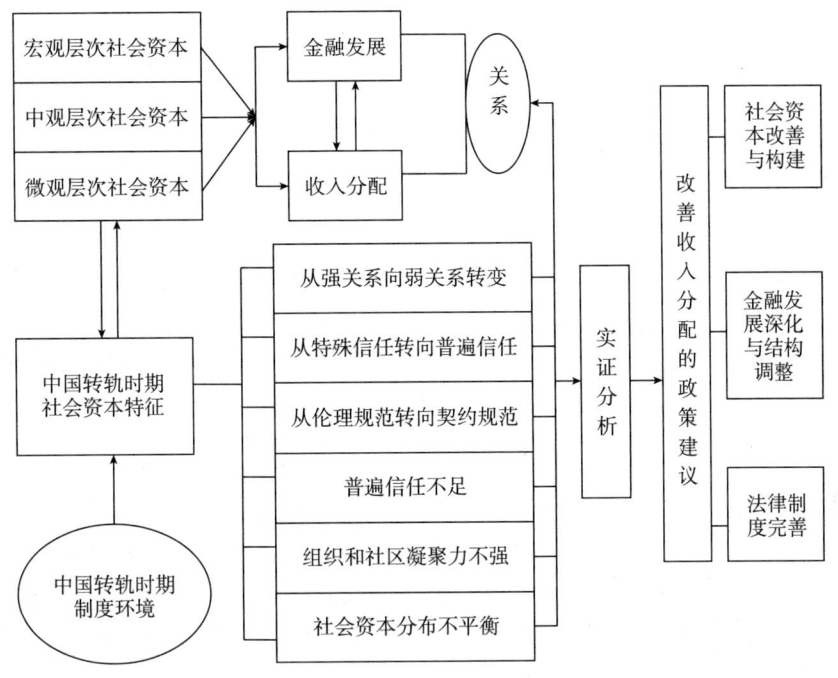

图1-1 本书研究的具体技术路线

第三章研究中国转轨时期金融发展与收入分配的特征及相互关系。本章主要介绍中国转轨时期的金融发展特征，分析中国转轨时期收入分配发展的现状和原因，论述金融发展影响收入分配的作用机制，介绍中国转轨时期正规金融、微型金融和非正规金融对于收入分配的影响。

第四章研究社会资本对金融发展与收入分配关系的影响。首先介绍社会资本对金融发展与收入分配关系的积极影响。认为社会资本作为影响金融发展和收入分配的一种重要的非正式机制，可以调节金融发展的规模和结构，提升低收入群体的融资信用，帮助低收入群体更好地获得金融服务，从而使金融发展能更好地发挥缩小居民收入差距的作用。接下来，分析社会资本对金融发展与收入分配关系的消极影响。认为中观和微观层次社会资本自身的一些缺陷，例如封闭性、排外性、分布格局的自我固化、规模不经济、对正式制度的阻碍以及被一些反社会的组织滥用等,会使金融资源的分配不合理的现象进一步加重,金融发展的环境恶化,从而制约金融发展,恶化金融发展的收入分配效应。另外,宏观层次社会资本的发展也会降低低收入群体对非正规金融的依赖水平,降低非正规金融的收入分配效应。

第五章研究中国转轨时期的社会资本变迁现状。首先,研究中国转轨时期社会资本的变迁方向,主要表现为关系网络范围突破传统血缘、地缘和亲缘限制逐步扩大;信任方式逐步由特殊信任转向普遍信任;行为规范从伦理规范逐步转向契约规范。其次,研究中国转轨时期社会资本的变迁现状,主要表现为普遍信任缺失、社区和民间组织凝聚力下降、个体网络多元化和不均衡发展等方面。

第六章研究中国转轨时期的社会资本对金融发展与收入分配关系的影响。本章运用中国转轨时期的相关数据,分别实证研究宏观层次社会资本、中观层次社会资本和微观层次社会资本三个层次的社会资本对于金融发展与收入分配的关系的影响。其中,宏观层次社会资本涵盖社会和谐、社会规范和普遍信任三个维度,中观层次社会资本主要从民间社团组织、社区和企业三个方面进行分析,微观层次社会资本则侧重于个体关系网络,最后分析企业社会资本分布的不均衡和个体社会资本分布的不均衡对于金融发展与收入分配关系的影响。主要研究结果显示,社会资本作为影响金融发展和收入分配的一种重要的非正式机制,可以通过培养信任和合作,降低交易成本等调节金融发展的规模和结构,提升低收入群体的融资信用,帮助低收入群体更好地获得金融服务,提高低收入群体的收入水平,从而改善金融发展与居民收入差距的关系。社会资本对于非正规金融与收入分配关系的积极影响最显著。但是,社会资本分布的不均衡发展也会使金融资源的分配不均衡,从而进一步恶化金融发展的收入分配效应。

第七章研究优化中国社会资本和改善金融发展的收入分配效应的对策。在以上理论与实证分析基础上,评估社会资本如何影响金融发展与收入分配差距之间的关系,并从改善收入分配状况的角度,提出中国社会资本构建和金融发展的政策建议。

## 第四节 研究方法与创新之处

### 一 研究方法

一是理论分析法。运用发展经济学、制度经济学、社会资本理论以及现代金融发展等相关理论，建立理论框架与动态模型，对转轨经济情景下社会资本、金融发展与收入分配三者之间的互动，特别是后两者之间的关系如何受社会资本的影响得出理论分析结论。

二是比较分析法。比较不同层次社会资本与金融发展的结合形式以及对于收入分配的联合效应。

三是实证分析法。分别使用中国 31 个省份的面板数据、中小型高科技上市公司的公开数据以及农民和农民工的实地调研数据等多层次的数据，从宏观、中观和微观等角度对中国不同层次社会资本对于金融发展和收入分配的关系进行了实证检验。

### 二 创新之处

一是视角上创新：将社会资本、金融发展和收入分配纳入同一分析框架，构建嵌入性视角下的社会资本、金融发展与收入分配的理论框架，分析中国不同层次社会资本特征对金融发展与收入分配关系的调节效应。

二是方法上创新：采用中国 31 个省份的年度数据、中小型上市公司的公开数据和农民以及农民工的实地调研数据从宏观、中观和微观等角度对中国不同层次社会资本对于金融发展和收入分配的作用以及社会资本对金融发展的收入分配效应的影响程度进行实证研究。

# 第二章 社会资本的相关理论综述

## 第一节 社会资本的理论发展及其在经济学中的运用

"资本"是经济学中的一个核心概念，斯密、李嘉图、凯恩斯和马克思等经济学家都提出资本在经济中发挥着重要作用。早期的资本指的是以机器、设备等实物形态和以货币形态存在的生产性资源。随着人类研究领域的扩大，19世纪60年代，人力资本逐渐加入了资本的大家庭中，人们开始意识到资本也存在于劳动之中，而不仅仅以实物和货币的形式出现。

然而，学者对人力资本的研究往往仅从个体层面进行，缺少对群体的人力资本研究。近年来，社会资本作为一个社会概念和经济概念的融合，成为传统经济学分析框架所考虑的人力资本、物资资本后的第三种资本要素形态，阿罗、索洛、科尔奈、速水佑次郎等经济学家都发表过对社会资本的见解。因此，社会资本作为对其他两种资本的补充和拓展很快就在经济学中得到了广泛运用。随着社会资本理论的不断发展，除经济学和社会学外，它还被广泛应用于管理学、政治学、心理学等诸多领域。

社会资本理论是一门新兴但却发展迅速的社会科学理论，是多学科交叉领域。最早提出"社会资本"一词的是汉尼芬（1916），他主要用社会资本来说明社会交往有利于教育和社群社会的发展，但是，他没有明确界定社会资本的概念。直到19世纪80年代，布尔迪厄才第一次正式地界定社会资本的概念。他认为，社会资本与社会网络相关，是一种社会关系网络中可以控制的或者能够控制的资源。布尔迪厄对社会资本的正式界定引起了社会学者的广泛注意，几十年后，美国学者科尔曼（1988）进一步丰富了社会资本的定义。他在《美国社会学学刊》上发表的代表作《作为人力资本发展条件的社会资本》一文中提出，社会资本是"个人拥有的社会结构资源"。在布尔迪厄、科尔曼的历史时代，大多数社会资本的研究都局限于社会学角度，从经济学及其他学科角度来研究社会资本的还十分有限。1996年，哈佛大学教授普特南发表的《使民主运转起来》改变了这种现状，社会资本的研究终于全面进入了经济学领域，涌现出大量以经济学方法和理论解释社会资本以及运用社会资本解释经济现象的文献，社会资本在经济分析中逐渐占据了重要的位置。

经济学家沃尔科克（Woolcock）是最先肯定社会资本的经济意义的学者。他发现，除土地、劳动、物质资本和人力资本以外，经济主体之间的信任、合作与承诺也可以提高劳动生产率，促进经济增长。因此，增长理论在分析物质资本、金融资本、人力资本作用的同时，也同时关注社会资本的作用。普特南（1996）认为，社会资本是一种组织特点，表现为信任、规范和网络等。他在研究意大利南北政府绩效时发现，南北方地区社会资本的差异在解释南北制度绩效差异方面起着关键作用。在经济繁荣的意大利中北部地区，公民活动的网络和规范比较健全，这些社会网络使企业能够获得足够的资源，降低了交易成本，从而形成了具有竞争力的产业集群，经济发达；而在南方地区，政治结构垂直，社会生活孤立，公民之间信任缺失，从而导致没有形成如北方一样的集群产业，企业缺乏活力。日本著名经济学家速水佑次郎则认为，国家、市场和社区是经济发展制度的三个有机结合，国家通过命令配置资源，市场通过竞争配置资源，而社区则通过合作配置资源，命令、竞争和合作构成了社会经济系统运行不可或缺的三大机制，其中，社区组织产生的信任合作等社会资本将发挥越来越重要的作用。

除上述学者外，还有福山、博特、格兰诺维特、林南以及国内的边燕杰、赵延东、张宏文等众多学者丰富了社会资本的理论研究，对于社会资本在社会学、经济学研究中的范围拓展以及社会资本与中国国情的联系进行了广泛的研究。

## 第二节 社会资本的概念与内涵

### 一 社会资本概念的提出

如上文所说，社会资本理论是一个多维度的概念，涉及社会学、经济学以及政治经济学的诸多方面。其理论研究是从物质资本到人力资本，再到社会资本发展而来的，其摆脱了物质化的资本形态，拓展了经济学、政治学、社会学的研究范围，是多学科糅合的交叉地段。

最早的"社会资本"概念是马克思在与私人资本相对应时提出的，这与现在流行的社会资本概念大相径庭。现代意义上的社会资本概念是从布尔迪厄开始的，随后科尔曼、普特南、福山、格兰诺维特、博特、林南等社会学、经济学家不断深入探索，社会资本的概念逐渐清晰。

"社会资本"的概念在20世纪初由赫里芬和大卫初步提出并且阐述了"社会资本"的概念，但是，他们没有系统性地阐述社会资本。1980年，法国社会学家皮埃尔·布尔迪厄第一次明确提出"社会资本"的概念，认为社会资本是"与关系网络有关的实际或者潜在资源的集合"。布尔迪厄是从个人角度来界定社会资本的，他认为，社会资本就像是一种能为其所有者带来收益的工具，但该工具的获得需要个人对社会能力进行长期的精心构建。随后，美国社会学家詹姆斯·科尔曼（James Coleman，1988）在布尔迪厄的社会资本的功能性定义基础上增加了社会资本的结构性功能，认为社会资本是表现为社会结构资源的资本财产。布尔迪厄和科尔曼对"社会资本"的开创性研究，虽然只限于社会学领域，但却为社会资本的后续研究奠定了基础。一些学者在此之后将"社会资本"概念引入政治、经济和文化等其他学科领域。其中，美国哈佛大学教授罗伯特·普特南（Robert Putnam）发表了一系列关于社会资本的研究，使"社会资本"概念在全球引起了广泛关注。在布尔迪厄和科尔曼的社会资本理论研究的基础上，普特南更加注重社会资本在实际生活中的应用，推动了社会资本的研究。随后，威廉姆森在之前的社会资本研究者所注重的信任的作用基础上系统性地描述了信用的概念和发展。

## 二 国外学者具有代表性的社会资本定义

在"社会资本"概念引起学术界广泛注意之后，许多学者从不同的视角对"社会资本"概念提出了自己的见解。虽然对社会资本没有一个统一的明确定义，但是，各界学者对"社会资本"的一般概念已普遍认可。具体来看，具有代表性的社会资本定义主要有以下五个种。

### （一）皮埃尔·布尔迪厄的观点

布尔迪厄认为，社会资本从本质上看是与社会关系网络紧密相连的实际的或潜在的资源的集合，这种社会关系网络虽然不是由制度强制规定的，但是，它是人们在各种制度规范约束的社会实践活动中自然形成的一种制度化的关系网络。个人可以通过使用自己拥有的社会资本来获得收益，收益大小会因每个人的能力差异而不同。布尔迪厄将资本分为经济资本、文化资本和社会资本三种形式。三种不同形式的资本可以相互转换，但转换的难易程度存在不同。他认为，经济资本是一切资本存在的基础，所以，经济资本容易转换成社会资本，但社会资本转换成经济资本的过程比较复杂。由于三种资本之间相互转换性的存在，个人在社交活动中投入的时间、体力和物质花费，从经济学角度来看，似乎是浪费资源，但从社会资本角度来看却是值得的，因为这些投入最终会为个人带来经济收益，而且这些收益将会大于之前的投入，是有利可图的①。

### （二）詹姆斯·科尔曼的观点

科尔曼认为，"社会资本由许多不同的实体构成，是表现为社会

---

① 包明亚：《布尔迪厄访谈录——文化资本与社会炼金术》，上海人民出版社1997年版，第195—207页。

结构资源的资本财产,具有一定的生产性"。因此,社会资本是一种具有生产性的社会结构资源,它具有不可转让性和非排他性等性质,不隶属于任何个人,但是会给社会结构中的个人带来收益。并且,科尔曼认为,社会资本有五种表现形式:一是义务与期望;二是信息网络;三是规范与有效惩罚,即社会关系网内部有一个约定俗成的约束;四是权威关系;五是多功能社会组织和有创意创建的社会组织。社会资本的价值不是固定不变的,时间的向前运动会使社会资本慢慢地贬值。所以,为了保持社会资本的价值,需要不断地对其更新并使其增值[①]。

### (三) 林南的观点

林南在布尔迪厄和科尔曼的基础上,对社会网络在社会资本中的作用进行了发展和完善。林南认为,社会资本是一种嵌入在社会网络之中的具有流动性的资源,这种流动性资源的获得要以社会结构的存在和个人有意识的行动为条件,即人们只有采取有意识的行动,才可以获得存在于社会结构之中的社会资本。此外,林南还对社会资本如何发挥作用进行了阐述:第一,社会资本能促进信息的传递。因为市场竞争条件一般是不完全的,所以,处在社会网络关键点的个人或组织通常能够掌握更详细的市场信息,这些信息对个人或组织做出理性选择具有重要作用。借助这些有价值的信息,组织可以降低交易成本,个人可以得到更多的使自己获益的机会。第二,个人拥有的社会关系资源能够反映其信用水平。如果个人被其社会关系网中的其他关系人认为是值得信赖的,这些关系人又被关系网之外的其他人认为是可信的,那么其他人会增加对这个人的信任水平。

### (四) 罗伯特·普特南的观点

普特南认为:"社会资本指的就是信任、规范和网络等社会组织的特征。它们能够通过推动协调和行动来提高社会效率和物质资本、

---

① [美]詹姆斯·科尔曼:《社会理论的基础》(上),社会科学文献出版社1990年版,第340—351页。

人力资本的投资收益。"① 一个简单的例证就是以货币为媒介的商品交易与易货贸易的比较，货币产生的基础是信任，显然，货币贸易比易货贸易更有效。虽然信任能够提高社会效率，但是，在长期社会交往中形成的社会规范却是促进信任产生的重要因素，因为社会规范可以有效地减少机会主义行为。此外，他还认为，社会资本具有公共物品的性质，它可以存在于社会群体成员形成的关系网之中，并被各个成员所共有。群体成员应该维持或发展本群体的社会资本，并合理运用这些社会资本来改善自己的状况。

（五）福山的观点

福山（2001）从信任角度对社会资本进行了阐述，在其名著《信任：社会美德与创造经济繁荣》一书中，他将社会资本定义为由社会或社会的一部分普遍信任所产生的一种力量，诸如文化范畴、非正式规范、群体信任。

（六）罗家德的观点

罗家德将社会资本分为个体社会资本和集体社会资本两个层面。个体社会资本指的是个人建立的网络关系，个人可以通过网络关系获取资源，个人关系网络的规模决定其获得资源的数量和质量。集体社会资本是指社群网络结构，包括网络结构的建立方式、网络成员的交往频率、网络成员彼此间信任程度、网络规范的约束作用等特征。

### 三 弱关系理论和嵌入性理论的发展

在社会资本理论形成的早期阶段，各领域学者多从个体或群体的角度出发，解释社会资本的内涵及成因，随着对关系网络研究的不断深化，学者逐渐对"社会资本"的概念有了新的认识，从基本关键词信任、规范、网络出发，通过对社会网络中人际关系及个体与网络联系程度，学者将人际关系细分为关系紧密但网络同质性较强（网络成员背景和拥有的信息基本相同）的强关系与关系松散但异质性较强（网络成员背景和拥有的信息具有一定差异）的"弱关系"，将

---

① 黄其松：《社会资本：科尔曼和帕特南的比较》，《云南行政学院学报》2007年第6期。

社会资本的研究对象拓展为个体、网络、个体与网络之间关系三种方向，并进而提出了弱关系理论和嵌入性理论。

在弱关系理论中，格兰诺维特与博特是不得不提到的重要学者。格兰诺维特认为，关系的强弱影响了网络成员能够获得信息的性质以及个人能否实现其行动目的的概率。美国是一个弱关系社会，因此，弱关系网络在为网络成员提供信息并帮助其实现个人目的方面能发挥更大的作用。格兰诺维特在探寻求职者找工作与社会网络直接关系的时候发现，求职者在找工作时不一定用强关系来获得与自己能力匹配的职位，而是用弱关系，弱关系能让社会网络中的个体获得更多的有效资源。因此，他认为，社会资本是网络中的个人通过他们的成员身份在网络中或者更宽泛的社会结构中获取稀缺资源的能力。博特也将社会关系按强弱的不同进行了区分，并且将个体用 player 替代了 actor，这表示他认为个人是积极能动的，个人在有机会行动时会利用这些资源和资本获利。因此，社会资本是指朋友、同事、一般熟人，通过他们个人能获得试用金融和人力资本的机会。

社会资本经济理论中所隐含的行为假设是弱嵌入性。嵌入性理论是指应该将社会资本的研究"嵌入"个体社会网络中去。美国社会学家格兰诺维特（1985）在布尔迪厄联系网络的基础上创新性地提出"弱嵌入性"概念，对社会资本重新定义[1]。格兰诺维特认为，现实中的企业或个人的经济行为不是独立存在的，而是嵌入社会网络关系中的，这是一种"弱嵌入"状态，可分为关系性嵌入和结构性嵌入。前者是指企业或个体的经济行为嵌入其与他人形成的关系网络中，后者是指企业或个体所处的关系网络与其他社会网络的联系并形成了覆盖全社会的网络结构。因此，嵌入社会网络中的企业或个人的经济行为必然会受到网络结构中诸如关系、信任与合作等非正式制度潜移默化的影响（Granovetter and Swedberg，1992）。社会网络结构能为身处其中的成员提供管理和利益，社会网络中产生的信任和重复交易能降

---

[1] Granovetter, M., "Economic Action and Social Structure: The Problem of Embeddedness", *American Journal of Sociology*, 1985, p. 91.

低商业交易中的交易成本。

在格兰诺维特的"嵌入性"研究推动下,从资源的获取方面出发,林南也认为,社会资本的确立是为了嵌入社会网络中去。他将资源分为实际拥有的资源和因为个体嵌入社会网络中虽没有被直接占有但可以被利用或从他人那里获得的资源。这就说明,个体之间交往的目的是从他人那里获取资源,即社会关系的确立是嵌入社会网络中的目的。

可以说,弱关系理论及嵌入性理论的引入为研究经济活动开拓了更为广阔的空间,将一些原本无特征的、理性的经济行为嵌入特定的情景中,使之在更复杂的体制中进行,涉及的资源联系更为复杂庞大,也为社会资本的探究注入了新鲜活力。美国社会学家格兰诺维特曾写过一篇文章,名为《弱网的强力》。提出弱网的作用十分重大,在强网之中,人们都相互熟悉,每个人都知道其他人所知道的,所以,无助于新的信息和观念的传播。弱网则不同,它可以成为新信息、新观念和新机会的传播渠道,把不同"族"联系起来。强网对于身处不安全地位的人来说,由于其可支持性和可利用性,却十分重要。

随着研究的深入,各领域学者围绕着信任、规范、网络、嵌入性、弱关系等关键词,从不同角度都对社会资本进行了多方面阐述。如林南(2005)认为,社会资源可以定义为为了某种目的而获取的,或被动员的、嵌入社会结构中的资源;索布尔(Soble,2002)认为,社会资本描述的是一种环境,在此环境中,个人可以使用集团中的成员或关系网去获得利益。联合国开发计划署(UNDP)认为,社会资本作为一种自觉形成的社会规则就像是黏合剂,把物质资本、自然资本、人力资本结合在一起。世界银行(2005)定义的社会资本是促进集体行动的规范和网络。张其仔(1999)认为,"社会资本从形式上看就是一种关系网络",但对社会资本的考察不能忽视各国不同的文化、法律以及制度等方面的差异。边燕杰(2002)认为,社会资本是行为主体与社会建立的关系网络并通过这种关系网络联系获取稀缺资源的能力。社会网络密度对个人行为具有约束作用,个人拥有的社会资本质量与其在群体网络中的位置直接相关,处在社群网络中"结构洞"位置的人通常能借助其掌握的信息和权利实现个人目的。

**四 总结**

以上是中西方学者对"社会资本"概念提出的比较有影响的定义,由于对社会资本界定的角度不同,导致对社会资本的定义也不尽相同。但总的来说,对"社会资本"概念可以从三个方面来把握:第一,社会资本是一种存在于社群关系网络中可供社群成员利用的资源。但社群不同成员在社群网络中所处的位置不同以及个人社会网络规模不同,其调配资源的能力也存在差异。第二,社会网络的规范和网络成员之间的团结与信任是社会资本存在的基础,社会资本规模与社会网络结构、位置、成员密集程度等因素密切相关。第三,社会资本是嵌入社会体系的一个有机组成部分,因此,整个社会的政治、经济、文化等背景因素会对社会资本网络结构的形成、转变和消亡产生影响。

综上所述,我们可以将社会资本界定为通过行为个体间或组织间交往联系所形成的社会网络、信任与规范来获取资源并由此获益的能力。它是一种新型的资本,它具有增值性和结构性,它可以使网络中的主体获得一定的资源和收益,而信任、规范和网络是社会资本的核心内涵,这些内涵能给社群及其成员带来利益,有利于社会信息的传播和共享,资源的集聚和交易成本的降低,因此,社会资本对社群成员个人的发展、集体的进步甚至整个社会的繁荣都具有重要意义。

## 第三节 社会资本的特征与分层

**一 社会资本的特征**

作为一种资本,社会资本首先应该具备资本的基本特征。杨雪东(2000)认为,社会资本具有与物质资本、人力资本一样的共同特点:可以通过个人对关系网络的物质、情感、时间和精力等的投入来积累而成,有规模效应,需要不断地更新,具有生产性,培育和维护积极的人际关系可以获得经济收益和良好的机会。程民选（2006）把社会资本的资本属性归为以下四个方面：第一，社会资本是一种资源；第二，获得和积累社会资本需要耗费一定的资源，有一定的机会成本；第三，社会资本的获得和积累具有收益性；第四，社会资本投资具有外部性。卜长莉（2005）认为，社会资本还具有互惠增值性，即社会资本是短缺的，可以为有支配权的个体带来利益上的增值。同时，社会网络的每一个个体，都遵从社会网络中的相关规范，互惠的方式能为网络中的个体带来集体的增值，有利于促进集体行动。

除上述资本的基本属性外，由于社会资本的存在形式主要是关系网络、信任和规范等，与物质资本和人力资本的存在形式有一定的区别，因此，社会资本还具有一些特征。第一，社会资本与人际关系网络紧密相连，不具有具体的独立性，是一种无形资产，看不见，摸不着。第二，社会资本具有一定的外部性。它根植于人际关系中，是网络关系内部成员间共有的资源，但对于关系网络外部的成员则具有一定的排他性。因此，社会资本的外部性具有积极和消极两种：积极的外部性可以促进社会普遍信任的产生，加强彼此联系等；消极的外部性则体现在排斥圈外人、限制人身自由等。第三，社会资本具有不可转让性。社会资本是嵌入性的结果，个体只能够通过嵌入某种社会网络中来获得资源，却不可以通过另一人转让而获得。

**二 社会资本的分层**

（一）按照研究内容的不同进行分类

Anirudh Krishna 和 Norman Uphoff（2000）认为，社会资本对经济发展的影响通过两类完全不同类型的社会资本即结构型社会资本和认知型社会资本的相互作用来实现，因此，社会资本可以分为结构型社会资本与认知型社会资本两种形式。结构型社会资本强调的是能够帮助人们实现目标的正式和非正式地位，各种明显或者隐含的规则、先例、程序以及其他的社会联系与网络。认知型社会资本指的是人们的精神活动所产生的准则、价值观念、态度和信念，它们受文化与意识形态的影响，能帮助人们实现特定的目标。认知型社会资本的核心概念是信任。相对而言，结构型社会资本比较客观，容易被观察到；而认知型社会资本更为主观，且难以观测。结构型社会资本与认知型社会资本只有在互相匹配时，才能互相强化并共同帮助行为主体实现特定的目标，否则就会相互削弱并对经济主体的行为造成障碍。因此，人们在构建结构型社会资本的同时也要注重信任等认知型社会资本的培养。可见，结构型社会资本和认知型社会资本是紧密联系在一起的，是社会资本的主要构成形式。

（二）按照研究对象的不同进行分类

1. 微观、中观和宏观三个层次分类

布朗（Brown，2000）认为，"社会资本"的概念可以从微观、中观和宏观三个层次来进行界定。

（1）微观层次社会资本。也称为嵌入自我的观点，考察的是社会个体如何通过他所嵌入的网络实现资源调配而为自己带来经济利益。布朗研究发现，社会个体拥有的关系网络是其获得有价值的资源如工作或升职机会、升学、名誉、信用等的重要途径。微观层次社会资本拥有三种构成形式——嵌入社会结构中的资源、资源的可获得性和对这些资源的使用。布朗嵌入自我的观点与布尔迪厄、科尔曼等的社会资本理论有些相似之处，都认为，社会关系网络是一种可利用的资源，个人通过建立和使用这种资源可以实现其个人目的，改善自身的状况。普特南定义的社会资本即个体和家庭网络这类社会组织以及有关的规范和价值观就属于微观层次社会资本。

（2）中观层次社会资本。也称为结构的观点，研究的是网络结构对网络中社会资本形成和配置效果的影响，主要分析社会网络由于在结构、位置、成员密集程度等因素上的差异而产生的社会资本在数量和质量上的差异，强调企业、社区、团体等组织所在的社会网络结构及信任、规范对参与个体社会资源获取能力的影响。因此，社会资本的主体是由许多个人结成的某个区域或某一团体作为一个整体所拥有的可促进其成员发展的社会网络结构和社会文化因素，社会资本在网络成员的集体行为中产生，包括特定区域或团体内的信任、互惠和规范。主要以非正式制度、组织惯例、习俗规则而存在。科尔曼是中观层次社会资本研究的代表，他认为，社会资本是由一系列具有社会结构特征的不同的实体组成，这些实体可以促使结构内部的参与者行使某种行为。

（3）宏观层次社会资本。宏观社会资本被布朗称为嵌入结构的观点。嵌入结构的观点关注的重点不是个人和由许多个人联结形成的社会网络，而是一个社会的社会大环境，研究社会体系中的政治、经济、文化、规范、信任等因素对网络结构的形成、网络结构差异以及网络结构转变的影响，以及由此带来的资源的配置及流动、社群行为及效率的改变。因此，宏观层次社会资本主要是指区域或国家的正式制度关系和制度结构，比如政权、法律规则、法院体系、公民自由和政治权力等。奥斯特罗姆等认为，在任何社会里面，良好的法律规则、民主气氛以及政府等宏观层次社会资本都是非常有价值的。格鲁塔弗特甚至认为，社会资本最主要的内容就是正式化的制度结构。诺斯（North，1990）和奥尔森（Olson，1987）对于制度的研究就可以看作对宏观层次社会资本的研究。

布朗指出，微观、中观和宏观三个层次的社会资本并不是相互独立，而是相互影响的。一个层次社会资本的变化会给其他层次社会资本带来影响，其他层次社会资本的变化也会给本层次社会资本带来冲击。宏观制度可以通过特定的制度框架发挥作用，进而加强或削弱微观主体和中观组织活动的影响力，也可以引入、支持自下而上的微观层次社会资本和中观层次社会资本的发展并使其制度化，微观层次社会资本和中观层次社会资本的发展则可以影响到政府政策的形成及绩效。比如，一方面，宏观制度能给中观组织的发展提供良好的环境，而中观组织的繁荣维持了宏观制度的稳定。法律制度的完善也会让人们更好地履行契约，从而有助于声誉和其他非正式方法在解决问题方面发挥的作用。另一方面，三个层次的社会资本之间存在某种程度的替代性。当宏观制度不完善时，非正式制度可以成为宏观制度的补充来发挥作用，但当宏观制度日益完善时，社会资本在微观层次上的作用就会逐渐削弱。

可见，微观层次社会资本的主体注重的是个体，中观层次社会资本的主体注重的是团体，宏观层次社会资本的主体注重的是共同体。

2. 市民社会资本（外部）和政府社会资本（内部）分类

在布朗微观、中观和宏观三层次分类的基础上，阿德勒等和纳克（Knack）采取了一种两分的分类方法。其中，阿德勒等将微观层次社会资本和中观层次社会资本合称为外部社会资本，因为它来自行动者的外在社会关系。而宏观层次社会资本则形成于行动者（群体）内部的关系，因此属于内部社会资本。纳克（2002）将社会资本分为政府社会资本和市民社会资本[1]。政府社会资本主要是指影响人们互利合作的制度，这些制度最常用的分析方法包括合同的实施、法律法规、政府允许的公民自由的程度等。市民社会资本主要是指群体共同的价值观、规范、非正式关系网和协会会员，而这些都会影响个人集体工作去实现共同目标的能力。可见，市民社会资本和政府社会资本的划分其实是对微观、中观、宏观层次划分方式的一种综合和归纳。

3. 个体层次和集体层次分类

有些学者从个体与集体角度对社会资本进行划分。科尔曼按照社会资本的服务对象是个体还是集体的标准将其划分为个体社会资本和群体社会资本。波特斯等认为，个体社会资本主要产生于行动者的外在社会关系；集体社会资本则形成于行动者（群体）内部的关系，表现为群体内部的规范、信任和网络联系，其功能在于提升群体的集体行动水平。前者的受益者是群体，在群体中产生合作效应。后者的受益者是个体，即社会资本个体带来的资源（Brown，1997）。因此，个体社会资本的拥有者是个体（个人或一个团体），指的是产生于个体外部社会网络并嵌入个体社会网络中的、能够为个体行动提供权力、财富、声望、信息、机会、知识等便利的资源。集体社会资本的拥有者是社团、社区、国家等集体，主要产生于集体内部的信任、规范和参与网络等组织特征，从而促进集体成员的互惠合作，直接服务于公共利益。布尔迪厄、博特是从个体层次分析社会资本的；而普特南和博特则是从集体层次研究社会资本的。

---

[1] Knack, S., "Social Capital and the Quality of Government: Evidence from the U.S. States", *American Journal of Political Science*, Vol. 46, No. 4, 2002, pp. 772–785.

总体来看，社会资本是个人或组织可以使用的社会资源，包括信任、关系和规范，其中信任属于认知型社会资本，关系和规范属于结构型社会资本，社会资本的拥有者既可以是微观层次的个体，也可以是中观层次的社会或社会组织以及宏观层面的区域或国家。微观层次社会资本和中观层次社会资本可以称为市民社会资本，而宏观层次社会资本就是政府社会资本。微观层次社会资本和中观层次社会资本属于个体社会资本，而中观层次的社团和社区社会资本与宏观层次社会资本则属于集体社会资本。综合以上分析，我们可以将社会资本的分类用图2-1来表示。

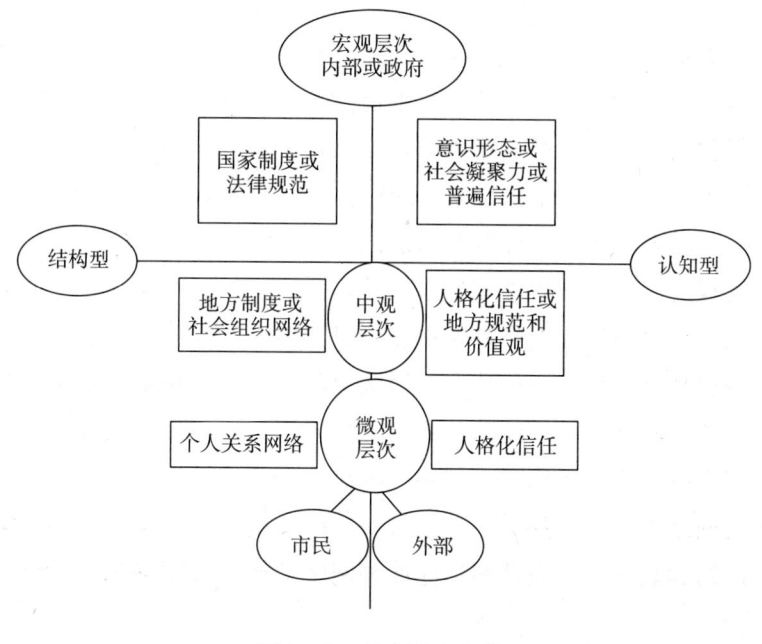

**图2-1　社会资本分类**

## 第四节　社会资本的测量

在对社会资本构成及层次有了基本了解后，就需要对社会资本进行测量，社会资本测量一直是社会资本研究中的难点。福山认为，缺乏科学准确的测量方法已经成为社会资本研究中最大的弱点之一。这是因为，社会资本的核心概念为信任、规范和关系网络，但是，影响这些核心概念的因素都比较主观抽象、难以测量的。社会资本和人力资本一样无法直接测量，因此，需要使用各种与信任、规范和关系网络相关联的可替代指标，从侧面反映出社会资本存量的大小。为此，国内外学者进行了多种尝试，提出了一些测量社会资本的方法。由于社会资本包含的认知型社会资本和结构型社会资本主要产生于角色、网络和其他社会关系之中，这些社会关系推动合作行为，同时这些社会关系来自规范、价值和其他促使人们为了互惠互利而共同工作的认知许诺。一般来说，结构型社会资本可以用关系数量、关系类型和组织行为等指标来替代，而认知型社会资本则可以用信任、交易和共享规范等指标来替代。由于社会资本是一个综合概念，各个层次的社会资本都包含有结构型社会资本和认知型社会资本，因此，本书主要从微观、中观和宏观三个层次来介绍社会资本的衡量方法。

## 一　微观层次社会资本的测量

微观层次社会资本主要包括个体从社会关系网络中所获得的财富、权力和声望等社会资源，在经验研究中，对微观层次社会资本的测量主要集中在对于个体社会网络状况的测量上，包括微观个体拥有的社会关系网络和可以使用的社会支持资源。研究者在测量微观层次社会资本时，主要运用"个体中心网络"分析方法，即将个体视为整体社会网络中的一个局部，考察每一个以被调查者为中心延伸出去的个体网络的高度、异质性和广泛性等网络情况以及网络的有效性或可用性。

### （一）网络类型

以个体为中心的社会网络可以按照所涉及的社会关系不同，分为互动型网络、情感型网络、角色关系型网络和交换支持型网络。互动型网络是指与被调查者在日常生活中进行互动的社会关系；情感型网络是指被调查者自身的家人、亲戚、朋友等情感联系紧密的关系网络；角色关系型网络是指对个人产生影响的那些与其具有文化约束的角色关系；交换支持型网络是指能够给个体提供物质上或精神上的支持，帮助个体应付生活中的困难与危机的社会关系网络。社会资本的数量可以用提供多种社会网络的规模来综合测量。

（二）测量方法

要了解个人网络的情况，必须确定网络成员的"生成"方法，目前大部分学者都采取提名生成法或位置生成法。一般都是通过构建问卷进行调查分析，采取"提名"或"位置"的方式探索个体或组织在指标中所占比重。

1. 提名生成法

提名生成法就是通过对被调查人进行问卷调查，让被调查人针对所提问题（如关系强弱和社会背景等）列举所有可能的关系人，在此基础上，考察被调查人的关系强弱和关系网络规模来测量网络中的资源，目前已形成一套成熟的指标体系和方法。

提名生成法最开始是从博特（1984）的讨论网分析开始的。他在美国"一般社会调查"问卷中设计出了这样的题目："有时，许多人与其他人讨论重要的私人时间。回顾过去的六个月，哪些人曾与您讨论过个人私事？"要求被调查者根据这个问题列举人名。随后，费舍尔和范德普尔（1993）等也通过提名生成法对美国的某个社区进行了调查，通过围绕讨论网、资金借贷网进行调查，将维度划分为10个问题、3个维度。提名生成法的优点在于测量的准确性、可掌握额外信息的附加性，但提名生成法也有不可避免的缺陷。通过提名生成法调查的关系网络边界不易确定，并且往往是强关系网，难以反映出对社会资本贡献较大的弱关系网络（Campbell and Lee，1991）。格兰诺维特曾经提出，社会资本主要是由弱关系带来的。因此，单纯的提名生成法会造成社会资本测量的不准确，形成研究的偏差。并且提名生成法测量的方式需要被访者有足够的耐心和时间，操作起来较为困难。

2. 位置生成法

位置生成法根据成员所处社会地位的不同，假定其获得的社会资源也不同，而进行测量的一种方式。由于它可以同时测量社会资本中的结构位置和网络中的资源，是一种有效的社会资本测量工具，因此得到了学术界的广泛认可。林南就是用位置生成法进行社会资本测量的学者之一,他假定社会资源在社会中的分配是和社会地位相关的,并且呈金字塔形分布,网络成员的社会结构性地位越高,其拥有的社会资源数量越多。具体方法是:用职业类型或工作单位类型作为社会地位的衡量指标,设计问卷调查表,要求被调查人回答其关系网络成员的社会地位,然后进行加总计算得分,最后根据得分高低,衡量网络成员个人从社会网络中获取的资源数量。

在国内的社会资本研究的学者中,边燕杰(2004)用这种方式对国内社会网络进行调查,并编著了《社会网络与地位获得》一书。这种本土化的测量方式,更加适合"关系本位"的中国国情,并且已成为现在社会资本测量的主要模式。边燕杰等提出的"春节拜年网"方法中,就使用了网顶(达高性)、网差(异质性)和地位资源总量等指标来测量社会资本(边燕杰、李煜,2001;边燕杰,2004)。

但是,位置生成法也有缺陷。首先,没有被识别的职业在位置生成法中是不具有社会资本的,但是,这些没有被识别的职业一样也能提供有效的社会资本;其次,位置生成法的数据也存在信度和效度问题,被访者可能不是特别清楚是否有熟人属于这个职业。

(三)测量指标

布尔迪厄认为,个人拥有社会资本的多少主要取决于个人能有效利用的网络规模以及个人在网络中的位置能占有的资本多少两个因素。后来的研究者大多以这两个指标作为测量基础。在个体社会网络分析的发展过程中,目前已经形成了一整套分析个体网络的成熟指标,基本上就是从网络结构、网络中所嵌入的资源以及个体在网络中所处位置等方面来选择测量指标的。

网络结构主要由网络规模(网络成员的数量)、网络成分(网络成员的类型)和网络密度(网络成员之间联系的紧密程度等)构成。一般来说,网络规模较大、网络成员社会地位越高的社会网络能提供更丰富的社会资本。网络规模通过考察个人所拥有的各种网络类型以及网络成员的数量等指标来衡量;网络成分考察网络成员的类型和社会地位,主要表现为职业地位。因此,一般是通过考察网络成员的职业声望或职业地位得分等指标来进行的。网络密度是指网络成员之间联系的紧密程度，可以分为强关系和弱关系。关系强度与提供资源之间存在密切的关系，一般来说，强关系由于具有更高信任度和紧密度，因此更有可能提供"影响"或"人情"，而弱关系则更可能提供"信息"。格拉诺维特（1973）认为，由于弱关系所带来异质性的信息发挥的作用可能比强关系更有力。我国学者边燕杰认为，中国社会与美国社会有所不同，不是一个弱关系社会，而是一个强关系社会。因此，在中国强关系才能带来更确定有力的帮助，而弱关系提供的信息广度和多样性发挥的作用则相对较小。尽管两人研究结果并不一致，但人们普遍认为，关系强度是影响社会资本数量和质量的重要因素，因此，个体社会资本测量的一个重要的组成部分就是关系人的关系强度。常用的测量方法有互动法和角色法。互动法是根据被调查者与关系人的交往频度来测量的，交往的频度越高，则关系越强；角色法则是根据被调查者与关系人的角色关系来判断的，如家人、亲戚、朋友被定义为强关系，而"熟人"则被定义为弱关系。在测量关系强度时，为简便起见，大多数研究者往往选择单一指标的测量方法，但格拉诺维特认为，要采用时间量、情感紧密性、熟识程度（相互信任）和交互服务（线性）等多维度指标来衡量。韦格纳也认为，用单一指标来判断关系强弱的方法虽然简便易行，但却过于粗略，因此，他尝试构建了关系人的角色类型、关系人与被调查者的社会距离、认识的时间长短、交往频繁程度、共同从事社会活动的情况以及关系人对被调查者的关心程度等多维指标体系，然后通过因子分析等统计方法将多维指标加以合并简化，从而得到几个本质因子来代表关系强度。

网络中所嵌入的资源则可以通过位置生成法进行有效测度。个体在网络中所处位置会影响到个人所获资源的数量。一般认为，处于中心位置的个人可以获得更多的信任，更可能产生社会资本。这是因为，网络中心位置可以及时获取重要的信息和知识，提供与群体中其他成员较好的联系，会创造出更好地控制外部环境并减少不确定性的机会，因此，处于中心位置的人相比其他人更值得信任。

布尔迪厄（1980）认为，社会资本主要由个人社会关系本身以及社会关系所拥有的资源的数量和质量组成。社会关系越多、越强，那么个人的社会资本就越多。格兰诺维特在测量社会资本时发现，弱关系越多，则社会资本越丰富。林南（1999）认为，社会资本（社会网络）存量的多少与社会网络的规模、密度、同质性、异质性与封闭性有关，个体社会资本的异质性越大，则其社会资本越大；网络成员的社会地位越高，则社会资本越大；个体与网络成员的关系越弱，则社会资本越丰富。

## 二 中观层次社会资本的测量

中观层次社会资本的研究对象主要是介于宏观社会和微观个人之间的社区和组织，其中，社区分为城市社区和农村社区，组织包括各种类型的战略联盟、民间组织和企业，因此，对于中观层次社会资本的测量就是针对这些研究对象展开的。

在社区层面的社会资本衡量中，目前学者主要从社区归属感、社区凝聚力和社区竞争力三个方面进行考察。其中，社区归属感的具体测量指标包括社区组织的参与、社区居民的相互支持、情感联系、合作关系、信任、互惠等维度；社区凝聚力的具体测量指标包括社区居民的共同愿景和包容性、社区内的非正式互动（如邻里关系、家庭和朋友的联系等）以及社会支持等维度；社区竞争力的衡量指标则是社区居民对社区的志愿性贡献（Onyx and Bullen, 2000; O'Brien et al., 2004; Narayan and Cassidy, 2001）。哈芬认为，社区社会资本应该包括网络、社会支持、信任、互惠，以及非正式社会控制（Harpham, 2007）。Isham 和 Satu（2001）测量了邻居信任指数。Sampson、Morenoff 和 Earls（1999）在芝加哥邻居人类发展项目中用"帮忙"和"信任"等变量测量邻居关系。还有少数研究采用了参与投票等事务来衡量社区社会资本。

在社团组织层面，普特南（1995，2000）用网络和协会的人数作为美国集体层次社会资本的衡量指标，认为由于看电视的时间增加，美国集体层次社会资本呈下降趋势。玛丽和迈克尔（Mary and Michael）在研究妇女集团的案例时用劳动投入、参与率、社团的互动和集团的团结度以及集团的组成成分来测量社会资本。Griof（1993）和 Widner（1998）分别用俱乐部的数量来测量科层组织的社会资本。格鲁塔弗特（1998）使用一个社会（或社区）内的网络、协会数量以及这些协会的成员人数来衡量集体层次的社会资本。

企业社会资本也是组织的一个重要组成部分。Nahapiet 和 Ghoshal 分别从企业与外部组织的关系、企业内部信任和共同愿景两个方面构建了企业社会资本的衡量指标体系。边燕杰等用企业家的社会关系网络来对企业社会资本进行测量。刘林平认为，企业社会资本只存在于企业组织和企业家的社会网络中，不包括企业内部的关系。尉建文认为，企业社会资本的构成应该同时包括企业外部的网络关系和企业内部的信任。韦影将前面研究综合起来，从结构、关系和文化三个方面构建了完整的衡量指标体系。

### 三 宏观层次社会资本的测量

微观层次社会资本主要产生于个体拥有的外部关系网络，因此，衡量指标主要考察个体社会网络中蕴含的资源，而宏观层次社会资本则是一种结构性资源，因此，其测量指标主要考察普遍信任、公共参与、社会规范、价值观、公民自由、契约实施效率、政府效率、腐败、凝聚力等结构和文化两个方面的社会特征。

对宏观层次社会资本的测量始于普特南（1993），他用投票率和对政府的信任程度以及美国人参加社会组织的人数来衡量美国社会的政治参与和社会公共参与情况，从而得出了美国宏观层次社会资本在衰减的结论。普特南（1995）运用政府运作效率（政府提供服务的有效性、公民对邮政和电话需求的充分满足、司法体制的质量）、公民对政府的满意程度（阅读报纸量、体育组织和文化组织的数量、公民复决投票数量以及公民参加自愿选举的概率）等指标来测度宏观层次社会资本。Guiso、Sapienza 和 Zingales（2001）采用全民公投的出席人数和自愿献血以及人均合作社数量来衡量集体层次社会资本。雷蒙德（Raymond，1990）用公民自由参数来衡量政府社会资本。奈克和基弗（1995）从政府腐败、法律规章、掠夺所有权的风险、政府拒绝履行契约的程度以及官僚主义五个方面构建了衡量各国制度环境的指数。除上述主观测量指标外，克莱格、奈克和奥尔森还使用"契约关联货币"这样一个客观测量工具来衡量宏观层次社会资本。这里，契约关联货币相当于 M2，但不包括银行外的现金。使用契约关联货币的逻辑是：如果政府不尊重私人产权，没有能力或不愿意履行私人集团之间的合同，则契约是不可信的，个人就不愿意持有金融资产，而愿意持有现金。因此，在那些政府能够更好地履行契约和尊重私人产权的国家，契约关联货币率就会提高。

可见，上述学者对宏观层次社会资本的测量主要倾向于结构维度，并且与公民社会是融为一体的。福山和怀特利（P. F. Whiteley）等更侧重于从文化维度来测量宏观层次社会资本，强调宏观层次社会资本中最重要的文化组成部分——普遍信任。所谓普遍信任就是陌生人之间的信任。福山认为，只有产生普遍信任的集体内部，人们才会为了共同目标而团结合作，并自愿地与他人交换资源。许多学者通过问卷调查所获得的"值得信任"和"对别人的信任"的结果作为普遍信任的测量指标。帕克斯通（1999）在研究美国集体层次社会资本时则直接使用"信任"来进行衡量。她在美国全国社会调查中分别询问了人们对于同事的信任（对于他人的善良、公正和诚实的信任程度）以及对于制度的信任（可以分为对组织宗教的信任、对教育体制的信任以及对于政府的信任）来反映普遍信任水平。《世界价值调查》通过对几十个国家进行多次民意测验，测量了不同国家的信任度。

对于宏观层次社会资本更系统的测量是构建包含结构和文化两个维度多个指标的综合测量体系。世界银行开发的社会资本系统测量工具（Social Capital Assessment Tools，SCAT）采用了组织联系、集体行动、参与公共事务、社会支持等结构维度的指标和社会凝聚力、归属感、信任和互惠等认知维度的指标。这一体系成为后来研究者衡量宏观层次社会资本的基础。

### 四 小结

从上述分析可以看出，针对不同层次的社会资本，测量指标的选择也有所侧重：微观层次社会资本主要从个人的社会关系网络的规模、位置和紧密程度等方面进行测量,会受到个人的受教育程度以及家庭工作性质和收入水平等因素的影响;中观层次社会资本的衡量则侧重于组织数量和规模、组织内部的信任和规范以及组织外部的社会关系网络等指标;宏观层次社会资本可以用普遍信任、互惠规范、公共参与和政府制度效率等指标来测量。

由于社会资本的内涵非常丰富,微观、中观和宏观各个层次社会资本虽然都包括结构和认知两个维度,但表现形式各不相同。并且社会资本的各个层次还是相互关联、相互渗透的。因此,社会资本并非是一个单一的指标,而是一个综合性指标。在实际研究中,大多数学者都采用综合性指标来测度社会资本总量,将不同层次和不同内容的测量进行结合。基本方法是:首先,使用综合性指标体系将社会资本的综合性指标分为不同的子项,用不同指标度量不同的社会特征;其次,运用统计方法计算出综合分值,合成社会资本指数。汇总的具体方法主要有以下三种:①通过加权汇总法,将各个层次社会资本的各个指标得分加总后进行综合衡量。②通过因子分析法,综合多个变量信息。③通过主成分分析法,综合变量信息来获得社会资本总量。

上述综合测量指标体系涵盖了社会资本各个层次各个维度广泛的内容,但这种无所不包的测量方法却难以区分社会资本各个维度的影响差异。因此,有些学者也将社会资本的各个维度进行分离,只选择某一维度或几个维度的指标作为总体社会资本的测量指标。例如,有学者认为,社会网络及嵌入网络的资源是社会资本最主要的构成,而信任和民间参与只是结果,因此,只选择社会网络这一个维度。也有学者采取单一指标"信任"来衡量社会资本。实证显示,信任确实是一个简单而快速的测量指标,并且也有良好的信任度。如普特南在测量美国各州的社会资本差异时发现,社会资本的所有表现指标都与可以信任的人数比例高度正相关(普特南,2005)。Fukuyama(1995)也认为,信任是构成社会资本最关键的因素,因为只有那些能产生信任的集体,才能使合作成为可能,并自愿交换资源。

唐·科恩(Don Cohen,2000)认为,信任是测量社会资本的关键指标,因为如果缺乏一定水平的信任度,关系、团队、合作以及规范等其他社会资本的要素难以发挥作用。金斯等（Gins et al., 2004）用选举参与情况和无偿献血情况来衡量意大利各个地区的社会资本。

社会资本概念的多维性和综合性决定了其测量指标体系的多样性。研究者大多采用问卷调查、试验等方法来收集多样化的测量指标数据，也有采用个案研究、田野调查、焦点小组讨论和深度访谈等方法来获取关于社会资本的内在特征和结构的相关数据。未来社会资本的测量需要进一步完善的地方在于：一是目前社会资本的测量方法中，对于微观层次社会资本的结构维度的测量比较具体，但对于中观层次社会资本和宏观层次社会资本的测量以及文化维度社会资本的测量有所欠缺。二是在选择社会资本测量指标体系时要考虑到不同国家和地区文化背景的差异性，构建本土化的指标体系。例如，中国的公民社会不够发达，志愿性社团组织和公共参与等指标可能就难以有效地衡量中国的集体社会资本。个人关系网络的衡量在西方可以用讨论网、互助网等来衡量，但在中国可能就需要用"拜年网"来衡量。

# 第三章　中国转轨时期金融发展与收入分配的特征及相互关系

转轨主要是指经济形态的转变。中国目前处于经济转轨时期，即从计划经济向市场经济转型的过程。学术界一般认为，这一过程是指党的十一届三中全会改革开放以来到今天的这段时间。这是计划经济逐步取消，具有中国特色社会主义市场经济逐步建立完善的时期。中国经济转轨的主要特征就是渐进式转轨，即采用"先试验后推广"和"不断调整目标"等做法来实现从计划经济体制向市场经济体制阶段性过渡。

在渐进式转轨过程中，中国农村经济和城市经济都发生了巨大的变化。具体表现为：农村地区实施家庭联产承包责任制改革，农民通过承包获得了土地使用权，农村生产力大大发展；城市改革主要围绕市场经济体制建设、非国有经济发展和国有企业改革展开，实施了经济市场化改革、放松民营经济管制和放开国有企业自主经营权等举措，强调了市场机制的作用和产权保护的重要性，极大地推动了中国经济增长；对外开放则使中国经济逐渐地参与到世界经济一体化的浪潮之中，市场范围和竞争压力都大大增强。

在渐进式改革过程中，虽然新的市场经济体制逐步确立，但市场和制度还不够完善，旧的计划经济体制的影响还没有彻底清除，经济二元结构明显、市场失灵、市场缺失、市场抑制，以及市场化主体行为的投机性等市场体制自身的局限和弊端也开始出现，已有的制度红利和人口红利基本结束，中国面临着一系列新的问题和挑战。例如，农村经济方面迫切需要进行新的制度变革来解决农业增长、农民增收、农村剩余劳动力转移和农村生产生活环境改善的问题；城市经济需要在国有企业改革和所有制结构调整方面进行新的尝试，解决企业核心竞争力和自主创新能力不足的问题；在制度完善方面，中国面临制度创新不足、法律制度执行力不够、市场经济体制与政治制度的不协调等问题。

在此经济背景下，中国转轨时期的金融发展和收入分配都呈现出新的特征。在金融市场领域，多层次、多领域的现代金融体系逐步建立，金融改革逐步深化；在收入分配领域，随着计划经济的取消以及市场经济的建立，原先的平均主义被彻底打破，经济学意义上的马太效应也开始显现，国民经济中的收入差距逐步拉大。

## 第一节　中国转轨时期的金融发展特征

### 一　金融发展理论的演进

金融是经济发展的核心，支撑着经济的快速发展。金融机构运用金融工具配置闲散资金，流入实体经济，从而促进经济发展。金融发展是指金融机构、金融工具、金融市场以及金融制度不断完善，金融效率不断提高的动态过程。金融可以将储蓄转化为投资，提高全社会的资本积累率和投资率，从而促进经济增长。金融发展理论主要研究金融体系（包括金融中介和金融市场）的发展与经济增长之间的关系。1955年，格利发表的《经济发展中的金融方面》和1956年肖发表的《金融中介机构与储蓄—投资》开创了金融发展研究的先河，认为金融发展是推动经济发展的动力和手段。随后，雷蒙德·W.戈德史密斯的《金融结构与金融发展》认为，金融发展就是金融结构的变化，确立了包括金融相关率、金融中介比率在内的衡量一国金融结构和金融发展水平的基本指标体系，从而奠定了金融发展理论的基础。

1973年，罗纳德·麦金农和肖出版的《经济发展中的货币与资本》和《经济发展中的金融深化》两本书标志着以发展中国家或地区为研究对象的金融发展理论真正产生。罗纳德·麦金农认为，发展中国家普遍存在"金融抑制"现象，即政府对金融活动、利率和汇率实行严格管制,使利率和汇率难以真实地反映市场上资金供求关系和外汇供求关系,从而降低信贷资金的配置效率,束缚发展中国家的内部储蓄,抑制经济增长。为了解决这个问题,他们提出,通过适当的金融改革实施金融深化,即取消金融的各种管制,实行以利率市场化为主的金融自由化改革。众多学者的实证研究表明,金融深化对经济增长具有积极的促进作用,金融发展与经济增长之间确实存在显著的正相关关系(Goldsmith,1969;King and Levine,1993)。除基于宏观层面研究金融发展与经济增长的各个指标之间的相关关系以外,一些学者也开始关注金融发展影响经济增长的机制,例如,深入到企业等微观层面来研究金融发展对企业融资约束和企业投资行为的影响,发现金融发展可以降低企业的融资约束程度,优化企业的投资行为,提高资本配置效率。Calomiris(1995)认为,德国和美国两国金融体系的组织形式不同,影响企业融资成本的高低,进而影响了产业的发展。德国的低融资成本推动了资本密集型产业的发展,而美国的高融资成本使产业发展方向转向了原材料和劳动密集型产业。Rajan 和 Zingales(1996)认为,金融市场越发达的地区,企业融资成本越低,因此,较多依赖外部融资的企业能获得更好的发展。Demirgun – Kunt 和 Maksimovic(1998)研究发现,一个国家依赖外部融资快速发展的企业比例与该国的金融发展水平和法律制度存在正相关关系。Galindo、Schiantarelli 和 Weiss(2001)认为,金融改革能够提高企业资金的分配效率。

可见,金融深化理论的主要思想是取消金融管制,实行利率市场化,大力发展金融中介和金融市场,增加社会资本积累率,提高资金的配置效率,进而促进经济增长。但是,由于发展中国家在经济转轨过程中普遍存在信息不畅、金融监管不力等问题,因此,很多发展中国家在金融深化理论的指导下推行的金融自由化改革并不尽如人意。一些经济学家针对这种现象对金融深化理论的不足进行了反思和检讨,提出了金融约束理论。所谓金融约束,是指政府可以通过适当控制市场利率和市场准入条件等金融监管政策影响租金在生产部门和金融部门之间的分配,进而调动金融企业放贷、生产企业经营和居民储蓄的积极性，从而达到既防止金融压抑的危害又能促使银行主动规避风险的目的。斯蒂格利茨（Stiglitz）认为，在金融自由化改革过程中，政府不能对金融市场完全放开管制，而是应该采取间接控制机制对金融市场进行监管，并明确监管范围和监管标准。赫尔曼、默多克和斯蒂格利茨（Hellman，Murdock and Stiglitz，1997）在《金融约束：一个新的分析框架》一文中建立了金融约束理论分析框架。

可见，金融约束是发展中国家在特定阶段从金融抑制状态走向金融自由化过程中实施的过渡性金融政策，是对金融深化理论的丰富与发展①。但是，需要注意的是，金融约束政策效应的发挥需要外部条件的配合，例如，宏观经济稳定、通货膨胀率较低、实际利率为正、商业银行市场化等，否则就有可能变为金融抑制。

## 二 中国传统正规金融发展现状及特征

### （一）中国转轨时期的金融改革历程和发展现状

1978 年以后，在金融深化进程的影响下，中国金融业发生了巨大的变革，各种金融工具和金融机构的形式、性质及其相对规模都呈现出快速发展的趋势，在促进经济增长、缓解企业融资约束方面发挥了巨大的作用。

1979 年以前，中国只有一家国家银行——中国人民银行，实行严格计划管理的"大一统"金融体制，一切金融业务都必须按计划办事，实行"统存统贷"，实行统一的低利率制度，不存在市场利率。实行单一的人民银行信用体制，所有单位和个人只能向中国人民银行借贷。

1979 年以后，中国金融开始迈出了市场化改革的步伐，金融深化程度逐步提高，并且还在继续深入。1983 年，中国农业银行、中国人民建设银行（现名为中国建设银行）、中国工商银行和中国银行四大专业银行从中国人民银行中分离出来，逐渐建立了以中央银行为核心、以专业银行为主体、多种金融机构并存的金融组织体系。从 1986

---

① 郭金龙、于兆吉：《论金融发展理论的演进——从传统比较金融观到金融资源论》，《理论界》2006 年第 3 期。

年起，一批新型商业银行陆续成立。1994年，三家政策性银行——国家开发银行、中国进出口银行和中国农业发展银行先后成立。从1996年9月开始，挂靠于中国农业银行的全国5万多个农村信用社和2400多个县联社逐步独立出来，各个城市的城市信用社则展开了兼并收购，组成了新的城市商业银行。1998年以后，国有银行开始了商业化改革，金融市场和金融业务逐步拓展。2003年，国有商业银行又先后开始了股份制改造并成功上市，同年农村信用社的改革也拉开帷幕。目前，大部分银行都已成为上市公司。经过多年的金融改革，目前中国的金融体制已经初步形成了市场化框架，多种金融机构并存，证券、保险和银行信贷市场并存，金融产品日益丰富，信贷政策和利率政策更加灵活，贷款对象和贷款用途大大拓展，利率浮动范围变大。另外，传统金融业也在不断探索新的业务。在银行领域，商业银行的业务范围不断地向复杂而且营利性更强的表外业务扩展。同时，跨行业合作变得逐步广泛，银保合作、银行对接证券的各种资产证券化业务获得了较快的发展。

（二）中国转轨时期金融市场的发展特征

1. 高准入门槛下的银行具有寡头垄断特征

我国的商业银行体系包括四大国有商业银行和其他股份制商业银行。股份制商业银行虽然保持着较快的发展势头，但国有商业银行在资产规模、负债规模及中间业务方面仍然占有绝对的主体地位。2012年，四大国有商业银行的存款市场份额为70.21%，贷款市场份额为68.08%，资产市场份额为67.39%。因此，从市场份额上看，中国银行业的市场结构具有寡头垄断特征，并且这种因计划经济造成的长期垄断不可能被轻易扭转，以四大国有商业银行为主体的寡头垄断格局仍将持续一段时间。这主要是因为中国银行业是由国家高度控制的行业，其整个市场的运转，包括准入制度、营利能力以及创新能力，主要受到国家政策法规的影响而非市场力量的影响。例如，在准入制度方面，中国银行业具有很高的进入壁垒，一般私人机构根本无法成立一家银行，非国有金融机构在各项金融业务中也难以与国有金融机构站在同一起跑线上公平竞争，发展空间受到限制，影响了资金的配置效率。在营利能力和创新方面，由于贷款是社会融资中最主要的融资手段，利率市场特别是存贷款利率的制定完全是根据监管要求而非市场决定的，因此，长期以来，银行业只需吃利差就可以生存，缺乏强有力的革新手段。

所以说，我国金融行业的一个最重要的特征，就是政府管制下的行业进入壁垒以及缺乏金融创新导致的规模为王的部分寡头特征。同样，在证券业、保险业等其他行业中，尽管准入制度有了变化，但本质上仍然与国家政策紧密相关，因此都具有一定的寡头垄断特征。

2. 银行业在金融业中仍占据绝对主导地位

虽然近20年中国资本市场发展迅速，取得了巨大的成绩，但是，银行业仍然是我国资本资源配置的基础，是我国经济发展的关键因素，银行业在金融中的主导地位一直没有被动摇。

在我国，银行业的地位远远超过其他金融行业，主要有以下两个方面的原因。

首先，银行业规模庞大。我国历来就保持有较高的储蓄率，然而，根据法律法规，只有银行，才具有吸收储蓄的功能。包括证券、保险在内的其他金融业，在提供稳定可靠的利息这一基本的储蓄功能上，都不能与银行重叠。根据中国银行业监督管理委员会（以下简称银监会）报告，2014年，中国银行业金融机构资产总额达172.3万亿元，同比增长13.87%；全年累计实现净利润1.55万亿元，同比增长9.65%。而2014年我国的GDP也就是63.6万亿元。

其次，资本市场发展不够。我国转轨时期的资本市场仍然处于起步发展阶段，还存在很多需要进一步完善的地方，制约了企业在资本市场上的直接融资规模。伯格洛夫（E. Berglof）曾经提出过："股票债券市场对于转轨经济早期的资金筹措将无很大作用。"因此，我国融资的主要来源仍然是通过银行信贷实现间接融资。银行业一直是我国资本资源配置的基础，是我国经济发展的关键因素，银行业在金融中的主导地位从来没有动摇过。近几年，随着资本市场的萎靡，还有进一步加强的趋势。截至2014年6月末，银行业金融机构境内本外币资产总额达到29.75万亿元，比上年同期增长14.7%；本外币负债总额 28.65 万亿元，比上年同期增长 15.1%，占中国金融业总资产的 90% 以上。我们选取可流通股票市值除以金融机构贷款总额的比率来衡量证券化金融资产和银行信贷资产的相对增长速度，从图 3-1 中可以看出，在 2010 年之前，中国资本市场发展速度较快，证券资产增速明显快于银行信贷，但从 2011 年开始，中国证券市场进入熊市，影响了资本市场的发展速度，商业银行的主导地位越来越强。

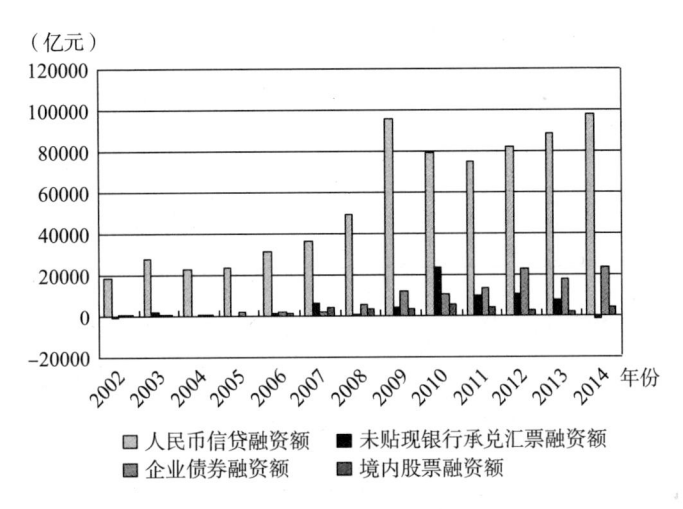

**图 3-1　中国 2002—2014 年不同渠道社会融资额的比较**

资料来源：国家统计局。

我国金融市场发展的这种状况反映在筹资结构上就是以商业银行为主的间接信贷融资成为企业融资的主要手段。从图 3-1 中可以看出，我国近几年的融资比例一直以信贷融资为主。虽然在 2010 年左右出现一些波动，但是并未影响信贷融资的主导地位，并且 2011 年之后信贷筹资比例又逐步上升，银行的主导地位越来越强。

3. 金融市场仍然受到政府的行政干预

在转轨时期，国有银行或者说整个银行业都被赋予了一个特殊重任，那就是充当了国家利率政策以及宏观经济调整的实际执行人的角色。我国金融市场受国家宏观政策的影响非常大。我国是一个至今利率都未完全开放的国家，实际利率仍然处于严格的管控之中。在过去存贷款利率完全由中央银行制定，而如今银行业在制定存贷款利率政策上也只有适度的自由。因为存贷款业务是我国银行业的主要业务，其本身受到政策管制也就意味着整个银行业都被绑到了政策当中。而我国银行在创新业务上受到的掣肘也很多，许多新业务建立起来以后被监管部门叫停，而更多的新业务还只是停留在监管部门的研究中。这在客观上使我国银行业受政策影响大，很大程度上充当国家宏观调控工具的作用。

转轨时期，国家政府、国有银行与国有企业之间难以完全割裂的产权关系使银行与国有企业之间形成了兄弟关系，因此，国有银行在贷款时，除考虑商业化盈利原则外，还需要考虑支持国有企业发展等其他政治目标，银行在政府的干预下会尽量以较低的成本满足国有企业的融资需求，因此，国有银行的资金主要贷给国有企业，并且存在严重的预算软约束问题。这是因为，国有企业和国有银行双方的所有权代表都是国家，这种单一的产权关系造成了国有企业与国有银行之间的借贷关系实质上是一种虚拟的债权债务关系。国家既是国有企业债务的提供者，又是国有企业债务的最终承担者，导致银行信贷相对于国有企业来说处于软约束状态。银行贷款对于国有企业来说就像"免费资本"，国有企业没有还本付息压力①。即使企业陷入困境，无法偿还本金和利息，银行也没有动力进行追偿，还有可能继续追加资金。证券、保险、信托等其他金融市场也存在类似的问题。

4. 区域金融发展的非均衡性比较明显

第一，我国城乡金融市场发展不协调，农村金融市场发展严重滞后于城市金融市场发展。主要表现在：一是商业银行的县级金融机构大量撤销，县域金融体系中出现了"空洞化"现象；二是农村资金大量流向城市，加剧了农村资金供求关系的失衡；三是农村金融市场产品少、功能弱化、业务单一、服务跟不上；四是农村中小企业缺乏资本市场的融资渠道②。

第二，东部沿海地区和中西部地区的金融发展存在一定的差距。东

---

① 赵晨：《产权结构与企业投资——现金流敏感性的实证分析》，《河南工业大学学报》（社会科学版）2008年第6期。

② 吴腾华：《我国金融市场结构：特征、问题及其成因》，《学术研究》2008年第11期。

部沿海地区聚集了我国四大国有银行和12家股份制商业银行的总部以及60%以上的银行业资产。东部地区的贷款占GDP的比重也普遍高于中西部地区。

第三，就资本市场来说，存在向东部沿海地区倾斜的趋势。无论是上市公司的数量、证券公司的数量还是保费收入，东部经济发达地区都明显高于中西部地区。

出现上述区域金融发展不平衡的现象主要有以下两个方面的原因：一是金融系统自身发展的特点。作为金融系统自身发展而言，金融业的特点是追求资本收益的最大化。而城市的资本收益明显要比农村的资本收益高。二是我国外部环境的因素。首先，发达地区的金融自由度更大。历史上的特区试点，包括上海自贸区等，无一例外都是在发达地区优先展开的，这为金融系统的运转带来了不断的活力。其次，现代金融业与现代社会组织关系的建设有很大的联系。在现代金融业中，契约精神、法律意识等占据了非常重要的地位。而落后地区显然难以满足这些条件。所以，总体来说，我国农村金融资本匮乏。国家只能以行政手段，想办法引导金融业向落后地区投资。

2010年中国部分地区贷款总额占GDP的比重情况大致如图3-2所示。

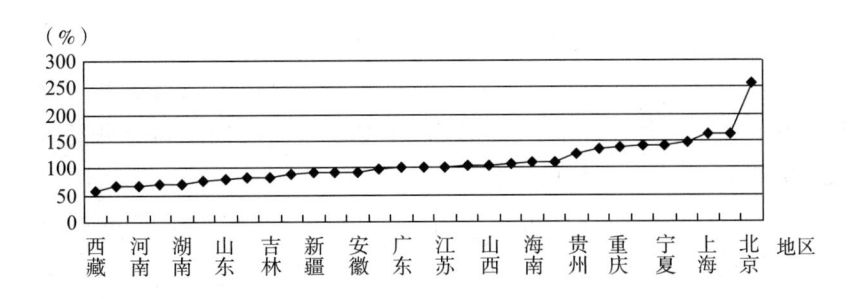

**图3-2 2010年中国部分地区贷款总额占GDP的比重情况**

资料来源：国家统计局。

2013 年中国部分地区保险费收入情况大致如图 3-3 所示。

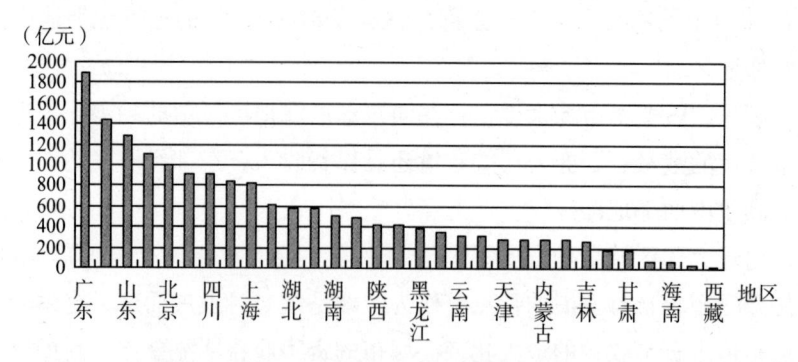

图 3-3　2013 年中国部分地区保险保费收入情况

资料来源：国家统计局。

### 三　非正规金融发展现状及特征

（一）非正规金融发展概述

美国学者麦金农（1973）认为，发展中国家政府对金融体系运行和资源分配普遍存在金融抑制，这导致金融市场的资金供不应求，无法从正规金融渠道获得资金的市场参与者只能求助于非正规金融渠道。

从字面上看，非正规金融就是除正规金融外的经济活动。国内外对非正规金融进行了很多研究，对于非正规金融的界定说法也有很多，但是，这些定义大同小异，基本上对于非正规金融的界定，可以从以下三个角度进行。

首先，从金融监管程度来看，非正规金融是在金融监管当局管理和控制的体系之外，即非正规金融是不受国家信用控制和中央银行货币政策管制的一切经济活动。

其次，从合法性来看，与在社会法律体系运行下的正规金融相比，非正规金融活动处在社会法律体系管理之外，没有法律来证明其是合法的，因此，对于非正规金融借贷活动中发生的违约事件，法律对此并没有加以规定和管制。

最后，从资金来源来看，进行非正规金融活动所需资金大多来自民间自主累积，所有权归居民个人所有，而正规金融资金大多来自中央银行货币体系之内。

综合以上角度，非正规金融是指不受国家法律法规保护和规范的，由民间自发推出的，建立在地缘、血缘关系上的，处在金融当局监管之外的各种金融机构和金融市场与企业、居民等所从事的各种金融活动。其发展的主要形式包括民间借贷、民间融资、典当行、私人钱庄、民间集资、小额信贷、互联网民间金融等。

中国的非正规金融发展雏形可以追溯至南北朝时期的当铺，以物品抵押换钱、高价赎回的发放高利贷的形式。有学者指出，我国真正意义上的非正规金融起源于20世纪70年代末至80年代初。与正规金融相比，非正规金融具有贷款门槛较低，对贷款人的资金充足率要求较低，对资金的用途也没有明确的规定，手续简便，贷款方式灵活，获得贷款的时间也比较短等优势，因此受到民间的广泛欢迎，成为广大遭受融资约束的个人和中小企业融资的主要来源。20世纪80年代以来，我国的非正规金融日趋活跃，发展速度不断加快，资金规模迅速扩张，覆盖范围逐渐扩大。无论是经济发达的东部地区还是不发达的西部地区，无论是城市地区还是农村地区，非正规金融都广泛存在，在很大程度上满足了一些中小企业、民营企业和个体农户的融资需求。2005年，中央财经大学课题组对中国20个省份的地下金融状况进行的实地调查研究结果显示，地下融资规模占正规途径融资规模的比重为28.07%。全国中小企业约有1/3强的融资来自非正规金融途径，而农户只有不到50%的借贷来自银行、信用社等正规金融机构，非正规金融途径获得的借贷占农户借贷规模的比重超过55%。从地区分布来看，越是经济不发达地区，对地下借贷的依赖性越强。近年来，随着我国社会经济发展水平的不断提高，各种小额贷款、投资融资等公司数量如雨后春笋般迅速增长，而且互联网金融新模式P2P贷款等新式业务也在快速发展。

(二) 中国非正规金融发展的主要特点

1. 非正规金融的信息成本低，信用约束力强

非正规金融是由民间自发产生的，是建立在地缘、血缘关系基础上的金融活动。由于人与人之间较为亲切、熟悉，对对方的情况较为了解，因此，在需要进行借贷时，对于向谁借款有一个大概的了解，也可以通过一个双方都知道并且信任的中间人进行联系介绍，加快借贷双方交易的完成。

由于借贷双方较为熟识，不需要通过银行这个中介进行借贷，节省了寻找合适借贷对象的经济成本和时间成本，更适合微观经济主体对资金的需求。因此，非正规金融借贷活动的开展一般以信用机制和社会关系为纽带，社会舆论和"面子"充当其履约监督机制，一旦出现"欠钱不还"的情况，周围十里八乡的人都会知道，社会声誉会受损，以后其在当地的活动都会受到社会舆论的影响，因此，一般借款者都会按照约定还款。

2. 法律约束力较弱，违法行为频频发生

一方面，非正规金融的发展状态较为隐蔽，金融活动主要活动于"地下"而难以被金融监管机构所察觉，自然也就游离于监管法律之外。另一方面，中央银行和银监会都没有法定职责对其进行监管，我国的法律也不完善。这就导致对非正规金融的监管不到位，对这些网络借贷公司的资金来源、贷款去向、客户信息公开等情况无法掌握，因此，非正规金融受到的法律约束力相对于正规金融要弱许多，一些打法律的擦边球甚至违反法律的行为频频发生。调查显示，近几年迅速发展的网上借贷平台"P2P"大多数都处于"无证经营"状态，截至 2016 年 8 月底，全国正常运营平台数量为 2235 家，其中，只有约 222 家平台拥有有效的 ICP 经营性许可证，仅占网贷行业正常运营平台总数量的 9.93%。每年还有很多借贷公司成为洗钱、赌球、转移非法收入的通道。

3. 非正规金融面临的风险程度高，抗风险能力弱

相比正规金融，我国非正规金融面临的风险程度更高更复杂，并且抗风险能力较弱，风险带来的社会影响较大。主要因有以下四个方面。

第一，从非正规金融机构来看，由于自身存在技术水平和设备落后、组织制度不完善、员工素质较低、资金的来源渠道单一和缺乏风险担保机制等问题，抗风险能力较弱。再加上没有严格的借款门槛，难以甄别素质较低的借款人，恶意伪造证据借款和骗取资金的现象时有发生，因此存在一定的经营风险。

第二，从资金借贷者来看，非正规金融的服务对象多为个人、农民、农村企业、民营小企业等。农民以及农村企业的收入来源比较单一，由于其收入主要取决于不稳定的自然条件，因此，收入水平极为不稳定，中小民营企业基础薄弱，运营能力较弱，技术水平较为落后，不

具备较强的竞争优势，所以，在营利能力方面表现较差。再加上非正规金融的借贷利率较高，因此，容易导致无法偿还借款债务，借贷机构无法承兑从而产生破产风险。

第三，非正规金融的高利率成本容易导致循环借贷，借新账还旧账，一旦借贷链条的某个环节发生资金无法收回的情况，整个资金链将断裂，会给资金供给者造成巨大的经济损失，导致社会纠纷，影响社会和谐，引发一定的社会危机。

第四，非正规金融由于缺乏合适的监管和法律约束，因此，一旦出现恶意造假、庞氏骗局和欠债不还等纠纷，非正规金融参与者难以获得法律保护，对于问题的解决办法也不能得到法律认可。

### 四 微型金融发展现状及特征

微型金融作为一种普惠金融，已经成为发展中国家缓解贫困、解决低收入人群尤其是农民、农村中小企业资金困难的一种重要的金融制度创新。20世纪80年代，联合国援助组织最先将小额信贷引入中国。90年代中期开始，中国的微型金融机构开始逐步发展，目前经过多年的发展，经历了小额信贷到微型金融，再到普惠金融的三次脱胎换骨的转变，初步形成了非政府组织、城市商业银行、邮政储蓄银行、村镇银行、农村信用社、小额贷款公司、资金互助社、社区发展基金等共同参与的多元化微型金融服务体系，呈现出蓬勃发展的良好势头。据统计，截至2013年年底，我国已有7398家小额贷款公司、800家村镇银行、337家农村商业银行和100多家农村合作银行，这些微型金融机构总资产已达到2万亿元，贷款规模不断扩大[①]。

但随着全球微型金融的迅速发展，微型金融在营利性及可持续性方面受到了挑战。目前，全球统计的800多家微型金融机构，只有不到40%的能实现自负盈亏。在巨大的生存压力面前，一部分微型金融出现了日益严重的"目标偏离"问题——偏向农村地区相对富裕的人群和企业甚至进入城市，实现商业化运营，转型为正规金融机构，这就难以实现微型金融所宣传的降低贫困、促进发展、改善不平等的社会目标。

---

① 焦瑾璞：《微型金融在中国》，《中国金融》2014年第2期。

而坚持以社会扶贫发展为首要目标的公益性微型金融则突破不了自身的可持续性发展，呈现出日渐萎靡的态势。一些国家的微型金融正逐步收缩，少数国家遭遇严重衰退，个别国家完全终止了微型金融事业。中国的微型金融近年来在数量获得快速增长的同时，也面临着严峻的盈利和扶贫双重目标冲突的难题，一些小额信贷机构为了追求利润出现了明显的"嫌贫爱富"等现象，针对贫困群体的小额信贷还款率极低，农村家庭参与者逐年下降，一些早期的计划也纷纷搁浅，公益性小额信贷机构或组织（含非政府组织）急剧减少。可见，微型金融的扶贫宗旨和商业化运营相结合正在遭遇较大的挑战；微型金融所依赖的家庭模式和小组模式也亟待创新。另外，中国目前还没有形成专门规范微型金融健康发展的完备的制度和法律体系，因而不利于微型金融健康持续发展。

## 第二节　中国转轨时期收入分配发展的现状与原因

收入分配是指社会在一定时期内创造的全部生产成果在社会群体或成员之间进行分配的过程和结果[①]。收入分配可以分为初次分配和再分配两个层次。初次分配是指国民收入在生产部门进行的分配；再分配是指在初次分配的基础上，通过税收、财政转移、捐赠等方式在全社会范围继续进行的二次分配。再分配是对初次分配中不合理因素进行的修正，它符合社会公平的要求。

从古典经济学到现代经济学，无数学者围绕收入分配问题进行了分析。人们关心收入分配问题，一方面是出于对社会公平和争议的价值目标的追求，另一方面是因为收入分配的不平等会影响社会稳定和经济发展。

改革开放以前，因为缺乏再投资的手段，储蓄通过银行获取利息的能力十分微弱，而多余的资本又无法通过商业活动进行投资，居民的主要收入来源基本就是工资收入或者说劳动报酬，收入分配问题基本上就

---

[①] 王策：《关于收入分配中效率与公平问题的研究》，《现代交际》2012年第2期。

是社会两大群体工人和农民之间的收入差距问题。在实行平均主义、吃"大锅饭"的年代,居民之间的收入差距微乎其微,大家生活水平基本一致。转轨时期,既是一个市场经济高速发展的时期,也是市场参与者收入方式逐步多元化的时期。改革开放以后,除原有的按劳分配制度以外,生产要素也开始参与分配,即资本、劳动力、技术、管理等生产要素所有者都可以凭生产要素的贡献获得相应的收入,人们的收入来源普遍变得多样化。首先,在劳动报酬上,一个人可以完成多份工作,有些工作既可以是全职,也可以是兼职。这使具有不同劳动能力的人在获得报酬上就体现出差异。其次,因为具有了更多的再投资手段,具备较高再投资能力的人可以持续在一个较长时间内比较低再投资能力的人获得更加丰富的收入,并且收入差距会不断扩大(见图3-4)。最后,也是最为重要的是,市场经济条件下广泛存在各种各样的经济机会,不同群体把握并且利用这种经济机会的能力并不相同。因此,随着市场化经济体制的深化,平均主义"大锅饭"被打破,居民收入来源逐渐多元化,我国居民在受教育程度、地位、权利以及社会关系等方面的差距影响到居民收入的差距,使各个群体之间的收入差距迅速扩大。

虽然合理的收入差距是经济增长效率的体现和要求,但中国目前的收入分配差距已经远远超过了合理的范围,不仅制约了经济增长和经济发展方式转型,也不利于社会稳定。

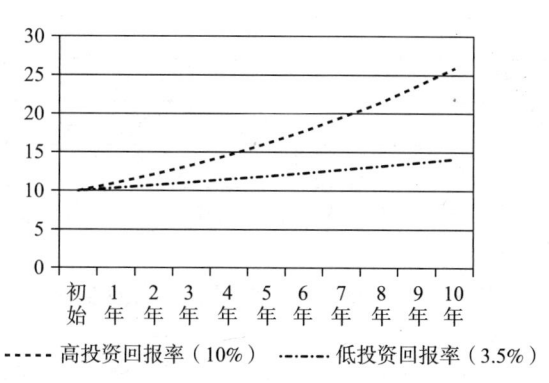

**图3-4 不同投资回报率下的投资收益差距走势**

注:以10年期计,低投资回报率按3.5%的定期利率计算,高投资回报率按10%计算。10年以后高回报率是低回报率的1.83倍。只考虑简单利率法。

## 一 中国转轨期间收入分配的现状

### (一) 中国基尼系数总体上逐年扩大

基尼系数是世界公认的衡量一个国家贫富差距程度的指标。因此，我们可以通过研究中国改革开放以后基尼系数的变化来衡量居民收入差距的发展趋势。

国家统计局的数据显示，1978年以后，中国的基尼系数总体上呈现出不断扩大的趋势，收入分配不平等的问题也日益严重。1978年，中国的基尼系数为0.317，自2000年开始越过0.4的警戒线。虽然在2002年以后的一段时间里，国家统计局没有发布基尼系数。但是，社会就收入分配问题的关注仍然持续上升。2014年1月，国家统计局重新发布了2003—2013年的基尼系数（见图3-5），数据显示，2003年以来的基尼系数基本位于0.47—0.49之间，2008年达到最高水平0.491，随后小幅回落，但仍然远远高于0.4的国际警戒线。即便摒弃一般国家统计局会刻意低估基尼系数这一看法，这个数字仍然说明，我国社会收入分配不平等现状已经达到了对国家社会产生严重危害的境地。

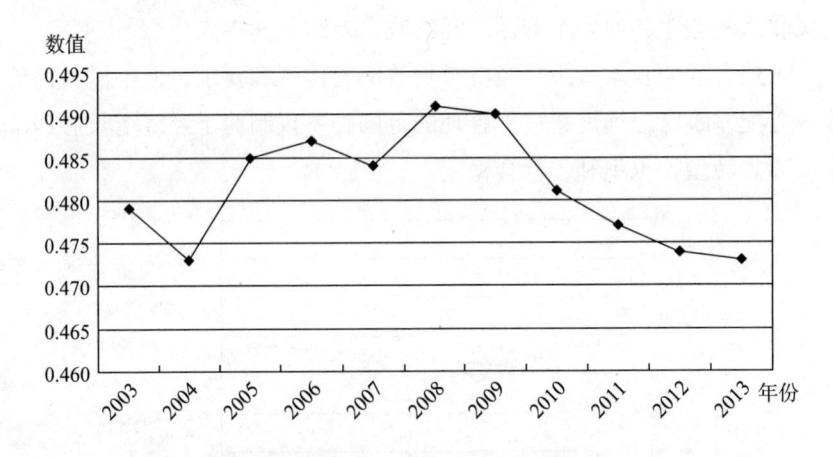

**图3-5 2003—2013年全国基尼系数变动**

资料来源：国家统计局。

除国家统计局的官方数据之外，其他众多学者和组织对中国基尼系数进行的测算都显示，中国的基尼系数在改革开放以后呈现不断上升的趋势，目前已经成为全球基尼系数最高的国家之一。赵人伟带领的中国社会科学院经济研究所居民收入分配研究课题组对中国基尼系数进行了多次调查计算，调查结果显示，中国自1986年以后，居民收入差距呈现不断扩大趋势。全国基尼系数从1988年的0.382上升到1995年的0.445。

李实的居民收入调查结果也显示，2002年全国收入分配的基尼系数达到0.454，2007年基尼系数则介于0.48—0.49之间，城乡收入差距则接近3.3倍。

薛进军在《中国不平等》一书内对基尼系数的估算也显示，1978年以后，除20世纪80年代初全国范围内的收入差距呈现出短暂的小幅收窄态势外，大部分年份都呈现出逐年上升的趋势。1993年的估计值已经达到0.42，突破了国际公认的警戒线0.4。随后又小幅下降，维持在警戒线0.4的水平。从1999年开始重新向上升高，2002年已经达到了惊人的0.46。

该项研究是以CHIP研究作为基础得出的结论，作为对比的世界银行的推算则是：1988年，我国基尼系数是0.38，1995年和2002年分别达到0.45的水平。可见，无论从哪个研究结果来看，中国社会收入分配的差距都十分巨大。

（二）城乡居民收入差距和区域收入差距十分明显

中国居民收入差距的扩大主要体现在中国的城乡收入差距十分明显（见图3-6）。根据于国安、曲永义的测算，在1978年，中国城市居民人均生活费收入（1978—1984年无可支配收入数据）是农村居民的2.57倍。随着家庭联产承包责任制的推广，农民收入迅速提高，与城市居民的收入差距有所缩小，城市居民人均生活费与农村居民人均生活费的比值逐年下降，最低降到1985年的1.86倍。接下来，城乡收入差距开始逐步扩大，城乡居民人均生活费的比值也开始回升，1986年回升至2.12倍的水平。之后更是稳步提升至1994年的第一个峰值2.86倍。随后与全国基尼系数的变化一同震荡，然后在1999年重新向上攀升，2002年就突破了3倍。2006年的统计数据显示，中国城镇居民可支配收入是农村居民可支配收入的3.28倍，也就是说，在一个农村的三口之家可支配收入总值还不及城市三口之家中一个成员的水平。

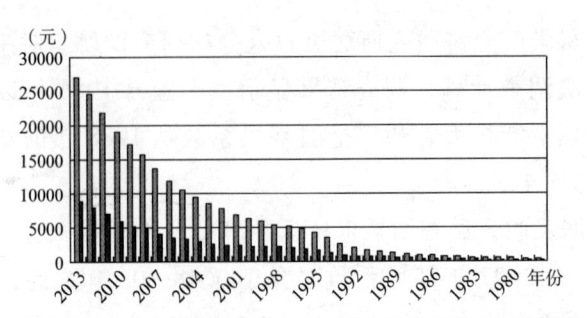

**图 3-6　中国城乡居民家庭人均可支配收入差距比较**

资料来源：国家统计局。

除了城乡差距，我国还存在地区发展差距。在我国，沿海地区作为改革开放时代的"排头兵"，通过发展出口经济以及私人经济率先迅速发展起来。在沿海经济发展起来以后，内陆经济特别是中部地区也随着外部新思想、新技术的传播而迅速发展。而传统的西部地区则作为我国经济的薄弱环节，直到国家"西部大开发"战略投入实施才受到外界的广泛关注。因此在我国，长期以来形成了东部、中部、西部地区三个由相对发达到相对不发达的三种区域经济。国家统计局的数据显示，2013年，我国城镇居民人均可支配收入最高的地区上海与最低的地区西藏自治区之间人均GDP可支配收入之比高达4.28∶1。我们还抽取了山东、湖北、陕西三个省份作为东部、中部、西部地区的省份代表，对其城镇居民可支配收入的数据进行比较（见图3-7）。

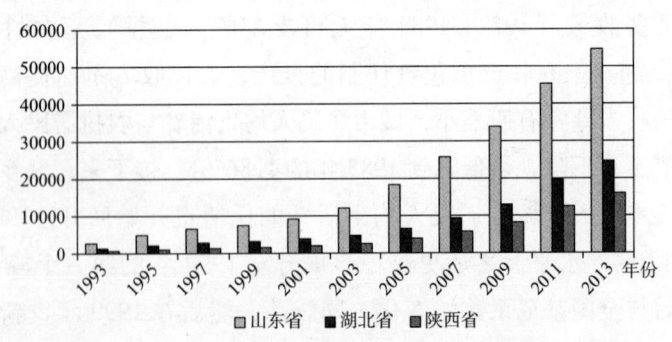

**图 3-7　1993—2013 年山东省、湖北省、陕西省三个省份城镇居民可支配收入比较**

资料来源：国家统计局。

从图中可以看出，东部地区与中西部地区之间的差异非常巨大，陕西和湖北两省的城镇居民可支配收入之和还比不上山东省的水平。

（三）贫富两极分化十分明显

在转轨时期，收入差距的扩大不仅仅表现在收入上，同时也反映在财富的占有上，社会贫富两极分化十分明显，大量财富集中在少数富人手中。20世纪90年代之后，社会资源配置呈一种重新积聚的态势，社会中的各种资源正在越来越集中到少数地区、少数群体、少数人手中。社会上富人和穷人之间收入两极分化的趋势越来越明显。王小鲁认为，目前，我国最高收入10%的家庭和最低收入10%的家庭之间的财富差距为90倍左右。在2013年福布斯中国排行榜中，中国大陆前十位富豪的公开总资产达到了5715亿元人民币，超过海南省2013年全年的GDP。根据中国科学院发布的《中国可持续发展报告（2012）》，如果按照2011年新标准计算，中国仍然有1.28亿贫困人口。也就是说，中国1.28亿贫困人口一年的总收入赶不上中国最富有10个人财富的总和。尽管这种对比意义并不明显，但是，根据社会金字塔结构，在最富有的金字塔顶端之下，也存在一个分布广泛的"富有"阶层。该排行榜最末尾386位的富豪也坐拥36.6亿元人民币。可以推测的是，在中国城市中持有数千万乃至数亿资产的人并非少数。可是，如果按照一个合理的工资比例和增长速率，一个普通人数辈子也积攒不出这么多的财富。因此，在转轨时期的中国，贫富两极分化十分严重，严重的收入不平等使社会上已经出现了"仇富"等社会问题。

**二 中国社会收入差距产生的成因分析**

（一）城乡二元经济结构与区域二元经济结构

在传统的二元经济结构概念中，二元经济结构在很大程度上是指存在经济差距且经济结构固化的一种相对经济结构。我国的城乡二元经济结构以及区域二元经济结构，归根结底，是指城乡发展差距以及区域发展差距。发展差距表现在一般民众中，是指不同经济结构中的人均收入上的差距。所以说，二元经济结构中肯定存在收入差距，并且两种经济结构中参与者的收入分配差距，容易随着经济增长差距的增大而增大。

喻晓东（2006）认为，城乡二元结构使农村地区的固定资产投资、公共医疗投资和教育投资明显少于城市地区，形成了城乡人力资本投资和健康机会的不平等；二元户籍管理制度限制了劳动力的流动，形成了农村流动人口与城市户籍人口在就业以及市场参与机会上不平等[①]。这些因素都导致了城乡收入差距的进一步扩大。在上文中我们就已经看到，在转轨初期，城乡收入比的变化拐点和全国基尼系数的多个变化拐点都在相近的时刻。因此，在中国收入差距的成因中，城乡二元经济因为分布最为广泛从而成为最有说服力的原因。无论是发达地区还是不发达地区，城市与农村之间都存在较大的差异。据胡志军、刘宗明和龚志民（2011）测算，城乡差距对我国城乡居民收入差距的贡献率从1985年的50.6%上升到2000年的60.7%，之后一直维持在60%左右。中国区域经济结构的二元化问题的广泛分布同样是影响全国收入差距的重要原因。沿海地区经济相对发达，居民自然能够获得更高的收入。

（二）国有企业的行政垄断

另一个收入差距的重要成因是中国国有企业的行政垄断性。由于历史的原因，中国国有企业在经济上的地位比非国有企业更为重要。国有企业凭借其国有产权获得政府的支持和保护，国有企业大多处于行政垄断行业，既可以利用其垄断地位获得超额利润，也可以优先获得银行的低利率贷款，国有企业的高层管理者，既是经理又是官员。这的确给国有企业带来了非同一般的好处，使国有企业制度内员工与国有企业制度外员工之间造成了相当大的收入差异。金碚（2010）研究指出，2008年垄断行业占全国职工总数8%的份额分走了60%的工资。中国收入最高与最低的行业差比是15倍，而最主要的高收入行业集中在金融、电力、电信、保险、烟草等国有企业控制的垄断行业。国有企业高层管理者的平均收入和社会平均收入的差距更为悬

---

① 喻晓东：《城乡收入差距持续扩大的原因和解决途径》，《农村经济》2006年第6期。

殊，高达 128 倍。

由于国有经济成分占中国经济总成分的比值比较高，因此，国有企业垄断性带来的收入分配不平等问题对全国范围内居民收入差距的影响不容忽视。表 3-1 为 1999—2009 年国有以及国有控股企业工业产值占工业总产值的比重情况。从表中可以发现，虽然国有成分占总成分比重在逐年下降，但是，直到 2009 年仍然占 27%。在金融业以及其他行业，国有企业所占比重会更高。特别是在庞大的金融产业中，国有部分仍然是整个产业的绝对主导。因此，我们可以推测，中国国有经济成分占经济总成分至少 30%。

表 3-1　　　　1999—2009 年国有以及国有控股企业工业
产值占工业总产值的比重情况　　　　单位：亿元、%

| 年份 | 工业总产值 | 国有以及国有控股企业工业总产值 | 国有以及国有控股企业工业总产值比重 |
| --- | --- | --- | --- |
| 1999 | 72707.04 | 35571.18 | 49 |
| 2000 | 85673.66 | 40554.37 | 47 |
| 2001 | 95448.98 | 42408.49 | 44 |
| 2002 | 110776.48 | 45178.96 | 41 |
| 2003 | 142271.22 | 53407.9 | 38 |
| 2004 | 201722.19 | 70228.99 | 35 |
| 2005 | 251619.5 | 83749.92 | 33 |
| 2006 | 316588.96 | 98910.45 | 31 |
| 2007 | 405177.13 | 119685.65 | 30 |
| 2008 | 507448.25 | 143950.02 | 28 |
| 2009 | 548311.42 | 146630 | 27 |

资料来源：天泽经济研究所，2011 年。

（三）收入差距调节机制的不完善

合理的收入分配调节机制可以有效地缩小居民收入差距，而我国的初次分配和再分配的收入分配调节机制并不完善。这其中包括以下四个方面：一是居民收入在国民收入分配中的比重偏低。近年来，在国民收入分配结构中，我国居民收入所占比重呈逐年下降趋势，而政府收入和企业收入所占比重却呈快速上升趋势。二是社会保障机制的不健全。我国社会保障机制在养老保险制度的参保、失业保险制度的覆盖面、城乡保证制度的不平衡等问题上都还存在许多问题。这些都降低了社会保障机制的调节作用。三是税收制度不完善。我国在个人收入的税种上存在形式单一，没有应对市场化经济以后个人收入的多样化、复杂化做出调整等问题。因此，在实际操作中，收入高的人群避税方式繁多，其实际税负反而不一定比低收入人群更高。就我国总体税收而言，个人所得税只占总体税收比较小的一个部分。可见，个人所得税在我国并没有很好地发挥收入调节的作用。同时，遗产税、赠与税等税种的缺失也加剧了财富的代际转移。另外，税收制度也不健全，"偷、漏、逃、抗税"等非法现象十分普遍，执法部门打击力度不足。四是财政转移不合理。我国的财政转移主要有税收返还、体制补助、结算补助、专项拨款和增量转移支付五种形式。其中，只有增量转移可以缓解地区增长的差异。其他方式对于缓和地区发展差距，从而降低整体居民收入差距的能力不明显。

## 第三节　金融发展影响收入分配的作用机制

金融是资金融通的过程，实质上表现为资金的借贷行为。资金的借贷行为调节社会资源配置，提高经济效率，促进经济增长。金融发展在实现经济增长的同时还具有收入分配效应。金融发展对收入分配的影响机制有两种：一种是直接机制，指的是金融发展直接通过信贷、利率、资本市场、金融政策等方式影响金融服务的质量和金融资源的分配，使各个群体由于获得金融服务和金融资源的差异而形成了在不同群体之间的收入差距；另一种是间接机制，指的是金融发展通过经济增长这个中间途径间接地影响不同群体的居民收入及其分配格局。

## 一　直接机制

金融发展可以通过银行信贷、资本市场融资和金融政策等金融工具影响不同群体的金融服务质量，进而影响到金融服务对象的收入水平。并且由于服务对象的初始资源禀赋和分配到的金融资源存在差异，不同服务对象的收入分配格局也会相应地出现变化。

进入金融市场并且达成交易，需要交易双方的信息的完全。但现实中，金融市场的信息是不完全的，银行贷款业务面临着逆向选择和道德风险，金融机构必须尽可能地收集借贷者的信息，并对借款者进行监督，从而产生了一定的信息收集成本和监督成本，所以，银行会对信息相对完全的优质客户优先放贷，而中小企业、低收入者往往初始资源比较少，并且信息收集难度较大，因此，金融机构往往会采用信贷配给，使其信贷需求得不到满足。这就是金融市场上的门槛效应，即进入金融市场需要一个最低的门槛，低于这个门槛的中小企业和低收入者往往不能享受到金融服务，得不到高收益项目投资的资金支持，进而影响收入分配。

随着金融发展的不断深化，金融服务对象的范围会逐渐扩展到中小企业和低收入群体，不断满足其融资需求，提高其投资机会和教育机会，进而提高生产能力和预期收入，缩小贫富差距，改善收入分配状况。首先是金融服务费用的下降，以及低收入群体提高自身的储蓄率水平的提高，积累的财富不断增加，金融服务能够满足不同类别的收入群体的需求，进而缩小收入分配上的差距。其次是金融中介之间的竞争在不断加剧，迫使银行提高金融服务，开拓不同的客户群体，使中小企业者和低收入者也能够获得在信贷方面的金融服务。最后是多层次的资本市场体系逐渐建立，满足了不同层次客户的金融需求，高成长性和高科技型中小企业也可以从风险投资市场和创业板市场上获取新的融资渠道，从而有利于收入分配的改善。

金融政策是指中央银行为实现国家宏观调控采取的各种措施，主要是对货币、利率和汇率的调节。其中，利率作为金融政策的重要工具，在收入分配中扮演着不可或缺的角色。政府如果实施金融约束政策，就可以通过对利率的控制来实现利益在不同群体之间的分配，例如，低利率政策会使金融市场的名义利率低于通货膨胀率，金融门槛效应的存在会使富人享受到低利率带来的投资收益而穷人难以获得。并且在融资受到利率限制的情况下，穷人把储蓄存入银行，但是得不到贷款；富人把储蓄全部用于生产，并可以得到穷人的储蓄量的贷款。由于存款利率低于贷款利率，则银行和获得贷款的富人取得高额利润，而没有获得贷款的穷人则遭受到了损失，也失去了好的投资机会。从而实现利益由储蓄部门向投资部门转移，从穷人向富人转移，于是影响到全社会的收入分配。政府如果实施金融自由化政策，利率会达到均衡，金融市场的充分竞争会使不同群体都有机会享受到金融服务，从而有益于收入差距的缩小。例如，随着高收入阶层的资本拥有量增加，其资本投资的边际报酬率会逐渐降低，从而导致投资需求下降，成为资本借出方；而穷人资本的边际报酬率则处于较高的水平，投资需求旺盛，因此成为资本的借入者。这样，随着高收入者的财富不断增加，低收入者能够得到更多的可用于投资的资金，增加收入。

## 二 间接机制

金融作为经济核心对经济增长起到极大的推动作用，金融发展影响收入分配的间接机制主要是指通过经济增长这个中间途径间接地影响不同群体的居民收入及其分配格局。具体来说，可以分为以下两个阶段。

第一阶段是金融发展影响经济增长。罗伯特·金（Robert G. King，1993）和罗斯·莱文（Ross Levine，1997）研究提出，金融发展有利于物质资本的积累，人均经济增长率和经济效率的提高。金融发展可以通过以下机制促进经济增长：金融市场的风险分散功能可以降低经济增长过程中的风险，信息收集功能减少了经济市场的交易成本，金融价格的变动有利于资源配置的优化，金融市场的流动性也使具有收益的项目能够得到迅速变现，促进资金的循环利用，为经济发展提供资金支持。

第二阶段是经济增长影响收入分配。关于经济增长与收入分配的关系，目前也存在多种观点：一种是以库兹涅茨为代表提出的倒

"U"形曲线关系，即认为随着经济的增长和人均收入的上升，收入分配差距先扩大，在达到一定的收入水平后，差距达到最大；然后随着时间发展，差距在逐渐缩小。很多实证研究也证实了"U"形曲线的存在。另一种观点是认为，经济增长有利于收入差距的缩小。经济增长的滴流效应会使资源从富人向穷人流动，增加对非熟练劳动力的需求，提高工资报酬率，从而穷人也从经济增长中受益，缓解收入分配不平等的状况。Ravallion 和 Chen（1997）研究发现，经济增长缩小了收入分配差距。也有一些研究认为，经济增长与收入分配的关系在不同的国家体现出了不同的特点。世界银行对 88 个国家的经济增长和收入分配的关系的研究结果表明，经济增长与收入不平等之间的关系在不同的国家具有不同的特点。大多数国家的收入不平等程度与经济增长之间的关系并不显著。但少数国家呈现出不同的趋势。法国、意大利收入不平等程度随着经济增长呈现出显著下降的趋势，而中国和新西兰的收入不平等程度却随着经济增长显著上升。

## 第四节　中国转轨时期金融发展与收入分配的关系

虽然国内外学者对于金融发展与收入分配之间的关系并没有形成统一的结论，但基本遵循的逻辑就是：金融发展与收入分配的关系主要取决于金融服务对象。如果金融服务向穷人和小企业等弱势群体延伸，则金融发展会改善居民收入分配不平等状况。如果金融发展只为富人和大企业服务，则就会加剧收入分配的不平等。

如上所述，金融发展与收入分配的关系主要取决于金融服务是否可以向穷人和小企业等低收入群体延伸。中国转轨时期正规金融的发展总体上不利于收入分配的改善，但非正规金融和微型金融发展却发挥了提高低收入群体的收入水平、改善收入分配不平等状况的作用。

### 一　正规金融发展与收入分配的关系

收入分配分为初次收入分配与收入再分配两个过程，因此，中国转轨时期，正规金融发展对收入分配的影响主要体现在对这两个过程的作用。

在初次收入分配上，首先，中国金融行业的垄断性使金融业本身的行业收入较高，与其他行业之间存在较大差距。王锐（2007）指出，1978—2002年，我国职工薪酬平均增加约19.2倍，而金融业则增加了30.4倍。而且随着我国金融业的快速发展，这一差距并无下降的趋势。其次，中国金融行业与政府的密切关系和政府对金融市场的行政干预使银行贷款主要为国有大型企业服务，而民营中小企业则普遍遭遇"融资难"的困境，从而加剧了国有企业员工和民营中小企业员工收入的差距。最后，中国转轨时期金融发展的区域不均衡也加大了东部、中部、西部地区和城乡居民收入差距的不平等状况。

在收入再分配上，政府对金融政策的调控也发挥着重要作用。因为金融担负着储蓄再投资的重要功能。长期以来，我国的存款利率过低，导致低收入家庭无法通过储蓄再投资的方式来获取财富的保值增值，而同期富裕阶层则能通过其他方式绕过国家的利率控制，通过信托、委托贷款等现代金融业务获得更好的收益。

可见，中国现阶段的正规金融发展总体上使社会收入分配不平等的问题不增反减。

## 二 非正规金融发展与收入分配的关系

由于非正规金融主要是为那些无法在正规金融体系中获取资金的中小企业和农民等群体服务，而这个群体又恰恰是社会中的低收入群体，因此，相比正规金融的发展，非正规金融发展应该更有利于收入分配的改善。另外，非正规金融在发展过程中出现的种种风险和法律约束力差等问题，也会损害居民收入分配的改善。目前，研究一般认为，非正规金融对信贷市场具有金融中介效应、金融风险效应和资金吸出效应三种效应。

金融中介效应是指非正规金融可以发挥金融中介的作用，满足在正规金融市场上受到融资约束的中小企业、穷人和农户等的融资需求，使其能以较高的利率获得需要的资金，从而提高其收入水平，缩小其与高收入群体的差距。但利率过高可能也会给放贷者带来暴利，增加借贷者成本，降低借贷者的收益，不利于收入分配的改善。

金融风险效应是指由于非正规金融自身存在的隐蔽性、自发性、盲目性、投机性和非规范性等特点，借贷手续简单，合同不规范，保障合同执行的信息和信任、声誉、惩罚等机制缺乏法律效力，因此会给资金贷出者带来难以收回本金及利息的风险。并且非正规金融市场上自由利率的不完全性和逐利性会造成金融秩序的混乱，一旦债务人无法按时还款，债权人无法通过正规法律手段保护自己的利益，往往会选择诸如黑社会等非法组织来催讨借款，从而对经济社会造成一定的负面影响。

资金吸出效应是指正规金融体系的资金会在非正规金融市场高利率水平的吸引下大量流出到非正规金融市场，从而降低正规金融市场的贷款能力，使原本可以在正规金融市场上得到满足客户的投资计划不得不被削减，部分客户只好转而求助于非正规金融市场。虽然总体上看整个社会的融资总量没有大的变化，但社会资金的平均融资成本会上升。

因此，非正规金融可以通过以下五种机制对收入分配产生影响，有的机制产生的正效应，而有的机制产生的负效应。

机制Ⅰ（个人信贷）：非正规金融→满足农户、穷人融资→用于生产经营、教育消费、外出务工→提高农户和穷人等低收入群体收入水平→缩小收入差距（正效应）。

机制Ⅱ（企业信贷）：非正规金融→满足中小企业融资→促进就业→提高低收入群体的收入→改善收入分配（正效应）。

机制Ⅲ（利率）：非正规金融→高利率→可能使放贷者获取暴利，借贷者成本增加，收益减少→扩大收入差距（负效应）。

机制Ⅳ（风险）：非正规金融→带来金融风险→放贷者血本无归→不利于收入分配改善（负效应）。

机制Ⅴ（分流）：非正规金融→分流正规金融资金→降低正规金融的中介功能→不利于发挥正规金融改善收入分配的效应（负效应）。

可见，非正规金融发展对于收入分配存在正负两方面的效应。一方面，非正规金融对低收入群体和中小企业的信贷支持有利于提高低收入群体的收入水平，缩小收入差距。另一方面，非正规金融的高利率、高风险和对正规金融的资金吸出效应不利于居民收入差距的缩小。具体影响机制和效应如图3-8所示。因此，对非正规金融发展既不能打击，也不能放任，要采取适当的措施规范非正规金融发展，充分发挥出非正规金融在收入分配中的积极作用，最大限度地降低非正规金融对收入分配的不利影响。

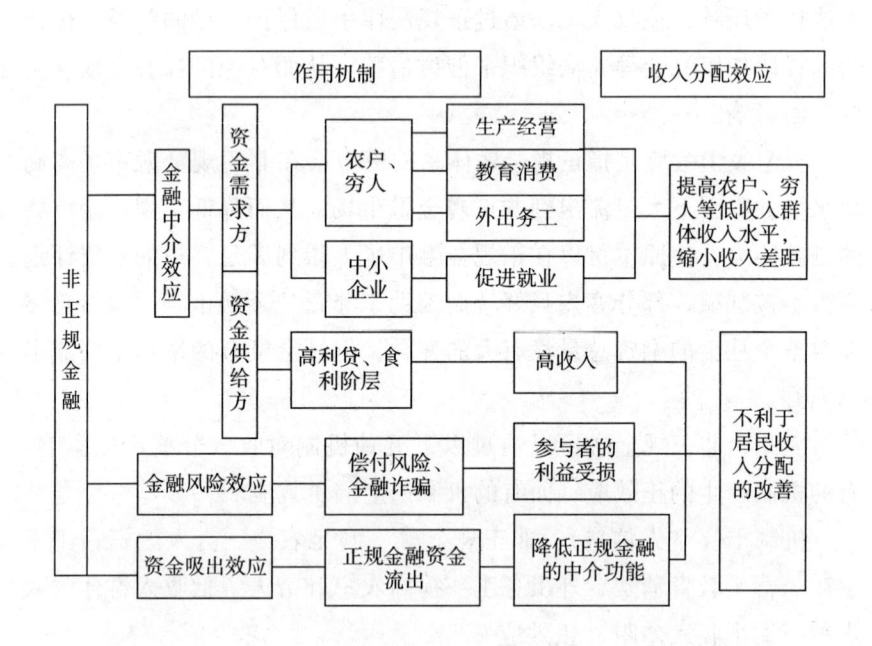

**图3-8 非正规金融对于收入分配的作用机制和影响效应**

### 三 微型金融与收入分配的关系

长期以来，贫困问题一直是当代世界面临的共同问题之一。研究表明，通过金融服务为低收入群体提供信贷是缓解贫困的有效途径。因此，微型金融兴起的直接动因就是缓解贫穷，主要目的是专门向目前金融体系并没有覆盖的小型和微型企业及中低收入阶层提供贷款、储蓄、保险及货币支付等一系列小额度的可持续的金融产品和金融服务的金融形式，帮助低收入群体获得持续性的收入，从而减少贫困，缩小一国居民的收入差距，改善收入分配的不平等程度。

中国微型金融的服务对象主要是贫困或中低收入人群，特别是贫困农户、农村青年致富带头人、大学生村主任、妇女、返乡农民工、残疾人等群体，以及以小型微型企业为扶持重点，来促进就业创业，增强脱贫致富能力。微型金融的扶贫方式除小额贷款以外，扶贫服务产品也不断地面向市场进行创新。目前涌现出了人人贷、典当行、小额贷款、民间借贷、财物担保等服务产品，还有股权服务、资本金服务、信用存款、农业财产财物保险、政府与社会资本、私人资本共同融资模式（PPP模式）的增值服务等，这些都使微型金融在扶贫市场上发挥着重要的作用。熊芳、潘跃（2014）对湖北省恩施州从农村信用合作社获得过贷款的农户进行了实地调研，并对当地农村信用合作社的数据进行了研究，发现以农村信用合作社为首的微型金融机构的社会扶贫功能在一定程度上得到了实现。陈军和曹远征（2008）、赵剑治和陆铭（2009）等的研究也表明，社区层面的微型金融可以为贫困农民创造社会资本，从而缓解贫困，提高农民的收入水平。

总体来说，目前微型金融的扶贫力度比较弱，扶贫作用效果不够明显。主要原因在于微型金融机构自身发展受限，呈现数量少、规模小、人员少、资金少、盈利难等问题。一是融资渠道单一。资金来源依然是原始资金积累，没有专业银行为微型金融注入资本。二是融资成本高。微型金融融资投资都要从自身利益出发，附带绑定一些贷款条件，形成贷款门槛高。三是抵押物受限。目前，微型金融贷款主要是通过资金资产抵押来实现，但大多数贫困农户并没有合格的资金资产可供抵押，也就很难获得银行贷款。四是国家扶持不足。国家对微型金融支持扶贫开发贷款利差补贴、财政优惠、信用担保和专项支持给予必要倾斜不足。五是微型金融的"目标偏离"问题使微型金融日益商业化，服务对象逐渐向富裕人群偏离。因此，微型金融自我发展与推动扶贫开展的力度都处在薄弱状态，有待于进一步提高和创新。

# 第四章 社会资本对金融发展与收入分配关系的影响

## 第一节 社会资本对金融发展与收入分配关系的积极影响

第三章研究表明，资本是增加居民收入的关键要素，金融发展与收入分配的关系主要取决于金融服务对象是否将低收入群体包含在内。如果金融服务向穷人和小企业等弱势群体延伸，金融发展就会改善居民收入分配不平等状况。如果金融发展只为富人和大企业服务，就会加剧收入分配的不平等。

总体来说，低收入群体由于规模小、缺乏抵押品等，因而往往难以从正规金融机构获取贷款，面临信贷约束。社会资本作为影响金融发展和收入分配的一种重要的非正式机制，可以调节金融发展的规模和结构，提升低收入群体的融资信用，帮助低收入群体更好地获得金融服务，从而能使金融发展更好地发挥缩小居民收入差距的作用。

第一，社会资本可以促进金融发展，使金融发展能更好地服务于穷人，从而改善居民收入分配关系。社会资本可以通过其内在的社会关系网络、人们之间的信任和互惠规范等非正式约束机制作用的发挥，增强人们之间的信用与合作关系，降低交易成本，抑制机会主义行为倾向，培育良好的制度环境，从而提高金融发展规模和金融交易效率，在整体信任水平和信用规模扩大的前提下，低收入群体也会更容易获得贷款。这是因为，金融发展对贫困阶层的帮助比对富裕阶层的帮助更大。因为在金融市场发展初期，富人就可以很容易地获得各种信贷工具，但穷人只能依靠金融发展规模的扩大来获得贷款，从而提升自己的收入水平。因此，当金融发展规模得到提高以后，穷人收入的增长比富人增长更快。

第二，社会资本可以提升低收入群体的融资信用，从而缓解低收入群体的信贷约束，提高其收入水平。社会资本具有高度的生产性，能够提升穷人和小企业等低收入群体的融资信用，帮助拥有者直接获得贷款等经济资源。这也有助于金融服务向低收入群体延伸，有助于解决低收入群体贷款难的问题，促使其收入水平的提高，从而改善收入分配不平等的状况。

第三，社会资本可以调节金融发展的结构，促进微型金融、非正规金融发展。专门为穷人和小企业等弱势群体服务的微型金融和非正规金融发展和运作依赖的是基于地缘和人缘而拥有的信任、对借款者的信息获取优势以及由于借款人社会身份形成的声誉机制、惩罚机制等社会资本。

可见，社会资本既促进了金融发展规模的扩大和低收入群体融资信用水平的提高，又支持了微型金融、非正规金融发展，使金融服务能更多地向穷人和小企业等弱势群体延伸，进而提高穷人的收入水平，改善收入分配的不平等程度。格鲁塔尔特（1999）、Narayan 和 Pritchett（1999）认为，以信任和社会纽带为特征的社会资本在使穷人得到更多的金融服务、减缓贫困程度中发挥了重要的作用。

**一 社会资本可以通过提高金融发展规模和金融交易效率来引导金融服务向低收入群体延伸**

（一）社会资本提升金融发展规模和金融交易效率的作用机制

社会资本对于提升金融发展规模和金融交易效率的作用主要通过以下两个方面来实现：第一，社会资本能够通过内在的社会关系网络、人们之间的信任和互惠规范等非正式约束机制作用的发挥，增强人们之间的信用与合作关系，降低金融交易活动的交易成本。第二，社会资本可以创造一个良好的制度环境，而一个好的制度环境以及其背后的契约精神是金融发展必不可少的基本条件。

1. 社会资本可以降低金融交易成本

（1）交易成本的概念。交易成本又称交易费用，是指在完成一笔交易时，交易双方在买卖前后所产生的各种与交易相关的成本，包括信息搜寻、条件谈判与交易实施等的各项成本。诺贝尔经济学奖得主科斯（1937）在《企业的性质》中提出了"交易成本"的概念，认为交易成本是"所有发现相对价格的成本""市场上发生的每一笔交易的谈判和签约的费用"及利用价格机制存在的其他方面的成本。随后威廉姆斯对交易成本理论进行了系统的研究，他认为，交易成本可以划分为事前交易成本和事后交易成本，其中，事前交易成本包括信息搜寻成本、信息交换成本、议价谈判成本和决策契约成本，事后交易成本包括交易的执行成本、监督交易进行的成本和违约所付出的成本。

交易成本的高低直接决定交易是否可行。当交易收益高于交易成本时，交易将会发生；当交易成本高于交易收益时，交易行为将不会发生。在金融市场上，在交易活动中耗费的资源数量相等的情况下，交易成本越低，能达成的金融交易数量就越多。因此，要促进金融发展，就必须降低金融交易活动中的交易成本。

（2）交易成本的影响因素。影响交易成本的因素有很多，威廉姆斯（1975）总结了以下六个方面的原因。

第一，交易双方的有限理性和投机主义。由于参与交易的人受到身心、智能、情绪等限制，难以做出完全理性的决策。并且交易双方在自我利益最大化的驱使下还会采用投机主义的欺诈行为，因此，交易双方彼此不信任和怀疑，从而增加事前的谈判决策成本和事后的监督执行成本。

第二，资产的专用性。这是指资产可用于不同用途和由不同使用者利用的程度。如果交易所投资的资产本身具有很强的专属性，难以转作其他用处，则一旦交易失败，投资于资产上的成本很难回收或转换用途。因此，资产的专用性越强，交易成本就越高。

第三，交易的不确定性和复杂性。由于环境因素中充满不可预期性和各种变化，因此，交易过程有可能出现各种风险。在有限理性和信息不对称的限制下，交易双方难以完全事先预测所有的风险，因此，只能通过将未来的不确定性及复杂性纳入契约中和事后监督来保证交易的执行，这会增加不少订定契约时的议价成本和事后的监督执行成本，并使交易困难度上升。因此，交易的不确定性和复杂性越高，相应的监督成本、议价契约成本等交易成本会随之增加。

第四，交易频率。交易双方的交易频率会影响交易成本的高低。如果只是一次性交易，则交易双方的机会主义行为会增加，并且双方互相不信任，相对的各种交易成本也随之升高。交易频率的提高则可以大大降低交易成本。

第五，信息不对称。在现实生活中，每个企业生产的产品包装、商标和销售条件等都有区别，产品不可能无差别，因此，企业不可能无成本无障碍地进出某一个行业或市场，市场呈现出不完全竞争的市场格局；在不完全竞争市场上，市场信息的漏损、信息的保密等情况阻碍了信息的自由流动，因此，每一个买者和卖者都不可能掌握与自己经济决策相关的商品和市场的全部信息，并且因为环境的不确定性和自利行为产生的机会主义，交易双方对于信息的了解是有差异的，掌握信息多的人往往处于有利位置。因此，信息总是不完全和不对称的。正是由于不存在一个完全的竞争市场和完全的信息流动，因此，市场交易中存在交易成本。

第六，信任。信任是交易发生的前提条件，交易双方会根据彼此之间的信任程度来确定是否可以发生交易以及确定交易额度。相互之间的信任可以形成较低的契约成本，从而有利于交易利益最大化。高度的信任也有利于组织之间的合作。交易双方如果互不信任、相互怀疑，就会增加不必要的交易困难及成本。

（3）社会资本降低金融交易成本的机制。一些学者研究发现，社会资本作为一种非正式制度，其内涵的网络、规范和信任都是影响交易成本的因素，从而降低金融市场交易成本。具体来说，社会资本可以通过以下机制来影响金融交易成本。

首先，社会关系网络能够促进信息分享，降低信息不对称程度。一般金融交易中，贷款方要想获得借款者的信息要耗费巨大的人力和物力成本，而共享信息是社会资本的重要表现形式。社会关系网络作为社会资本最重要的组成部分，其最基本的功能就是促进人际交往和实现信息共享。社会关系网络在信息获取方面就是一张信息网络，我们可以通过网络中人与人之间的交流增加了彼此的信息，通过信息和知识的流动与分享，节省了搜寻（交易）成本，提高资源配置和使用效益。另外，网络成员之间的交流还有助于预测他人行为，降低信息的不确定性。由此可见，如果借款者和贷款者都处于同一个社会关系网络中，对彼此间信息的了解就会更充分与真实，而且信息获取成本也更为低廉。在农村金融市场，在无法获取贷款申请者的物质和法律担保情况下，一般都是通过其朋友、亲戚、邻居及其他关系网络来获取其信用情况，并且通过联保贷款等形式利用彼此之间的互相监督来降低监督成本。

其次，社会资本能增加社会的信任程度。借贷关系是金融发展的主要关系之一，借贷的完成以彼此之间的信任为基础，而社会资本的基本核心概念就是信任，正是社会关系网络间的相互交流与合作增强了人与人之间的信任。人与人相互交流得越多，越容易产生彼此之间的信任，这种信任会随着网络的扩大而产生普遍信任，促进合作。这是因为：第一，网络会增加欺骗的潜在成本，抛弃欺骗者。第二，网络会培育强大的社会规范。强大的社会规范会规制人的社会行为，个人也会为了避免隔离利益的缺失，不会做出越轨行为。第三，网络为人际交往和信息的流通提供了便利的渠道。人们交往的次数越多，相互间的信任度越高，就越容易产生合作。第四，网络中已经存在的合作，能够形成未来合作的基础。

具体来说，社会资本通过以下三种途径增进社会的信任度。

第一，通过人与人的交互活动，家庭和社会网络的运用培养个人之间的特殊信任。人与人的交互活动作为一种最简单的社会交往活动，会产生一系列的社会基本规范和互惠互利的行为准则，比如朋友或是亲人之间的互赠礼物。社会规范的形成依靠的是社会资本的不断的积累，通过教育、传统方式的延续和习惯的养成等方式使社会规范得以适合事宜的发展。在社会规范性的条件下，人们的行为活动具有一定的预见性，作为行为人可以预见自身行为和他人行为所产生的后果，使信任相伴随而生。当超出自身的判断时，行为人会依据信任度的高低来做出决策。

基于血缘关系的家庭是社会的基本单位，是单体个人与社会信任的中间点。家庭信任的长时间发展会形成特殊的利益群体，例如家族集团，从而超越个人信任，但是，在解决群体问题方面，熟人等"弱关系"比亲朋好友等"强关系"更重要。信任一方面会随着家族的扩大而扩大，另一方面也会随着家族的局限性而产生负外部性，例如家族内部的利益分割。强大的家庭或家族信任也会转化为一般信任，促进经济合作。

社会关系网络分为横向网络和纵向网络。横向网络包括同学朋友关系、邻居关系、社团组织关系等，彼此之间相互独立相互合作。横向网络增加了不同社会群体之间的联系和沟通，加速了信息的流通，减小了投机交易的可能性，能够产生广泛的信任。纵向网络连接群体内部，而社交网络是纵向网络连接的重要载体，纵向网络能够促进利益共同体的内部信任。

第二，通过企业主个人的人际关系网络和企业组织间的往来可以增加企业的特殊信任和社会普遍信任。企业社会关系网络的重要来源主要包括企业主个人的人际关系网络和企业主体建立的业务关系网络。基于个体人际关系的特殊信任会影响外界对企业的信任程度。随着企业之间业务往来的发展，企业之间信任程度也会增加。但是，这种依靠特殊信任建立起来的社会关系网络并不牢靠，这种信任会随着内部利益者的变动而发生变动。随着社会结构的变动和社会流动性的增强，以特殊信任建立起来的社会关系网络无法满足企业对于发展的要求，迫使企业去寻找新的方式，与企业直接形成持续性的信任。当关系双方在长期的交易合作中都能保持诚信经营，并能很好地履行社会责任时，企业与其外部利益相关者之间就会产生高强度的信任，这种高强度的信任最终会推动社会普遍信任的发展。

第三，社会资本可以依靠伦理道德和习俗等社会规范制约交易双方的机会主义行为。

交易活动是人类经济活动的重要组成部分，而人是社会关系的总和，社会经济交易活动也是社会关系的重要部分，共同的道德标准是经济有效运行的重要条件，没有良好的道德规范市场的交易活动将会受到限制，因此，交易活动也必然会受到伦理道德和习俗的影响。王霞（2002）认为，社会伦理道德可以从三个方面影响交易成本。首先，社会伦理道德是交易主体的价值目标选择，使交易主体交易时不得不考虑道德因素，这种考虑最终会影响交易成本。其次，社会伦理道德文化制约着交易主体的行为选择。西方文化中注重个人权利和个性的发展，中国文化中注重群体和谐观念，这两种不同的文化必然会影响交易主体的行为方式，进而对交易成本产生不同的影响。最后，社会伦理道德文化还制约着交易主体评价标准，进而导致交易成本的变化。道德伦理的评判标准不同，制约了交易主体的交易行为，如果交易主体不考虑社会评价标准，将会付出很高的交易成本。

伦理道德和习俗等社会规范是社会资本中另一个重要因素。社会资本能够使共同的道德行为规范形成，促进合作。在信任的基础上，行为人之间进行交互合作，形成利益共同体，从而在成员之间形成共同的道德行为规范。网络也会排斥背信者，增加其交易成本，约束投机者，形成良好的市场行为规范。因此，当成员违反共同准则时，不仅会受到惩罚，而且会产生犯罪感。例如，宗教提倡诚实的美德，违反商业道德的人会产生犯罪感。因此，在金融交易中，关系网络中的圈子主义精神、面子成本以及地区的传统文化、习俗特征和伦理道德上的压力等社会资本会对借款者形成很强的硬约束，使一个理性的借款者不敢轻易违约。因为一旦违约，其声誉就会受到影响，还会在联保机制下影响到其他网络成员的利益，其他网络成员会对其违约行为进行联合孤立和抵制等社会惩罚，使其难以继续使用社会关系网络所带来的各种资源。并且社会关系的稳定性和持续性越强，违约的成本就会越高。因此，伦理道德和习俗等社会规范的约束能够大大降低违约风险性和贷款者的监督成本。

2. 社会资本可以为金融发展提供良好的运行环境

金融与社会经济生活息息相关。一个公民素质高、社会稳定民主、制度完善的社会环境有利于金融发展。社会资本可以通过以下三种途径改善社会环境，为金融发展提供良好的运行环境。

（1）社会资本能够促进民主社会的形成。一些学者运用世界价值观调查和国际协会联盟数据，研究跨国社会资本与民主的关系，发现两者之间呈现互相影响的关系。王宏强（2007）认为，嵌入在社会关系结构中的民主政治的社会资本是降低民主政治交易成本的制度和组织资源，主要包括志愿性合作共同体和普遍性互惠规范。志愿性合作组织是民主发展的动力之一。赫茨（Hertz，1996）认为，组织在民主中有重要作用。各种志愿性组织构成了公民参与社会的组织网络，促进了彼此的信任，加强了合作。普特南认为，志愿性合作组织加强了公民的横向联系，有助于打破专制体制下的垂直和等级社会结构。在社会交往中，多数人赞成和认同普遍性互惠规范，接受统一的政治制度指导。在普遍的政治信任下，多数人相信问题和冲突可以在统一的政治制度内进行解决。

（2）社会资本能够促进正式制度的形成。根据诺斯（1991）的观点，正式制度主要是指法律和规制等制度安排，他可以通过建立一个人们相互作用的稳定的结构来减少不确定性。社会资本作为一种非正式制度，它存在于人际关系之中，产生于交易活动。同样，可以发挥规范约束交易者的行为、建立稳定的社会规则的作用。因此，社会资本与正式制度之间存在相互替代和相互促进的关系。

一方面，在市场机制不发达、制度不完善的地区，社会资本的关系网络和道德规范可以作为正式制度的替代在市场交易中发挥作用。随着正式制度的建立和规范，社会资本的关系网络发挥的作用会下降。

另一方面，社会资本与正式制度之间存在相互转换、互相促进的关系。制度是社会资本发挥作用的环境，社会上各个团体、组织都要在国家制定的正式规则框架下运行，并且制度与组织还是宏观层次社会资本的结构因素，包括法律规则、司法系统、政府政策、契约执行效率、国家允许的公民自由度、政府官僚系统等。社会信用的普遍信任正是基于经济交往过程中经济规则的建立和政府在行为规范中的制度规制而产生。因此，随着制度的完善，宏观层次社会资本如制度组织、普遍信任、公民参与和政府效率等都会提高。同时，良好的社会资本环境也有利于正式制度的发展。随着社会经济的发展，人格、伦理、道德等因素本身会随道德共识的提高而逐渐制度化，原有的习俗或规范可能会上升到正式法律的层面。在一个拥有丰富的社会资本存量的社群内完善正式制度也会变得更加容易。美国政治学家普特南用意大利的经验说明社团、公民参与等社会资本与政府、正式制度紧密相连，公民参与网络培养了充满生气的普遍化互惠惯例，有利于协调和沟通，并且扩大了其他人值得信任的信息，如果没有公民精神，公民对公共的事务漠不关心，则政府效率低下。

（3）社会资本能够减少犯罪。第一，社会资本增加，行为人之间的信任增加，社会网络的联系紧密，使和平解决问题成为可能。第二，社区成员联系密切，规则明确。如果行为人犯罪，群体内部的惩罚措施会使个人的犯罪成本增加，利己者的行为人将减少犯罪甚至避免犯罪。Ichiro Kawachia（1999）认为，正是由于收入不平等破坏了社会组织和亲戚关系，使社会资本减少，从而增加了社区犯罪。

（二）社会资本影响金融发展水平和效率的具体表现

1. 社会资本有利于正规金融发展

正规金融是金融体系的核心组成部分，是衡量一国金融发展水平的重要指标。社会资本对正规金融信贷市场的影响在于：社会资本充裕的地区，信贷交易活跃，人们主要使用支票，持有的现金少，这有助于银行等金融机构吸纳更多的存款。社会资本对正规金融证券市场的影响在于：在社会资本水平高的地区，人际交往密切，证券市场信息在密切的人际交往中可以广泛传播、参与者对成功者的学习、参与者彼此之间的经验交流都会提高人们的证券市场参与率。

Guiso、Sapienza 和 Zingales（2004）对意大利进行的实证研究表明，社会资本总量的差异影响了意大利不同地区金融发展水平的差异。在社会资本较高的地区，个人（家庭）更愿意投资股票，更多地使用支票，因此，该地区的金融发展水平更高。卡尔兰（Karlan，2001）发现，在秘鲁，社会资本与贷款偿还率和储蓄率呈现正相关关系。并且文化异质性和地理扩散性也会影响借贷行为，文化相近和地理位置相近的群体之间拥有更高的借贷效率。Calderón、Chong 和 Galindo（2001）对 48 个国家的数据研究发现，信任水平越高的国家或地区，金融深化程度越高，股票市场和信贷市场越发达，利差和管理费用越小，金融效率越高。随后，Guiso 等（2004）对不同国家信任测算值与其金融发展指标之间的关系进行的实证分析也表明，两者之间存在显著的正相关性。并且在越是法律机制不发达、人们教育水平比较落后的地区，社会资本对金融发展的促进作用越明显。

在中国，学者通过实证研究也得出了相同的结论。卢燕平（2005）通过实证分析得出宏观层次社会资本和中观层次社会资本与存款和贷款比率等正规金融发展水平呈正相关关系，而与非正式信用比率负相关关系。皮天雷（2010）研究了转型期社会资本与法治水平对地区金融发展的影响。结果表明，社会资本是对法治水平低下的一种有效替代机制，与地区金融发展之间呈正相关关系。张俊生、曾亚敏（2005）通过实证研究也发现，具有社会资本相对优势的地区金融发展水平更高。

2. 社会资本是关系型贷款发展的基础

关系型贷款是指基于银行和借款企业、企业主在长期接触与合作中所积累的软信息（如企业主的个人品德、企业未来发展潜力和内在风险等）而发放的贷款。关系型贷款的发展对于解决中小企业融资困境，促使银行为中小企业提供更有效率的金融服务，增加其竞争力，促进金融和经济发展具有积极意义。

在信贷市场上，大企业一般较容易得到信贷资金，而中小企业往往融资困难。这是因为大企业的部门机构完备，拥有完善的财会制度和管理，能够向银行提供清晰明了的"硬信息"，银行根据这些"硬信息"对大企业做出贷款安排。中小企业由于自身的种种原因，往往不能提供银行需要的"硬信息"，或提供的"硬信息"不符合银行要求，因而不易从银行获得贷款。这主要是因为中小企业大多信息不透明，造成了信贷双方的信息不对称。特别是在新兴的经济体中，信息披露法制不健全，外送的财务报表不规范，通常也没有经过审计。因此，对于金融机构来说，很难通过企业所呈送的资产信息去评估其财务状况、信用等级、经营风险等相关信息，并且中小企业往往资产比较小，缺乏抵押品，因此，中小企业很难满足传统的抵押贷款的条件。

关系型贷款与其他贷款不同的是，它是根据借款人的"软"信息而不是资产抵押等"硬信息"来提供信贷支持。即银行可以通过了解经营者的素质、员工努力程度、企业的发展前景、信用环境等相关因素来判断是否为企业贷款。这些"软"信息的获取主要是基于信贷双方持续性的交往和合作，因此，关系型贷款实质上建立在借贷双方相互信任、重视合作、追求双方的长远合作利益基础上，正是社会资本的支持鼓励了关系型贷款的发展。关系型贷款是中小企业的一种重要融资方式，而关系的强度或深度会对信贷的定价和可获得性产生影响，随着关系的不断深化，中小企业资金的获取规模和资金价格都会进一步优化。由于信息传递的时效性，关系型贷款的资金融出方一般是对当地企业"软"信息积累得比较丰富的本地区的社区银行。这是因为，社区银行在与当地企业长期交往过程中积累了丰富的关于当地借款人或潜在借款人的"软"信息，社会资本总量不断增加，社区银行与企业之间能够实现相互信任、重视合作和长远发展。

可见，关系型贷款主要解决双边的信息不对称问题，资金融出方可以与借款人通过持续性的互动和观察，从多角度去了解企业生产经营状况和所有者的个人品质等信息，它有助于提高借款人的信用水平。对于一些信息不透明的企业而言，这些经过长期收集的信息价值是显著的，其本身的意义要高出企业的质押品和信用评级。在信贷市场上，银行为了维护与企业的经济关系会提供长期、稳定的资金支持与贷款优惠，同时银行也可以利用自身所掌握的信息对借款者的项目进行风险评估，使借款者放弃高风险项目，从而避免双方信贷关系的破裂。因此，关系型贷款直接关系到银行、企业的效率和风险。

Uzzi（1999）研究发现，银行与企业之间的交易关系是嵌入在社会关系和网络之中的，丰富紧密的社会关系和网络能够帮助它们建立信任和互惠的长期合作预期，降低借款人的机会主义倾向和金融交易成本，从而增加企业获得信贷资金的机会，降低企业融资成本。

**二 社会资本有助于提高低收入群体社会地位和中小企业的经营绩效，增加其融资信用度**

（一）社会资本有助于低收入群体个人社会地位的提高

社会地位是一个人或群体在社会阶级所得到的荣誉和声望，它是社会资本的一种表现，同时也会受到社会资本积累的影响。社会地位能够帮助低收入群体获得更高的融资信用级别，从而获得更多的金融服务。对于低收入群体而言，个人社会地位的提高可以通过社会交往、个人教育水平、工作和财富得到体现。对于中小企业而言，社会地位的提高可以通过企业者和企业组织的交往与企业竞争力的提升来获得。

*1. 对于社会关系网络的维护和发展会激励个人或企业努力提高社会地位*

社交网络的使用目的在于对线下社会关系的维护和网上社会关系的发展。在维护社会关系中，特别注重自我形象的展示，个人或企业的社会地位越高，那么他们的人际支持以及社会关系网络就会越广。因此，个人或企业会为了获得更多的社会资本资源而努力提高自身的社会地位。

*2. 社会资本有助于个体找到更好的工作，提升其社会地位*

工作是社会地位的一种表现，个人人际关系网络的建立，有利于工作信息的传递和自身职业技能信息的传播，能够帮助行为人找到更好的工作，提升个人的社会地位。

*3. 社会资本能增加低收入群体的教育机会*

个人教育水平的提高是提升个人地位的重要途径。社会资本所蕴含的信任、关系、组织、规范等因素则有利于居民的教育水平和教育质量的提高，形成较好的人力资本。社会资本可以通过社会网络和信任等因素影响教育水平的高低。网络的运用可以帮助我们直接或间接地认识更多的人，从而获得家庭外的社会资本（Cicourel and Kitsuse，1977）。众多国内外学者也从实证方面验证了社会资本与教育水平之间呈正相关关系。戈尔丁和卡茨（Goldin and Katz，1999）认为，社会资本与教育之间存在互相促进的作用,一方面,社会资本能帮助人们获得公共教育,增加人力资本积累;另一方面,高水平的教育也能带来高质量稠密的社会网络,促进社会资本的积累。Bjrnskov(2006)强调,信任一方面通过影响政府的教育支出来提高人力资本积累和供给,另一方面高信任国家的公司更加倾向于选择受过教育的人从事高水平的工作,从而产生高水平的教育需求。

4. 社会资本有利于减少贫困,提升低收入群体抵御风险的能力

就社会资本而言,贫困是由于贫困者自身社会资本的缺乏使其难以获得社会资本所带来的收益和便利,进而无法发挥社会资本的作用来改善其经济状况。社会资本是解决贫困问题的有效措施。张陨(2006)认为,可以通过信任、网络和规范来减少人们的贫困。信任是一种精神上的支持,为贫困者在人际关系和社会交往中提供精神保障。网络的运用为贫困的解决提供信息。在城市中,贫困是由于工作的缺失或者由于工作的不匹配而导致的失业,在个人网络和社会网络中,信息的流动为失业者提供充分的就业信息,以达到减少贫困的效果。规范为贫困的解决提供一个制度保障。在制度框架内约束个人行为,使组织成员之间彼此信任、相互合作,提高共同抵御风险的能力。

(二)社会资本有助于中小企业竞争优势的提高,提高其融资能力

中小企业由于存在规模小、财务不透明、融资金额小和融资频率高等问题,在市场上处于弱势地位,面临较严重的融资约束,难以从银行和资本市场获得所需资金,并且融资成本较高,这些都大大制约了中小企业的发展。

企业社会资本一般可以分为内部社会资本和外部社会资本。内部社会资本是在企业内部形成的员工之间以及部门之间的关系网络,有利于推动企业内部员工和部门之间的信任合作及沟通协调,增强企业内部凝聚力。企业的外部社会资本是指企业与外部其他企业、金融机构、政府部门、科研院所及高校以及中介组织之间的社会关系网络,有利于企业获得企业外部各种稀缺资源。可见,企业构建的内外部网

络等企业社会资本可以为企业带来各类资源和能力组合，从而增加企业的竞争优势，提高企业融资能力。石军伟、边燕杰和李路路等研究发现，企业社会资本可以增加企业绩效，并且存续时间更长。Chakravart（1999）等认为，借款者与银行之间的关系可以增加企业信贷的可得性。相比大企业来说，中小企业更需要依靠社会关系资本来弥补先天性融资能力的不足。马宏（2010）认为，企业社会资本能够有效地降低中小企业融资过程中的信息不对称，从而缓解其面临的融资约束问题。王霄（2005）认为，中小企业的社会资本在关系融资和民间融资中发挥着重要的作用，促进了中小企业融资的可得性。陈晓红、吴小瑾（2007）通过实证研究发现，中小企业的社会资本与融资中的信用水平之间存在显著的正相关关系。

企业社会资本对增强企业竞争优势，提高其融资能力的作用主要体现在以下三个方面。

1. 企业社会资本可以节约企业的交易成本

企业社会资本可以降低经济活动中的不确定性和机会主义行为，降低交易成本。首先，建立在信任与合作基础上的企业社会网络间的成员已经具有良好的合作关系，相互之间比较了解，信息不对称的程度较低，从而机会主义发生的概率下降。其次，企业社会资本的培育有助于企业声誉资本的积累，良好的企业声誉能通过网络向社会传递，最终有助于减少企业交易时的信息不对称程度。最后，企业社会资本的信息共享可以帮助企业获取更多的市场信息，减少企业的信息搜寻成本，增加企业的市场机遇。Nahapie、Ghoshal（1988）和 Baker（1990）的研究发现，企业社会资本在节约交易费用等方面存在正面作用。

2. 企业社会资本可以促进企业技术创新，增加企业创新绩效

创新是企业保持竞争优势的基础和根本动力，企业内外部网络中成员间的信任和互惠行为，以及共同语言、愿景和规范能够促进企业从内部和外部获得众多的学习能力及知识资源，为技术创新提供支持。一方面，企业在与供应商、经销商、关键客户以及行业主管部门的外部交往中，与利益相关者进行信息和知识的沟通，实现知识共

享,在加深对现有知识的理解的基础上突破技术障碍,从而提高企业的市场开发和技术开发能力。另一方面,企业内部广泛而紧密的社会网络可以增强企业跨部门沟通与交流的深度和频度,加速企业内部知识的传播和应用,提升市场知识和技术交流及分享,从而强化企业技术创新能力。

3. 企业社会资本可以帮助企业获得更多的资源

企业的成功离不开各种重要资源的有效组合。企业社会资本可以帮助企业获得社会关系网络中所蕴含的各种有用的市场资源,帮助企业快速发展。Woolcock(1998)认为,社会资本对于中小企业获取资源非常重要。Beugelsdijk 等(2003)认为,企业社会资本能够提供组织所需的技术和资源,从而提高组织的竞争地位。周小虎、陈传明(2004)认为,通过企业能够从与企业社会关系网络成员的联系中获取竞争优势的关键性资源。沈艺峰等认为,企业与政府的关系可以为企业争取到政府的补贴和税收优惠等优惠政策。边燕杰认为,企业与银行的关系可以帮助企业更容易从银行获得贷款,并且关系越紧密,贷款成本越低。

### 三 社会资本可以调节金融发展的结构,促进微型金融、非正规金融发展

金融发展体系除了传统的正规金融,还存在微型金融和非正规金融等有别于传统金融的运行模式。社会资本对金融发展与收入分配关系的影响除体现在社会资本可以提高正规金融发展的规模和效率使其金融服务向穷人延伸以外,还可以促进专门为难以在正规金融体系获得融资的低收入群体提供金融服务的微型金融和非正规金融的发展,从而更好地提升低收入群体的收入水平,改善金融发展与收入分配的关系。

(一)社会资本在微型金融的发展过程中发挥着重要的作用

20世纪70年代,孟加拉国乡村银行项目的成功运作使微型金融在全球迅速发展,目前,已经成为许多发展中国家金融体系不可或缺的组成部分。微型金融的主要服务对象是低收入人群和在正规金融机构融资困难的小微企业。因此,微型金融填补了大型金融市场和民间

金融市场的空白，能够很好地为低收入者和小型企业服务。

近年来，国内外学者开始关注包括人际关系网络、信任与互惠规范等在内的社会资本在微型金融发展中所发挥的重要作用。小额贷款、农村资金互助社等微型金融的资金广泛地依赖捐赠和国际组织的低息或者无息贷款，管理人员主要来自志愿者尤其是具有献身精神的领袖，主要采用团体贷款的经营形式，其运作主要基于人缘、地缘而拥有的信任和对借款者的信息获取优势以及由于借款人社会身份形成的"声誉机制"等规范的约束。因此，相比正规的商业金融，微型金融与社会资本的结合更加紧密。一方面，社会资本可以增强人们之间的合作关系和信任水平，减少机会主义倾向，降低交易成本，增加贷款的偿还性，从而促进微型金融发展。这就会使金融服务能更多地向穷人和小企业等弱势群体延伸，进而提高穷人的收入水平，改善收入分配的不平等程度。另一方面，微型金融作为一个社会中介也可以构建参与者的人力资本和社会资本，通过提高贫困农民的素质和在当地的社会地位、增加其信用程度，从而拓宽其获得资金的渠道，帮助他们进一步缓解资金压力，提高收入水平。

目前，微型金融的主要运作模式有以下两种。

一种是以尤努斯创建的孟加拉国乡村银行为代表形式。孟加拉国乡村银行采取联保贷款的方式对农民进行融资，它把社区内自愿加入的贫困农户分成若干组，小组成员之间相互监督贷款的运行、共同承担还款责任。在小组的基础上建立中心，作为贷款交易、技术培训和信息交流的场所，贷款农户要定期参加中心活动，加强沟通。如果小组一名成员违约、不能按期偿还本金和利息，则小组的其他成员就不能获得新的贷款。这种模式充分地利用了本地的信息和社会资本，很好地整合了当地的社会资本，使其相互监督，增强双方的信任度，鼓励合约的履行。

另一种小额贷款模式是社区银行。这一概念来自美国等西方发达国家，其中，"社区"没有严格意义上的地理含义，既可以是一个省或一个市，也可以是一个乡村居民聚集区。它吸收当地住户和企业的存款为当地提供金融服务，在此过程中，社区银行收集到大量的信息。社区银行的员工通常也非常熟悉当地的市场，对于高风险的中小额贷款具有很强的风险识别能力。社区银行还会参加一些社区活动、支持当地的公益文化事业来积累社会资本，通过与当地的居民和企业建立一个稳定的信任合作关系来控制金融风险。总的来说，社区银行是通过自身的组织方式和与客户之间的互动来更多地了解贷款人的信息，增加社会资本，控制金融风险。

可见，相比正规的商业金融，微型金融的发展与包括人际关系网络、信任与互惠规范等在内的社会资本的结合更加紧密。在专门为穷人和小企业等弱势群体服务的微型金融市场，社会资本（如网络关系、信任等）在其中发挥的积极作用体现得更加明显，社会资本作用的发挥就是微型金融运作的主要机制。例如，小额贷款、农村资金互助社等微型金融的资金主要来自捐赠和国际组织的低息或者无息贷款；微型金融机构的管理人员主要由志愿者组成；微型金融的运作模式是采用团体贷款的经营形式，运作机制主要基于人缘、地缘而拥有的信任和对借款者的信息获取优势以及由于借款人社会身份形成的"声誉机制"等规范的约束。因此，社会资本的运作保证了微型金融的运行效率，降低了微型金融的经营风险。Bastelaer、Leather（2006）研究了赞比亚南部农村居民的社会资本与种子贷款的关系，发现信任对于还款有着很强的影响。Jonathan Mordueh（2000）认为，微型金融可以用社会资本作为农村居民还款的保证。熊芳（2014）对新疆维吾尔自治区乌苏市的六个村庄的调查研究显示，从联保贷款小组的形成以及聘用本地信贷员等方面来看，微型金融机构在提供金融服务过程中注重社会关系网络、互惠、信任和参与等社会资本的运用。张建杰（2008）认为，农村社会资本的高低会影响农村地区新型金融机构的发展。

（二）社会资本对非正规金融发展的积极影响

非正规金融是相对于官方的正规金融制度和银行组织而言自发形成的民间信用部门，主要形式有民间借贷、地下钱庄、农村合作基金会等。非正规金融与正规金融并存是发展中国家的普遍现象。在发展中国家，正规金融市场侧重于为大型或国有企业提供融资，非正规金融市场（或民间金融市场）成为许多中小企业、非国有企业和低收入群体融资的主要渠道。这是因为，非正规金融独特的运作机制使其在信息获取和事后监督方面具有正规金融不可比拟的优势，较好地解决了信贷市场上的信息不对称问题，降低了信贷风险。

与正规金融相比，非正规金融的交易范围较小，仅限于资金融出者的关系网络的范围内，资金借贷行为的重复率较高，降低了甄别客户群体的间接费用。在很多非正规金融的借贷中，借贷双方并没有签署借贷协议，而是以信用做抵押。贷款的偿还也不是依据法律规范来执行，而是以地区性的某种社会机制的约束和自制来完成。因此，非正规金融的这种没有法律保障的契约方式，必须以双方相互信任为前提。而地缘关系、族群关系和社会活动往来是减少非正规金融信用风险的非正式法律制度的基础。

非正规金融的独特运作机制就在于它主要依靠社会资本的内涵（人与人的相互交往中所产生的人际关系网络、信任、声誉和规范等）来运作，利用社会资本关系网络中基于血缘及地缘的亲情和乡情作为无形的抵押品来控制信贷风险，从而提高借贷者非正规信贷的可得性。非正规金融中的信用关系本质上表现为关系型信用，是以地缘、血缘、业缘和人缘为纽带的，基本上发生在熟人之间。因此，一方面，非正规金融的信贷投放者可以很好地利用自身的地缘关系、商业关系和族群关系去了解资金借贷者的背景、声誉和资金用途，获取充分的贷前信息，缓解信息不对称程度。另一方面，贷款以后，非正规金融则利用声誉、关联性交易、团体连带责任等社会资本的监督惩罚机制，充分发挥事后监督作用，促使还贷成功（Mark Schreiner, 1997），降低逆向选择和道德风险。

在非正规金融市场，大多数学者研究发现，民间金融行为主要是基于社会资本的信任、关系和规范等内涵而有效运作的。徐璋勇、郭梅亮（2008）的研究表明，农村民间金融产生的主要原因是农村中大家共同遵循的乡土文化能有效地解决信息不对称问题，降低逆向选择和道德风险问题。程昆、潘朝顺等（2006）也认为，当前农村社会资本的变化是影响非正规金融发展的重要因素。

## 第二节　社会资本对金融发展与收入分配关系的消极影响

社会资本虽然可以通过培养信任和合作、降低交易成本等机制促进金融发展，使金融服务能更多地向穷人和小企业等弱势群体延伸，进而提高穷人的收入水平，改善收入分配的不平等程度。同时，中观层次社会资本和微观层次社会资本自身的一些缺陷，例如封闭性、排外性、分布格局的自我固化、规模不经济、对正式制度的阻碍以及被一些反社会的组织滥用等，会使金融资源分配的不合理现象进一步加重，金融发展的环境恶化，从而制约了金融发展，恶化了金融发展的收入分配效应。另外，宏观层次社会资本的发展也会降低低收入群体对非正规金融的依赖水平，降低非正规金融的收入分配效应。

**一　中观层次社会资本和微观层次社会资本的缺陷制约了金融发展，不利于发挥金融发展改善收入分配的效应**

首先，中观层次社会资本和微观层次社会资本自身具有的封闭性、排外性和分布格局的自我固化等缺陷，使不同群体利用社会资本所获得的金融资源只能在小圈子的网络内部分享，并且由于不同群体社会资本的存量存在着差异，不同群体内部获得的金融资源也会存在差异，这种差异由于封闭性和排他性而长期保持，甚至会进一步加大。不同群体获得的金融资源的差异必然会带来不同群体的收入差异，因此，不利于收入分配格局的改善。

其次，社会资本对正式制度的阻碍和被反社会组织的滥用等问题不利于金融市场制度的建立，破坏了金融发展的外部环境，阻碍了金融发展进展，金融发展持续在低水平徘徊。按照金融发展与收入分配的倒"U"形关系分析，金融发展水平只有在突破一定的临界点之后才会向低收入群体提供金融服务，从而改善收入分配不平等的状况。在金融发展水平比较低的阶段，金融门槛效应使金融服务对象主要是高收入群体，因此会扩大高收入群体和低收入群体的收入差距。

(一) 中观层次社会资本和微观层次社会资本的封闭性及排外性会限制个人或组织发展

波茨认为，中观层次社会资本和微观层次社会资本关系网络具有阻碍该群体之外的其他人获得为该群体控制的特定社会资源、对团体成员要求过多、限制成员人格自由以及用规范消除诱导四个消极后果。正是由于社会资本的这些消极后果，使在一个团体或群体中拥有社会资本的人可以占有更多的社会资源，形成小团体、小圈子，网络内部成员也会习惯性地排斥社会关系网络以外的成员，使圈子外的人很难进入圈内，同时圈内的个人和组织也难以参加更广的社会组织。并且在社会资本占有不同的基础上，各个阶层形成了相对封闭的小圈子，阻隔了各个阶层之间社会资源的共享。所有这些特性都会限制个人或组织的福利，阻碍资源在广大的范围内进行合理配置，从而阻碍金融发展和经济发展。例如，工会力量给非工会成员带来损失；地方保护主义阻碍资源的自由流动和市场的公平竞争等。

(二) 中观层次社会资本和微观层次社会资本分布不均衡格局的自我固化及代际传递可能导致不平等持续恶化

社会资本的存量会受到个人的教育、收入水平以及种族和性别等多种因素影响，而大多数社会里面各个群体的教育、收入本来就存在差别，种族歧视和性别歧视也普遍存在，因此，社会资本的分布格局总体上说是不均衡的，一些群体的社会资本存量会比较多，而一些群体的社会资本存量则比较少。并且受到上述社会资本自身的封闭性和排他性的限制，强势集团有可能限制弱势集团的社会资本 (Ledenva, 1998)，处于低水平的社会资本拥有群体想要进入资源更丰富的高水平社会资本拥有群体的关系网络是十分困难的，其社会资本存量大多数陷入"低水平陷阱"而很难突破，并且还存在自我固化和代际传递功能的趋势，因此，社会资本分布格局的不平等现象，不仅难以在短期内改变，而且在封闭性、排他性和自我固化等缺陷的影响下，这种差异还可能持续恶化。

如果中观层次社会资本和微观层次社会资本在不同群体间的分布非常不均衡，即高收入群体拥有的社会资本存量与低收入群体拥有的社会资本存量差距非常大，呈现出两极分化的状态，则整个社会的金融资源分配也会呈现出严重不均的状况，高收入群体和低收入群体的收入差异也会进一步扩大。

（三）关系网络的"规模不经济"制约了社会资本弱关系网络的效用

由于社会资本的弱关系网络的规模和异质性都比强关系网络大，因此，能给其网络成员带来更多的资源。但是，随着网络规模的进一步扩大和交易规模的增长，社会资本就会面临协调成本、管理成本过高和制约效应下降等问题，最终导致社会资本质量的下降。例如，当社会资本的关系网络扩张时，更多的个人和组织进入关系网络制造，由于每个个体或团体都有自己的习俗和社会规范，因此，协调问题会变得非常复杂，并且网络的规模增加时，网络内部的信息处理和执行也变得更加困难，这就可能会导致协调和管理失败。在此种情形下，个体或组织会发现关系网络中的相对收益会下降，违背关系网络规范的代价也就随之减少了，他们就有可能退出关系网络而选择网络外部的利益机会。可见，社会资本的这种规模不经济特性大大制约了社会资本弱关系网络的拓展及其效用的发挥。

（四）社会资本对正式制度的替代作用可能会制约正式制度的形成

诺斯（1990）认为，制度创新是促进经济增长的深层次原因。诺斯将制度分为正式制度和非正式制度。正式制度是人类设计的一种规则，主要表现为政府颁布的法律和法规；而非正式制度则是不成文的惯例和行为规范，社会资本就包含其中。正式制度和非正式制度可以相互替代，但正式制度具有合法性，因此，制度创新主要体现在正式制度上面。当新的制度被引入时，如果旧的非正式制度由于惰性和习惯而一时难以变化，就会和新的制度产生冲突，从而制约新制度的形成。例如，当一个社会中人们在市场交易中都习惯性地依据关系、行为规范、行为准则和习俗来进行时，市场化机制等正式制度的作用范围就会受到限制，资源配置效率也会受到影响。这是因为，由于社会资本非正式制度自身的封闭性和规模不经济等缺陷，有时正式制度的资源配置效率更高，但由于人们对社会资本这种非正式制度的依赖使人们在处理事情时首先选择的是求助于社会资本，认为"凡事有关系好办，没有关系不好办"，结果导致不仅难以降低交易成本，还破坏了正式制度的作用，阻碍了正式制度的形成。并且这种"找后门、拉关系"观念的盛行还使人们对社会资本进行了过度投资，花费大量的时间、精力和财力在社会关系网络的建设和维护方面，最后造成投资的成本超过收益，浪费了社会资源，降低了经济运行效率。

（五）社会资本可能会被反社会的组织滥用而危害社会和经济发展

社会资本的特性很容易被一些反社会的组织例如犯罪集团、极端种族集团等滥用，通过组织内部的交流和组织成员信任的培养，降低犯罪成本，诱骗成员参与恐怖主义和犯罪，从而危害社会和经济发展。Schulman（2001）的研究表明，在社会资本比较高的哥伦比亚地区，毒品犯罪团伙利用成员的信任，将毒品运往世界各地。Gambetta（1996）认为，黑手党是民间社会资本的提供者，它的核心工作就是提供保护和保证合同的有效实施。但是，由于它提供社会资本的方法是使用暴力并对信息进行垄断，因此，它在提供民间社会资本的同时毁坏了很多其他形式的社会资本。

**二 宏观层次社会资本的发展会降低非正规金融的收入分配效应**

社会资本虽然是支持非正规金融发展的重要机制，但是，在非正规金融中发挥作用的社会资本主要是中观层次社会资本和微观层次社会资本，是一种民间信用，依靠的是特殊信任。而作为一种非正式制度，民间信用制度有一定的效率，但具有很强的地域性和关系性，限于一定的范围内，如果超出了一定的社会关系范围，借贷双方基于信用和声誉的契约执行机制将会由于地域的变更而失去约束力。因此，随着非正规金融的融资规模和覆盖范围扩大，单纯依靠民间信用就难以保证非正规金融的正常运作，非正规金融的优势也难以为继。并且随着宏观层次社会资本的发展，社会普遍信任大大提高以后，原来那些在正规金融市场受到融资约束的群体享受到正规金融服务的机会也会随之增加，因此会降低对非正规金融的依赖。只有在宏观层次社会资本不发达的地方，民间信用对于非正规金融的影响才会发挥作用，当宏观层次社会资本的普遍信任、法律制度发展起来时，非正规金融发展可能会由于正规金融发展而受到限制。宏观层次社会资本的发展反而会降低非正规金融的收入分配效应。Guiso 等（2004）研究发现，宏观层次社会资本水平与非正式借贷之间存在负相关关系，在宏观层次社会资本低的地区，向朋友和亲戚借款（非正式借贷）的可能性提高。随着宏观层次社会资本的提高，居民可以更容易获得正规金融的服务，从而降低对非正规金融的依赖。

# 第五章　中国转轨时期社会资本变迁现状

## 第一节　中国转轨时期社会资本变迁方向

社会资本变迁是指随着时间的推移和社会经济背景的转变，构成社会资本的主要载体——社会结构或关系网络中的各种传统习俗、价值观念和行为规范等因素都随之发生变化，从而影响个人或组织获取资源的能力和方式。

中国目前正处于从传统农业社会和计划经济制度向现代工业社会和市场经济制度转轨时期，在市场化、工业化和信息化快速发展的过程中，社会结构、人们的传统交往方式、价值观念和行为规范都发生了巨大的变化。

在中华人民共和国成立后到改革开放前，特别是计划经济下每个人都只是社会大生产机器中的一个螺丝钉，也获得了国家与社会的全面保护，此时，人们并不特别需要搭建个人的关系网络来处理各种纷繁的日常事务。因此，在转轨之前，人与人之间的关系，或者说社会资本，总体而言，其结构和动机都是比较简单的，主要是由基于血缘、亲缘以及地缘等先赋性因素的传统型社会资本所构成。这种传统型社会资本并不是个体通过交往而建立的可选择关系，而是以血缘关系、亲缘关系和地缘关系等为基础来构筑人际关系网路的，因此具有凝聚力强、信任度高、长期性与稳定性等优点，但也具有规模小、封闭性与排外性等缺点。

随着从计划经济向市场经济转型的经济改革开始，原来大包大揽式经济逐步退出了历史舞台，这使人们失去了对国家的依赖，开始不得不面对现实生活中的各个经济问题。与此同时，分工和交换的变化、流动性的增强和思维上的解放促进了人们观念上的变化，获得财富逐步变成官方肯定的行为。因此，从动机上说，每一个公民都有发展自己个体社会资本的动机与外部条件。社会资本也随之经历了从传统向现代的变迁。传统社会资本是指基于血缘、地缘和亲缘关系上形成的社会资本，具有关系网络联系紧密、规模小、特殊信任和遵循传统伦理的互惠规范等特征；现代社会资本是除了包括上述"三缘"基础之上的社会资本，主要特征是关系网络范围大、普遍信任和有法律约束力的互惠规范。

总体来说，中国转型期社会资本变迁主要体现在以下三个方面。

**一 关系网络范围突破传统血缘、地缘和亲缘限制，逐步扩大**

改革开放前，社会网络结构呈闭合状态，个人生活在以血缘为纽带的家庭家族共同体中，人们之间的交往主要局限于由血缘或地缘的延伸和扩展所形成的社会关系网络。这种依靠血缘和地缘关系构建起来的关系网络属于封闭性的强关系网络，网络成员的互惠性、交往频率、情感深度都很强，能够忠诚地维护网络内成员的利益，但是，限制网络外的社会成员进入，容易形成某些小圈子、家族主义、地方保护主义等现象。

改革开放后，一方面，计划生育政策的实施大大降低了家庭血缘关系的成员数量，社会转型所伴随的社会结构变迁改变了传统的社区，降低了传统型社会结构包括家庭、邻里、社区所形成的血缘、亲缘和地缘关系的影响。另一方面，市场经济发展，制度、教育、交通及通信方面的变化使人们的社会网络由封闭转向开放，经济转轨所带来的社会成员流动率的提高，还有诸如电子网络的兴起和迅速发展等因素，大大扩展了人们的交往半径。例如，国家对教育的重视和投入使人们的受教育程度普遍提高，越来越多的人走出家乡来到异地接受教育，同学关系网络越来越发达；市场化经济条件下的分工合作范围的扩大、自由化市场的建设和交通的便捷使人员的流动性逐步增强，人们的交往半径逐渐从以前的家庭和邻里之间向外扩大，关系网络日益多元化，人们可以突破血缘和地缘的限制，根据自己的偏好，自由选择交往对象；现代通信方式的发展和网络的兴起为人们增强交往提供了便利，拓宽了社会交往的半径。在传统社会中，通信网络极其不发达，人们只能在很小的范围内交往。随着技术的不断进步，人们的交往方式也随之发生变化，电话、电脑和网络的普及能让人们随时随地进行交流，尤其是互联网的发展为人与人之间的联系提供了高度互动、低时空限制、低成本的多元沟通模式，各种各样新型的交往方式，如网络聊天视频、电子邮件对话等迅速增多。

随着人们交往半径的扩张，个体在走出原有社会关系网络后与其他个体基于市场交易、业缘等关系重新构建新关系网络，个人所拥有的社会网络规模逐步扩大，不仅关系网络成员的数量不断增加，而且成员在性别、年龄、教育、职业、阶层等方面的网络异质性也不断增强。因此，社会资本的关系网络逐渐从传统的封闭性强关系网络向开放性弱关系网络过渡，建立在血缘、地缘关系上的先天性社会资本逐渐减少，后天性的社会资本开始占据主要位置。并且这些新型关系网络大多基于兴趣、爱好等因素而构建的，这与传统社会资本的"三缘"基础具有很大的差异，因此形成了新型的信任方式、行为规范，向着现代社会资本转变。

**二 信任方式逐步由特殊信任转向普遍信任**

中国传统社会是一个以血亲家族为社会单元的熟人社会，在这样的社会里面，基于血缘、亲缘和地缘所构建"关系"与"情感"在信任的建立和维持中起着关键作用，而契约化和法制化便相对匮乏，因此，特殊主义的人际信任占据主导地位，建立在契约、法律准则、信仰共同体基础上的普遍主义的信任影响较小。在这种特殊的人际信任模式中，人与人之间的信任按照关系和情感的紧密度形成了"差序格局"，在这种关系网络的格局中，以自己为中心，按照亲疏远近的差别依次向家人、亲戚、邻居、朋友、熟人和陌生人扩散，对于距离自己越近的关系人，信任程度就越高；距离自己越远，其信任程度也越低。可见，传统社会资本的特殊信任是一种"血亲关系本位"的信任，会随着亲疏远近的差别逐渐降低。

当代中国正处于经济转轨时期，随着社会结构的转型和市场经济的发展，人们的生活环境逐渐从原来的熟人社会变成流动性较强的陌生人社会，人们的关系网络从原有的先天性的血亲关系扩展和延伸到没有血缘联系的其他陌生人中，人们需要学会如何与不同群体、地区乃至社会的陌生人进行交往，建立陌生人之间的信任关系。这样，单纯依靠原有的传统社会资本的特殊信任模式就难以适应新型关系网络的发展需求，必须建立以契约、规则和制度等为基础的普遍信任模式（抽象的、普遍的、非人格化的信任）。市场经济的发展在提高人的主体性、独立性和流动性的同时，也不断完善和建立维护市场公平交易的法律规章制度，为陌生人之间的市场交易制定规则，构建陌生人之间的普遍信任关系，从而使普遍信任日益扩展。普遍信任弥补了特殊信任的封闭性，扩大了信任的范围，简化了信任建构过程，从而大大节约了交易费用，增进了市场合作、交换和效率。

### 三 行为规范从伦理规范逐步转向契约规范

传统熟人社会所具有的道德、信誉等伦理规范作为一种重要的社会规范，是调节和控制传统熟人社会个人行为的准则，从而保障人与人之间相互信任，社会生活有序进行。但是，随着我国改革开放的不断深化，人们的社会关系网络日益拓展到陌生人之间，人们的价值观念、信仰等呈现多元化趋势，这就使原有社会关系网络中形成的伦理规范在新环境中难以继续发挥作用，不再具有强有力的约束力，现代社会需要通过契约和制度来规范人们的行为，因此，随着市场经济体制的不断完善，调节人们行为的规范也逐渐从传统的伦理道德向现代的法律制度契约转变。

## 第二节 中国转轨时期社会资本变迁现状

上述分析说明在转轨时期，中国社会资本经历了从传统社会资本向现代社会资本的巨大变迁。但是，由于目前转轨尚未完成，相应的社会资本的变迁也未完全完成。中国转轨期的社会资本则介于传统和现代之间，出现了结构断裂性危机。这种"断裂"现象主要表现在以下三个方面：①在传统"三缘"等强关系网络的强度和效用下降的同时，更广泛的弱关系网络的效用尚未完全发挥；②在特殊信任发挥作用的空间变得狭小的同时，培育普遍信任的外部环境还不成熟；③在传统伦理道德的约束力弱化的同时，现代契约意识根基尚浅。可见，中国转轨期的社会资本既丢失了传统社会资本中伦理道德的约束力，又没有建立起现代社会资本中的契约意识，具有关系网络松散、普遍信任弱化和遵循利益至上原则的互惠规范等特点。并且在市场化发展过程中，伴随着社会经济区域发展不平衡和居民收入不平等的扩大等问题，社会资本在不同层次、不同人群和不同地区中的分布也日益呈现出不平等的趋势。

### 一　宏观层次社会资本现状：普遍信任缺失

市场经济发展客观上要求建立普遍主义信任。虽然中国经济转轨时期普遍信任的因子已经渗透进以特殊信任为主体的社会中，但普遍主义信任模式尚未正式建立，人们仍然保持着对传统强关系网络特殊信任的依赖，对泛泛的弱关系网不敢轻易地认同和信任，信仰缺失、价值观迷茫、社会公德缺乏的现象普遍存在，普遍信任缺失的情况比较严重。当前我国的普遍信任缺失主要表现在两个方面：一是不信任他人；二是不守信用，不重契约，不诚实。2013年，中国社会科学院社会学研究所发布《社会心态蓝皮书》指出了我国社会人与人之间信任不足的问题。而且这种信任不足表现得非常广泛，在诸如官民、警民、民商等特定群体的关系上这种不信任表现得更为明显。李六（2010）研究发现，中国社会资本态度维度——人际信任在20世纪90年代初期经历了快速下降时期，然后一直保持在较低的水平上。社会组织网络参与度也从1990年的57.2%下降到2007年的30.27%[①]。

由于传统的特殊主义信任模式与观念已经难以适应社会转型和市场经济发展的需要，无法发挥对弱关系网络的社会调节功能，而适应弱关系网络发展的现代普遍主义信任模式又尚未真正确立，维系普遍信任的社会规范和价值观念难以对社会成员发挥有效的影响力和约束

---

① 李六：《社会资本理论和中国的社会资本》，《世界经济情况》2010年第4期。

力，结果导致社会生活秩序处于某种紊乱无序与失范的状态。这种广泛的不信任情绪，不但造成了社会资本的流失，也使社会发展中不同群体容易发生冲突，影响社会的和谐发展，不利于经济社会良性运行和协调发展。

造成社会普遍信任缺失的原因主要在于从传统的农业社会向现代社会、从计划经济体制向市场经济体制的快速转轨时期引起的社会结构、价值观等方面的巨大变化和制度建设的相对滞后。

(一) 竞争性和流动性使社会不确定加强和不诚信行为出现

改革开放前，中国的农村和城市基本上都是一种"熟人社会"，人们的工作、生活相对安定，交往对象也较为固定而且熟悉，因此，人与人之间的信任程度较高。随着改革开放和市场经济发展，一方面，旧的体制被打碎，市场化程度的提高使人们的工作竞争加剧、压力加大。另一方面，社会成员的流动性加快，除大量农民流向城市外，城市内部各单位之间以及不同城市之间的人员流动也加快，人们进入陌生人社会，与陌生人的交往越来越多。这都使人们的安全感和稳定性降低，未来不确定性加强，人们之间相互不信任。再加上由于陌生人社会的欺骗行为成本较低，各种机会主义和欺诈行为频频出现，严重危害了人们之间的相互信任程度，结果导致整个社会缺乏普遍信任。

(二) 传统文化道德规范机制逐渐减弱，新的意识形态和社会道德规范未能形成

道德作为一种重要的社会规范，其对社会成员的调控能力决定了一个社会普遍信任的程度。传统文化道德所提供的那些观念和规范是人们之间互相信任的根基。在改革开放过程中，随着外来文化的冲击以及人们从传统的"熟人社会"进入高流动性、高异质性的"陌生人社会"，人们的价值观和信仰日益多元化，不同文化的冲击使不同的社会群体之间发生了较为激烈的碰撞和冲突，反映在生活中，就是对一些社会问题不同群体拥有针锋相对的意见。很多时候，不同文化中对同一个问题的看法持相反的态度。例如，在传统的主流文化中，个人利益并不是强调的重点，集体主义与牺牲精神更为可贵。可是，

在西方强调个人利益的观点看来，前者的意见是非人道的。在这种环境中，特别是在外来思潮快速传播、传统文化道德不断被挑战的情况下，传统价值体系日益被否定，传统文化道德规范对人们行为的约束力逐渐减弱，结果在不断否定传统价值观念、伦理规范的过程中，我们将传统文化道德中的诚信美德也一并抛弃，没有将其成功地转化为现代性精神资源，不可避免地出现了不合作或者欺诈等许多非道德行为或道德失范行为，从而导致了社会转型过程中普遍信任的缺失。

传统文化道德规范机制在逐渐减弱，而新的意识形态和社会道德规范却未能及时形成。文化是社会意识形态和道德规范的重要来源。改革开放以后，社会思潮方面发生了翻天覆地的变化，过去居于统治地位的主流意识形态思想已退居次席，大量新的文化和新的思想冲击着人们的大脑，对财富和个人权利的吹捧开始出现，同时随着外来思想的引进，个性自由以及其他西方思想也开始在社会中广泛传播。当然，也有人挖掘过去所忽视的中华文明传统思想中的精华，并且将这些思想与现代社会的社会现实相联系。但在多元化的文化氛围中，人们并没有形成一种统一的意识形态和社会道德规范，无法确立一种共同的价值基础以及联系纽带。

（三）传统社会网络结构的变迁降低了其对社会成员的道德约束和普遍信任的培育功能

家庭、社区、社团和单位等组织虽然直接培育的是组织成员之间的特殊信任，但它们在通过其内部道德规范机制来推动公民之间的互助合作、约束规范公民行为方面发挥的作用却有利于社会普遍信任的培育。并且从全社会来看，组织与组织之间的互动增加，特殊信任的范围扩大，也就形成了社会普遍信任。可见，直接、稳定而长久的社会关系网络对产生普遍信任具有重要的作用，但社会转型过程中的社会结构变迁，电子网络的迅速发展和大规模运用、公民个体生活观念的转变等因素都导致家庭、社区、社团和单位等基本社会组织结构对社会成员的传统道德约束力弱化，原有社会关系网络不断弱化或消失，从而影响了社会普遍信任的培育。

从家庭组织来看，计划生育下血缘关系不再具有过去那样的强联系性。特别是在城市，独生子女较为普遍，这种缺乏兄弟姐妹的独生子女并没有像过去那样大家族式的成长经历，不善于与他人交往，也不会和一个非血缘关系的人形成血缘似的牢固关系，并且独生子女获得了家人太多的关注，所有的家人都围绕着他，满足他的需求，因此，独生子女大多以自我为中心，在家里具有较高的地位，传统大家族的家规对其的约束力大大下降。而在广大的农村地区，随着大量年轻劳动力进城务工，青壮年劳动力在家庭中功能的缺位，留守农村的主要是老人和孩子，这使传统的大家庭对于后代的学习、教育、交流和约束等基本功能逐渐萎缩。

从社区组织来看，社区网络在转轨时期也发生了较大的改变。在城市中，福利房政策的退出和商品房政策的推出使社区成员结构已经从以前同一个单位的熟人变成了来自各行各业的陌生人，再加上电视和互联网络的普及使人们的休闲时间主要花在看电视和上网上，较少参与社区和社会的各种活动，社区网络系统的搭建也不再是过去那样自发形成的关系网络，更多的是政府出于管理社区需要建立的官方组织，结果导致社区内的市民之间的纽带非常薄弱，邻里之间楼上楼下都不认识的情况也并不少见。这种居民之间缺乏互动和交往的状态不利于建立密切广泛的关系网络，影响了社会信任的产生。在农村社区，最主要的问题就在于随着大量青壮年农民工进城务工，留守农村社区的人口主要就是老弱妇孺，农村"空心化"问题比较严重，造成邻里之间交往越来越少。进城务工农民工之间的联系和交往也大大减少，生活环境的改变也增加了相互之间陌生感，农村原有的关于合作信任的一些规则和道德舆论对村民不再具有很强的约束力，这种农村传统道德和规则的弱化，使不规范行为不断增加，社区居民之间相互信任度则不断减小。

从社团组织来看，除了中国共产党组织，转轨时期最大的特点是出现了大量的民间组织。这种民间组织多半是参与者出于共同动机自发成立的组织，组织内部比较稳固。但是，在组织与组织之间的关联却更少，不利于社会普遍信任的培育。

从单位组织来看，转轨时期员工工作的流动性增强使单位对成员的道德约束也大幅度下降。在传统单位制度下，单位与员工的关系是紧密持久全方位的，员工对于单位具有强烈的认同感和归属感，积极参加单位的各种活动，形成了稳定持久的社会关系网络以及员工之间较高的普遍信任度。但在市场经济体制下，一方面，单位不再承担员工的住房、养老、医疗等社会化功能，员工的社会身份由"单位人"转为"社区人"；另一方面，员工和单位不再是终身雇佣的关系，而是市场双向选择的结果，单位既可以辞退员工，员工也可以离开单位，双方产生交集的时间并不固定。这使中国单位的功能在不断弱化，单位对其成员的控制和管理也逐渐减弱，员工对单位的依赖性、认同感和归属感也大大降低。因此，员工对于参加单位组织活动的积极性降低，员工之间的互动减少，工作中形成的社会关系网络不再稳定和密集，同事相互之间的信任程度随之下降。

**（四）适应市场经济和现代社会的新制度未能及时形成**

科尔曼认为，法律、规范和有效惩罚是社会资本的重要形式之一，它通过惩罚违规行为，奖励合规行为的方式对人们的行动起着重要的约束作用，从而保障市场交易的进行，进而形成普遍信任。在转轨时期，在原有的经济制度被打破，传统的儒家文化、道德规范和社会意识形态快速解体的形势下，新成熟制度的建立却并不是一帆风顺的，这是因为，新的价值评价标准一般需要长期的重复博弈才能被人们所认同与接受。

中国长期以来就是一个"人治"的国家，因此，转轨时期的一项重要任务则是重新强调"法治"的重要性。"法治"，就是依法律制度治国。这意味着建立一种可行的、人人都必须遵守也达成共识的社会公共管理规范，维护自由、平等、正义，协调公平与效率的关系，实现公共权力和个体权利的平衡。

经过40年的改革开放，中国的制度变迁取得了巨大的成绩，在经济体制改革中已经基本建立了社会主义市场经济体制模式，中国特色社会主义法律制度体系也已经形成，全体公民的法律意识和法律素质进一步提高。虽然中国改革开放以来，法制建设越来越重视，但是，在转轨时期，中国渐进式改革的路径选择使法律制度和政治制度的改革滞后于经济制度的改革,目前制度建设滞后的问题逐渐显现,政治对中国改革的约束也日益增多(热若尔·罗兰,2003)。科尔奈(2005)也认为,与东北欧八个转型国家相比较,尽管中国经济转型中取得的经济增长效应比较明显,但在法治和政治方面的制度建设仍不完善,落后于其他国家。具体表现为以下三个方面。

1. 法律法规不健全,制度有效供给不足

改革开放以来,我国立法速度较快,基本建成法律体系,但法律体系仍不健全,没有及时进行立、改、废活动,导致很多领域缺乏对应的法律,很多适应市场经济发展的必要的和重要的法律制度难以全面建立和完善,例如,社情民情反映制度、政府官员与民众的沟通和互动机制、民众与大众媒体对政府的监督制度等都有待于建立完善;一些已有的法律、法规(如户籍制度、社会保障制度等)存在逻辑结构不严密,条文规定实施性不强,难以适应社会市场经济的发展;还有一些法律和法规在内容上相互抵触,配套法律缺乏,制约了法律的实施效率。这些制度的缺失和不完善,在一定程度上阻塞了民众的利益表达渠道和对政府及其官员的违法与不当行为的监督,限制了民众的知情权,降低了民众对政府的信任和对公共事务治理的参与程度。

2. 法律制度缺乏独立性和公开性

虽然我国宪法明确规定,行政机关由权力机关产生并接受其监督,但在实践中却缺乏对行政权力进行约束的法律监督,司法机关受制于地方各级党和政府机关,相对独立性程度较低,抗干扰能力较差,再加上长期以来的"人治"观念根深蒂固,使行政权力对司法的干预严重,走程序、干预司法、"拍脑袋"等超越法律的人为因素方式仍然盛行,法律的公正性、权威性、可行性受到影响。

3. 执法混乱,效率低下

立法上的混乱、监督的缺位和政府的过度干预,再加上执法队伍和行政管理人员素质不高、原则性不强、管理不科学,必然造成执法上的混乱和低效率,经常出现政出多门、政策多变、执法不严、有法难依的情况,结果难以发挥法律、规范制度对社会成员行为的约束力,人们对执法人员和政府官员普遍不信任。具体表现为:在混乱的立法面前，执法者的执法依据不明确，可以依据个人的偏好在不同的法律、制度、政策中摇摆，从而极大地降低了法律的规范性、严肃性和执行效率，严重的还会造成法治的丧失和腐败的横行。法律监督的缺位和政府的过度干预使在具体的执法中，执法部门并没有完全坚持程序公正的理念，执法不严、司法不公问题依然存在。例如，我国司法机关当中经常出现违反程序、按人情和关系办案等严重侵害公民权益的问题；执法人员甚至吃、拿、卡、要，收受贿赂，徇私枉法，极大地损害了法律的权威性。

（五）现代的正式信用社会网络也未成熟

在现代的正式社会网络中，特别是西方社会，其完善严谨的法律体系、全面直观的全民信用系统等，都是在非正式社会关系网络外的重要补充。在一个信用体系覆盖广泛的社会内，查阅一个人的信用记录就有助于其他人了解这个人的品质。但是，转轨时期的中国，不但对非正式社会关系网本身很不成熟，而且旧有观念、思维意识形态等因素也阻碍了这些重要的正式网络的发展。失去了这些重要补充，人们在面对陌生人时也就变得更为茫然，也更容易提高人们之间的普遍不信任程度。

## 二 中观层次社会资本现状：社会资本增长速度加快，但数量和质量都有待于提高

现代社会需要在家庭和国家之间存在群体及协会。社团组织、社区和企业是中观层次社会资本发挥作用的有效载体。一个设计合理、制度规范的社团组织、社区和企业制度作为提供公共物品和集体行动的主体，可以提供更多的信息资源，加强成员的互动交流，约束其成员的行为，提高其成员的责任感，并培育其成员的信任和合作精神，协调成员一致行动。

中国经济转轨时期，社团组织、社区和企业的数量都大大增加，组织内部和外部所蕴含的中观层次社会资本也随之大大增加，但相比强大的政府和庞大的个人家庭组织来说，中观层次的社团、社区和企业组织的力量仍然发展缓慢，力量薄弱，组织发展过程中存在的问题和不足也影响了中观层次社会资本的质量。

(一)中观层次的社会组织总体发展缓慢,力量薄弱

改革开放后,中国社会传统的宗族、氏族和单位等中间组织对成员的约束力和影响力大幅度下降,而适应现代经济社会运作模式的公民社团组织发展缓慢,这导致中国社会的"哑铃形"特征日益明显,"哑铃"两端一端是强大的国家或政府,另一端是庞大分散的个人和家庭,处于中间的社会中间组织相对缺乏。在这种社会结构下,承载社会资本的组织结构也随之呈现"哑铃形"分布,主要集中在政府组织和公民个人的微观组织,这就导致政府干预过多,公民只关注自身发展,个人的参与和合作意识差。这不仅影响整个社会公民观念和公共精神的形成,也使中国社会缺乏民间监督,出现政府腐败、行政效能低下等现象。

(二)发展中的民间社团组织需要进一步建设和完善

社团组织主要是指公民自发组成的各种形式的组织和志愿性社团,社团组织的发展主要依靠组织成员共同遵守的严格行为规范、信任和组织成员个人的社会网络,这种规范、信任和网络培养了成员的合作习惯、公共精神和自我组织能力,能为组织成员带来良好的社会声望、统一的集体行动能力和共享的信息及社会资源。这就是中观层次社会资本的主要构成部分,有利于社会信任的提高和公民社会的形成。因此,社团组织是公民社会的主体,它的发展和成熟在某种程度上代表着公民社会的发展和成熟。

改革开放前,中国社会社团组织的数量非常少,发育不充分,在社会发展过程中难以发挥应有的作用。改革开放后,中国社团组织迅速发展,已经初步形成门类齐全、层次有别、覆盖广泛的社团组织体系。据中国社会科学院统计,截至2011年年底,全国共有民间社团组织46.2万个。现实中还存在规模庞大的未注册的民间社团组织,包括非政府组织、非营利组织、民间社团等各种草根组织。

虽然中国民间社团组织在数量、种类、自主性和合法性方面都获得了快速发展,但是,由于中国目前对公民社会的认同感和信任感普遍偏低,这使独立、认同、合作和互助的民间社团组织体系缺乏健康成长的土壤,民间社团组织在快速发展的同时也出现了一些普遍性问

题，需要进一步建设和完善。第一，有些民间社团组织的法律意识比较淡漠，行为不规范的现象较为普遍。第二，内部制度建设有待于完善，需要规范内部管理、问责与绩效评估体系，家长制现象较为突出。第三，民间社团组织的独立性、自主性、自愿性、非政府性特征还不明显，容易受到国家行政权力的不正当干预。第四，缺乏自觉接受监督意识，公开、透明度不够。第五，农村民间社团组织严重不足。现有的民间社团组织大多立足于城市，在农村尤其是贫困农村，志愿组成的非营利组织数量很少，有的农村除农村党组织和村委会以外，基本上没有任何其他群众组织。农村非营利组织的发展落后使中观层次社会资本和信任资本严重缺乏。

(三) 传统社区遭受冲击，现有社区在数量和异质性增加的同时凝聚力普遍下降

社区是居民社会生活的地域共同体。社区建设可以通过构建社区成员交流网络平台，收集社区成员的个人信息，制定统一的社区行为规范等方式将社区成员紧密联系在一起，成员之间互惠互利、互帮互助，实现信息和资源共享。社区社会资本是指嵌入社区组织结构中能为社区成员带来收益的社会资源，主要包括在社区居民长期不断的交往与互动过程中产生的社区规范、社区信任以及社区网络等。可见，设计良好的社区制度可以有效地培育社区成员之间的相互信任、互惠合作和约束，解决国家调节和市场调节失灵的一些问题，成为市场与国家之外的重要补充机制。

中国在经济转型过程中，无论是传统的城市社区还是农村社区，社区数量、成员和结构都发生了极大的变化。相比以前的传统社区，城市新社区在商品房政策和人员工作流动的影响下其规模和异质性都大大增加，但社区制度建设却有所滞后；农村社区在大量农民工进城的情况下规模日益萎缩，凝聚力也大幅度下降。另外，大量农民工进城还形成了新的流动人口社区。

1. 城市社区规模和异质性大大增加，但社区制度建设落后

改革开放前，城市社区的主体就是各个单位集体的工作生活场所。社区居民基本上都是同一个单位的同事，大家相互之间非常熟

悉,联系十分紧密,并且地位、收入阶层等社会经济特征的差别都较小,因此,社区成员的共同情感、认同和凝聚力都十分强。缺点是人们的生产、生活和交往圈都被禁锢在同一个社区,缺乏广度。

改革开放后,随着单位制逐步弱化,住房日渐商品化,城市化进程加速和劳动力自由流动加快,中国城市社区经历了从单位制向生活共同体的变迁,大量的新商品房社区和公租房社区不断涌现,来自不同种族、文化、宗教、职业和阶层的人通过购买商品房或者租房开始居住和生活在同一个社区,社区规模和社区成员的异质性大大增加,这种变化带来的影响就是社区组织成员的关系网络范围有所扩大。虽然城市社区数量和规模在快速扩张,但是,由于社区成员主体由原来的单位同事变成了来自各行各业相互不太熟悉的各种人群,社区居民缺乏参与社区活动、管理社区事务以及与社区居民合作互助的"社区意识",而可以帮助社区居民培育"社区意识"的社区制度建设却仍然滞后,例如,社区居委会和业主委员会等组织松散,管理水平低下;社区的规范机制不成型;社区中的志愿性组织更多的是一种休闲、娱乐性组织,而不是以某些公共议题为中心自发组织起来的。这些组织管理制度方面存在的问题导致社区居民在工作和生活中的联系十分松散,邻里之间相互的交往和帮助越来越少,社区居民的相互信任、认同感、安全感和社区凝聚力日渐下降,直接导致基于人际互动形成的关系型社区社会资本和基于社区组织的结构型社会资本的贫乏。谭日辉(2012)和赵衡宇等(2009)认为,居住在商品房小区的居民之间的邻里关系要比传统的老式小区冷淡。

2. 农村社区传统的社会资本遭到破坏

在中国传统的农业社会里面,人们以家族、宗族为纽带聚集在一起形成相对独立、封闭同质的农村社区,社区成员之间关系稳定、联系紧密,人口的流动性极低。人们在长期交往过程中相互依靠、相互信任,培育了共同情感和认同感,社区的凝聚力较强。

改革开放后,随着大规模的青壮年农民工进城打工潮的兴起,出现了父母和子女等关系的暂时中断与分离,农村社区成员主体由原来的紧密联系人数众多的家族和宗族成员变成了社会资本相对匮乏的留守老人、妇女和孩子。这实质上破坏了传统的家庭结构中蕴含的社会基本功能，家庭的社会功能中的教育和抚养的功能逐渐弱化，孩子通过观察模仿父亲的学习机制也难以发挥作用，认知型社会资本难以传承。并且大量留守儿童的心理问题和安全问题，不仅导致农村社区人力资本水平的下降，还影响着未来农村社区社会资本的内涵。另外，大量村民离开农村社区跨区域流动也造成邻里之间交往越来越少，缺乏足够的了解，因此，彼此间的信任水平也大幅度下降。同时，外出打工村民回到家乡后也会将市场经济条件下对于金钱利益的追逐等观念带回传统的农村社区，破坏了原有农村道德舆论和规范对于村民的约束力，昔日扶残救困、乐善好施等传统美德日渐被"利益"所取代，邻里之间的交往和互动的功利性和目的性越发浓厚，致使人际关系冷漠化，邻里摩擦冲突不断。另外，村民自治组织的欠缺和流于形式、干群关系的不协调等因素也使农村社区普遍公共参与不足，信任不足。这些因素都导致我国转型期农村社区社会资本大幅度下降，影响了农村经济发展。

3. 流动人口社区社会资本匮乏

转型过程中由于组织用工制度的变化，使流动人口获得了在城市工作的机会，并形成了相应的流动人口社区。这些流动人口社区大多位置偏僻、环境较差，成员主要由进城务工的农民工和一些没有稳定工作的人员组成，工作性质大多是城市人不愿意从事的辛苦工作，成员成分复杂，流动性大，往往不被主流社会所接受。再加上长期城乡分治的政策和制度使城乡居民的社会地位和收入水平都存在很大的差异，即使是进城务工社会接触面较广的农民工群体也很难融入城市社区成为市民，处于被排挤、被边缘化的状态，因此，流动人口社区和其他城市社区相互隔离，缺乏对城市社区的模仿学习，社区内部成员的互动也不多。上述特点使流动社区成员之间缺乏信任度和安全感，不能相互帮助和合作。流动人口社区组织的缺乏也使社区凝聚力下降，难以形成社区内部关系型社会资本和相对一致的行为规范等认知型社会资本，成员工作的不稳定性和流动性也影响了结构型社会资本的培育。流动社区内部社会资本的不足和外在行为规范的缺乏，还使社区成员的失范行为比较突出，社区存在很多安全隐患。并且在下一代还会在社会资本的模仿学习机制作用下，学习现有流动社区成员的失范行为，成为人们眼中寻衅滋事的主要群体，使流动人口社区成员的行为特征进一步"固化"。

（四）企业社会资本大大丰富，但不同类型企业拥有的社会资本总量差异加大

企业社会资本是企业基于信任和规范基础而建立的内部和外部关系网络中可以利用的实际和潜在的资源，它可以降低企业与外界的交易成本，帮助企业获得资金等各类资源，增强企业的技术创新能力，从而提高企业的经营绩效。

计划经济时代，由于企业组织都是政府高度控制的国有企业，生产什么、生产多少都是由政府计划决定的，企业不是独立自主的市场经营主体，因此，企业没有动力去构建企业社会资本来增加经营绩效。改革开放后，随着市场经济体制的建立，企业成为自负盈亏的独立市场经营主体，各类企业组织都积极构建了自身的内外部社会关系网络并从中获取企业所需的各种资源，企业社会资本存量大大增加。从内部来看，企业一方面通过内部的管理制度和企业文化等方式将企业内部各部门和员工紧密联系在一起，进行有效的合作交流；另一方面企业家也凭借个人的血源、地缘和学源关系建立了个人关系网络。从外部来看，企业组织与外部的供应商、客户、股东、政府、金融机构、媒体以及其他合作伙伴等利益相关者构成了广泛的企业组织关系网络。

虽然企业社会资本在市场经济时期获得了极大的发展，但是，在经济与社会转型期，企业社会资本构建存在以下两个方面的问题。

1. 企业社会资本来源单一，扩张性不足

企业在构建社会资本时仍然受到传统封建自然经济时代主要依赖特殊信任而不是制度信任的影响，企业社会资本形成来源比较单一，扩张性不足。具体表现为：企业社会资本主要依赖企业家个人基于强关系的信任关系网络，企业与其外部利益相关者之间的关系网络广度不够，信任与合作的层次深度欠缺。这不仅制约了企业社会资

本积累的速度和开发利用的效率，并且信任广度和深度的不足还会导致企业拖欠债务，形成大量金融系统的呆坏账和企业之间的应收账款坏账问题，从而加重社会普遍信任不足的现状。

2. 不同类型企业社会资本的存量差异较大

由于企业社会资本是嵌入各种各样社会关系网络和结构中的各种实际或者潜在资源的组合，会受到宏观普遍信任、制度发展等外在环境的影响，因此，在经济转轨时期，由于地区经济发展的不平衡和国企政府改革的不彻底，中国不同区域企业之间以及不同规模产权企业之间的社会资本存量和质量都存在较大的差异。

从不同区域企业社会资本的比较来看，经济发达的东部地区由于市场经济制度发展得比较完善，企业的商业意识较为强烈，形成完善的专业化区域产业集群，政府的服务意识较好，因此，企业善于利用各种类型的社会关系网络来实现自我发展，企业社会资本的积累速度和效率都较高。而经济封闭落后的西部地区仍然受传统制度的影响较大，商业思想不发达，市场化机制不完善，社会关系网络封闭保守，政府为经济发展提供合理的政策环境也有待于改善，因此，企业社会资本相比东部地区企业来说处于较低的水平。曲婷（2011）对东部地区四省市和西部地区四省市八家企业社会资本水平进行了比较，结果发现，东西部地区企业社会资本平均水平的差距比较明显，东部地区四省市的总体水平较高，而西部地四省市总体水平较低。

从不同产权企业社会资本的比较来看，国有企业与民营企业拥有的社会资本水平存在显著的差异。国有企业一般处于带有一定垄断性质的行业，企业规模大，实力雄厚，内部制度完善，因此，在构建企业社会资本方面具有得天独厚的优势。一直以来，在"国有经济应该把握住经济中的核心命脉"这一观点的影响下，垄断行业成为国有企业最集中的领域，例如，石油石化、电信、电力、金融等行业。国有企业的垄断地位意味着拥有稀缺垄断资源，社会上任何人、组织或者机构如果希望获得这种垄断资源，也就一定要和手握垄断资源的组织打交道，因此，国有企业的垄断权力也就赋予了其特别的社会资本。国有企业的国有产权性质也使其与政府和金融机构的关系密切，能够获得政府和金融机构的资源支持。政府作为国有企业的大股东，在计划经济时代，两者之间是典型的"父子"关系，联系紧密。这种长期形成的亲密关系在市场经济时代仍然发挥着一定的作用，政企不分的现象随处可见，政府和国有企业之间呈现出半市场、半行政、半法律、半依赖的关系。许多国有企业的高层管理者是由政府委派的，官员与企业管理者之间的界限也并不明显。根据一直以来的政治习惯，政府的高级官员也有派到大型国有企业中担当要职进行历练的惯例。中国的金融政策和融资体系等也是以国有企业尤其是国有大企业为主要对象设计实施的，四大国有银行占据垄断地位，国有银行信贷被赋予为国有企业服务的特定功能，发放贷款唯"成分"论，绝大多数资金被用以支持国有企业。对于企业来说，政府关系网络和金融机构的关系网络是影响企业发展的重要因素，因此，国有企业社会关系网络质量较高。相比之下，民营企业在政府和金融机构方面的社会关系网络要比国有企业差很多，是处于不对等的弱势一方。政府部门只注重对国有企业和大企业的扶植，忽视对众多的中小型非公有制企业的帮助和服务。民营企业在向国有银行申请贷款时往往会受到所有制歧视，再加上绝大部分民营企业规模较小，实力弱，管理落后，财务不规范，申请贷款多为短期、小额，单笔贷款成本高等问题，从而加大了银行的信贷风险和代理成本，导致银行不愿放贷，民营企业融资出现困境。因此，民营企业社会资本的构建只能依赖于企业家个人的社会关系网络，许多民营中小企业的创办、发展和交易活动都深深嵌入在企业家社会关系网络之中，这就影响了企业社会资本的积累。

### 三 微观层次社会资本：弱关系网络的重要性日益显现，但不同阶层拥有的个人社会资本存量分布不均衡

微观层次社会资本的主要组成部分是个体拥有的关系网络，包括血缘家族关系、地缘关系以及其他诸如同学、朋友、同事等一般性的交往关系。改革开放后，中国微观层次社会资本最主要的变化是依靠血缘和地缘关系构建起来的封闭性强关系网络在生活中发挥的作用逐渐下降，而同学、朋友和同事等后天性的开放性弱关系网络的重要性

日益凸显。这是因为，一方面，中国的计划生育政策实施以后，大多数家庭都只有一个孩子，过去大家族式的家庭结构日益减少，因此，过去的家族式的社会关系力量也变得日渐式微；另一方面，教育的发展、劳动力流动的增加以及电话网络交流方式的变革使人们的交往半径突破了血缘和地缘的约束，关系网络的规模和异质性大大扩张。

社会关系网络的开放和异质性增加了市场交易的机会及收益，能为关系网络成员提供更多的信息，更加符合市场化交易的要求。但大范围关系松散的弱关系网络的形成也增加了成员之间因为信息不对称而引起的机会主义，欺诈或不合作行为方式的概率。

另外，随着中国经济社会变革过程中出现的制度建设落后、区域发展不平衡和阶层收入差距扩大等问题，中国个人社会资本存量在不同阶层中也出现了分布不平衡的特点，主要表现为高收入群体和低收入群体拥有的个人社会资本存量呈现两极分化的趋势。

（一）不同阶层拥有的社会资本存量的差距扩大

社会资本的多少主要取决于个人拥有的资源和关系网络规模等因素。改革开放前，中国社会成员之间的差距较小，社会地位相对平等，也很少有人能利用特殊的成员身份和关系网络获取资源，社会各阶层拥有的社会资本总量比较平均。改革开放后，随着市场化经济体制的深化，我国各个阶层在受教育程度、财富、地位、权力以及社会关系等多个方面的差距逐渐扩大，各个阶层拥有的社会资本总量也出现了巨大的差距，通过社会资本获取收益的能力存在巨大的差异，尤其是高收入阶层和低收入阶层拥有的社会资本总量出现了严重的两极分化趋势。例如，政府官员、企业高层管理者和民营企业主阶层等社会上层占据着资源和机会分配的中心位置，社会资本形成的基础比较好，动员资源的能力比较强。除传统基于血缘、亲缘和地缘关系而积累起来的社会资本外，还可以通过自己的成员身份扩展新的社会关系网络，因此，能获取其他社会阶层所不具备的社会资本。转型时期的社会中层发展还不够成熟，相对来说，数量比较少，占有的社会资本适中。而占人口数量最多的社会下层既没有社会上层的成员身份和广泛的社会网络关系，也不如中层可以通过一定的制度和规范而获得一部分社会资本，社会交往是在比较狭窄的社会空间内进行的，无论是在社会资本形成的基础、空间还是动员资源的能力方面均处于弱势地位（马宏，2013）①。

一般来说，在转轨时期，社会脱离了过去的平均主义开始发生分化，社会资本也同样出现了差距，这是一个必然的过程。不同群体、不同的人之间必然会出现社会资本的差异。只是在中国转轨的特殊制度环境下，贫富差距扩大，带来了社会资本差异的迅速扩大。这种社会资本分布状况迅速变化的过程给社会经济生活带来的严重后果更需要人们注意。

在转轨时期的中国，不同身份与社会地位的人群之间的社会资本分布的两极分化特征主要表现在以下五个方面。

1. 官员等权力机构人员与普通市民社会资本的差距较大

作为计划经济转轨过来的经济体，我国的政府机构仍然保持着巨大的影响力。这种权力包括直接的垄断权、间接地审批权裁决权等。官员因为持有巨大的权力，也就拥有更为丰富的社会资本。因此，在我国，行政权力下的社会资本差异也比其他国家广泛得多。

2. 财富分布不均下不同收入阶层社会资本的差距加大

转轨时期是一个贫富差距迅速拉大、财富阶层快速形成的时期。在我国转轨时期，社会收入差距持续扩大。在基尼系数相对回落以后，2013年，我国公布的基尼系数仍然高达0.473。收入分配与社会资本的关系，存在一种"双反馈"的关系。收入分配差距的本质，就是收入分配参与主体财富上的差距。在市场经济条件下，货币的影响力变得更为重要。持有更多财富也就意味着有更多的创造财富的机会，通过利用这种创造财富的能力，收入高的人可以拓展自己的人脉，增加自己的社会资本。而拥有了更好的社会资本以后也就意味着可以获得更好的经济机会以提升自己的财富水平。穷人因为缺乏社会资本而无法提高自己的收入，不得不和高收入阶层离得更远了。而财

---

① 马宏：《转型时期社会资本变迁及其对收入分配的影响》，《广西社会科学》2013年第5期。

富相对越少，能够增加经济机会的社会资本就会越少。因此，收入分配在和社会资本联合以后会产生明显的"马太效应"，这是在市场条件下难以避免的。富人和穷人之间社会资本的差距还会随着收入差距的进一步扩大而继续扩大。

3. 城乡二元经济结构下城乡居民社会资本差距扩大

一般而言，作为农村居民，其社会资本拓展的方式多半是血缘或者邻里关系，这与传统的农村社会结构紧密相关。而城市居民社会资本的拓展方式则更为现代化，也更为广泛。因此，城乡二元经济越明显的地区，其城乡居民间的社会资本差距就越明显。我国城乡二元经济结构分布非常广泛，社会资本差距的效应也十分明显。

在社会关系网络变迁中，随着经济的发展，社会接触的广泛化以及社会组织的复杂化，原本的血缘和地缘式社会结构已经不能满足于人们日渐复杂的人际网。此时，社会关系的货币化、契约精神等现代经济下的社会关系就会逐步占据主导地位。就一般规律而言，社会资本变迁应该是一种倒"U"形态势。

相对于我国城市特别是大城市居民，我国农村居民就处于"U"形的底部区域——基于计划生育下传统的血缘式社会关系不断解体，新式的基于法治契约精神信用体系等现代关系又未发展成熟。所以，过去的基于人情式的社会资本在不断减少，而农村居民又难以发展城市居民那样的关系网络。例如，农民工进入城市后，原来在农村先天所拥有的社会关系网络淡化，很难再发挥它原来的支持、保护功能，农民工"市民化"身份的转化也制约了农民工在城市中的社会关系网络的扩展，这就导致农民工城市社会资本极度欠缺，社会关系网络十分单薄与不健全。因此，城乡二元经济结构下的城乡居民社会资本差异不断扩大。

4. 区域经济发展不平衡下的发达地区居民和贫困地区居民社会资本的差距扩大

改革开放前，我国各地区的经济发展水平和文化教育水平都比较相同，其蕴含的社会资本也大致相当。市场化改革的深入打破了传统经济发展和文化教育水平的这种同质及均衡分布，沿海地区和城市利用地区优势成为改革试点,获得种种政策优势而优先发展,西部地区和农村则发展滞后,呈现出区域发展不平衡的格局。这使不同区域的社会资本成分和密度随着地区经济和文化教育水平的发展也呈现不均衡分布的格局。东部地区、城市等经济发达地区居民拥有的社会资本密度和存量明显要高于中西部地区和农村等经济欠发达地区。经济发达地区,由于社会资本存量丰富,居民的社会主体意识、权利意识和公共参与意识相对较强,而社会资本贫乏的欠发达地区,居民的家族意识、臣民意识和依附思想仍然很强,妨碍了政府和公民社会的合作治理。

5. 教育不平等影响下的不同阶层社会资本的差距扩大

教育是个人构建社会关系网络,获取社会资本的重要途径。人们在接受教育的过程中,不断结识新的同学,大大扩展了社会关系网络的规模和异质性;并且随着受教育程度的提高,社会关系成员的层次和拥有的社会关系资源的质量就越高。大量的理论和实证研究表明,教育尤其是高等教育可以帮助个体获取较好的工作职位、收入水平和社会地位,从而实现向更高阶层社会的流动。可见,人们的受教育程度是影响人们的同学关系网络、工作关系网络和社会阶层关系网络的重要因素,直接关系到个体社会资本的数量和质量。另外,社会资本所蕴含的信任、关系、组织、规范等因素也有利于居民的教育水平和教育质量的提高。Bjrnskov(2006)论证了信任与教育的紧密关系,强调信任可以通过影响政府的教育支出提高人力资本积累和供给,并且高水平的社会信任还会产生高水平的教育需求。戈尔丁和卡茨(1998)认为,社会资本与教育之间存在双向促进作用。一方面社会资本使人们有机会获得公共教育;另一方面教育带来的社会网络积累了丰富的社会资本,进一步增加了人力资本积累。因此,教育与社会资本是互为因果、互相强化的关系。教育的不平等会导致社会资本分布的不均衡,不均衡分布的社会资本反过来又会进一步强化教育的不平等,两者关系密切。因此,教育不平等可以证实社会资本的拥有不均,而教育机会获得的不平等也成为拥有社会资本较少的贫困人群或低收入人群维持在社会底层的重要原因。

改革开放以来，中国日益重视教育的发展，取得了一系列令人瞩目的成绩。例如，加大了教育投入，普及了九年义务教育，基本扫除了青壮年文盲，建立了现代化教育体系，实现了高等教育的大众化等。但从中国目前的情况来看，教育改革仍然滞后于经济体制改革，并且由于地域、经济、资源分配以及历史遗留等各方面的原因使教育不平等的现象普遍存在。主要表现在以下两个方面。

（1）教育资源分布严重不平等。当教育资源分布存在严重不平等时，势必拉大不同人群拥有社会资本的差距，教育资源丰富的地区和学校的学生拥有更多的社会资本。教育资源分布不平等最突出的表现是在市场经济运行机制的影响下，教育行业也受到了经济利益的驱动，各种教育资源为了获取更多的利益自发地向优质的地区或学校转移，结果造成了城市和农村、东部地区和西部地区、重点学校和非重点学校教育资源配置和利用上的差异。

首先，农村地区基础教育阶段的教育投入、师资的数量和质量都远远低于城市地区。从农村地区各阶段教育的教育经费支出来看，2013年，农村地区小学生均经费为8152.16元，初中生均经费为10996.02元，高中生均经费为10929.07元，而同期地方同阶段教育平均生均经费分别为8400.93元、11453.69元和12862.41元，可见，农村地区各阶段教育的生均经费都是明显低于地方平均水平。从师资力量来看，我国城镇地区各阶段教育专任老师的学历和职称都远远高于农村地区各阶段教育的专任老师的平均水平。例如，2010年，城镇普通高中拥有96%的专任教师具有研究生学历，而农村地区仅仅拥有4%；城镇普通初中拥有88.8%的专任教师具有研究生学历，而农村地区仅仅拥有11.2%。从城乡教学设施方面的配备情况来看，城镇地区的各级学校教学设施的数量和先进性都明显高于农村地区。2013年，城镇普通高中的校舍面积为99969953.66平方米；而农村普通高中的校舍面积仅为10694155.99平方米，差了将近9倍。这种城乡教育方面的差距将直接影响农村教育发展水平以及我国教育事业的均衡发展。

其次，东部发达地区和中西部地区拥有的教育资源的差距扩大。

东部地区由于经济发展水平较高，因此，教育资源非常丰富。中部地区大多属于教育大省，人口众多，经济基础有限，所以导致教育资源特别紧缺。西部地区由于思想和经济发展水平都比较落后，师资力量有限，因此导致教育水平较低。例如，从小学教育的教育经费支出来看，2013年，北京小学生均经费为31501.72元，而同期河南小学生均经费仅为4773.71元，两者相差了5.6倍。

最后，重点学校和非重点学校拥有教育资源的差距扩大。在中国应试教育的制度下，出现了一批重点学校。全国各个地区无论是在小学、初中、高中和大学等各个教育阶段，都存在重点学校和非重点学校的差异。重点学校的师资力量、教育投入、社会声望和升学就业前景都显著高于非重点学校，进入重点学校的学生就意味着比普通学校的学生拥有更优质的教育资源和更好的发展前途。因此，在社会上出现了"上不了重点小学，就很难上重点中学；上不了重点中学就很难上重点大学；上不了重点大学就很难找一份好的工作"的说法。从高等教育投入来看，由于重点高等学校大多是直属于教育部和各人部委的，因此，中央属高等学校的生均经费大大高于地方属高等学校。2013年，前者的生均经费为46089.08元，而后者的生均经费仅为26086.47元。

（2）不同阶层受教育机会和结果不平等。在现实社会中，由于各阶层的职业、收入和文化情况等因素不同，导致拥有的社会资本存在明显差异，经济条件好、社会地位高和文化程度高的中上阶层拥有更多的社会资本，而广大农村地区和城市中的失业者和低收入群体等贫困阶层拥有的社会资本较少。这种不均衡分布的社会资本对于教育不平等的影响主要体现在教育机会阶层分布的不平等。拥有较多社会资本的中上阶层在受教育机会、教育的类型和层次方面都比拥有较少社会资本的贫困阶层具有更明显的优势，结果导致不同阶层受教育机会和结果的差异。

首先，农村居民的平均受教育程度和接受高等教育的比例大大低于城市居民。从农村地区和城镇地区的义务教育阶段的差距来看，城镇地区的小学入学率、初中入学率和在校生比例都明显高于农村地区。在许多贫困农村地区，甚至义务教育都无法普及，适龄儿童入学率低，很多学生还中途辍学，难以完成九年义务教育。到了高中阶段和高等教育阶段，这种义务教育阶段就存在的城乡教育机会差距进一步扩大了。从初中毕业生升入普通高中的比例来看，目前城市的升学率基本保持在50%以上，而农村仅有20%左右。高等教育对于农村居民来说，更是稀缺资源，一方面，很多名校的招生名额集中在中心城市；另一方面，在政治、经济和文化上处于相对劣势的农村居民往往在进入更高层次或较好质量的教育体系的竞争中，要么由于竞争力不足被淘汰出局，要么由于难以承担高额的费用而被迫主动放弃，这两方面的因素都导致农村地区居民获得高等教育的机会大大降低。据统计，2013年，我国城镇居民7岁以上人口的平均受教育程度为10.02年，农村居民仅为7.61年。

其次，经济和文化层次较高的中上阶层家庭的子女受教育的机会明显高于属于社会下层的贫困家庭的子女。由于家庭经济条件和文化背景的差异，中上阶层家庭的子女拥有更好的学习条件和基础教育资源，并且在知识面的拓展、信息的获取以及个人综合素质的培养方面都享有无可比拟的优势，竞争力远远高于贫困家庭的孩子，因此，更容易进入重点高校甚至出国接受高等教育。而贫困家庭的子女既无先天的文化思想熏陶，又无后天的基础教育优势，在个人综合能力和个人素质方面也存在不足，再加上经济和就业等各方面因素的影响，贫困家庭的子女很多只能选择费用和要求都较低的一般高校。研究显示，无论是在城市还是农村，中上阶层的子女更容易进入重点中学和重点大学，贫困阶层的子女则更多分布于普通中学和非重点大学。

（二）社会资本的固化和代际传递加强了社会资本分布不平衡的趋势

社会资本的封闭性、排他性等特点使社会组织形成小团体、小圈子，社会资本只在一个团体或群体中分享，网络内部成员会遵循内外有别的"差序结构"，强烈地排斥社会资本网络以外的成员，阻止圈内外的互动。在社会资本占有不同的基础上，各个阶层形成了相对封闭的小圈子，阻隔了各个阶层之间社会资源的共享，形成了社会资本的固化问题。由于穷人和富人进入了不同的社会关系网络，只在网络内部进行资源交互，排斥社会资本网络以外的成员，因此，这种社会关系网络不平衡还具有了代际传递功能，父母的个人社会关系网络和社会特征可以传给下一代，富人和穷人的孩子会面临比上一代更严重的社会资本两极分化的初始条件，进而导致更不平等的经济结果。

在中国转轨时期，不同社会阶层的社会资本也同样存在固化和代际传递的问题，普通阶层很难进入社会上层阶级的朋友圈，下层阶层很难实现向更高阶层的流动，并且社会资本的代际传递十分明显，不同阶层社会资本的差距进一步拉大。基于经济精英的商业圈，受到资本本身运转规律的影响也变得较为封闭。转轨时期，随着竞争的加剧，商人在行事风格上更加谨慎小心。而商业环境的复杂性也导致了商业机构都极其强调商业思想的保密性。在这双重因素的作用下，基于特殊信任形成的商业圈子也就很自然地形成了。在社会底层，贫困的代际传递问题更加严重，穷人的孩子仍然是穷人，贫困家庭的后代先天性社会资本不足的状况也更加明显。

# 第六章　中国转轨时期社会资本对金融发展与收入分配关系的影响

近年来，许多经济学家发现，一些非正式制度安排如文化、信用、长期关系、声誉、散布信息的社会网络以及交易中奉行的准则等私人秩序在金融发展和收入分配中发挥着一定的作用。在第四章，我们分析了社会资本对金融发展与收入分配关系的调节效应。基本结论是：低收入群体由于规模小、缺乏抵押品等，而往往难以从正规金融机构获取贷款，面临信贷约束。社会资本作为影响金融发展和收入分配的一种重要的非正式机制，可以通过培养信任和合作，降低交易成本等机制来调节金融发展的规模和结构，提升低收入群体的融资信用，帮助低收入群体更好地获得金融服务，提高低收入群体的收入水平，从而改善金融发展与居民收入差距的关系。但同时由于中观层次社会资本和微观层次社会资本自身的一些缺陷，例如封闭性、排外性、分布格局的不平衡及自我固化和代际传递、对正式制度的阻碍以及被一些反社会组织的滥用等，会使金融资源分配的不合理现象进一步加重，金融发展环境恶化，从而制约金融发展，恶化金融发展的收入分配效应。另外，宏观层次社会资本的发展也会降低低收入群体对非正规金融的依赖水平，降低非正规金融的收入分配效应。

费孝通早在1948年就提出中国具有很强的"关系社会"特质。目前，中国正处于从计划经济体制向市场体制、从传统农业社会向现代工业社会渐进转轨的时期，在40年渐进式的社会经济转轨过程中，市场制度还存在很多不完善的地方，传统的社会关系和结构并未被新生的市场机制完全瓦解和替代，而是尽可能地得到了维持，继续嵌入其中发挥着重要的作用。因此，社会资本对中国经济社会的影响尤其深刻。因此，在考察中国社会资本对金融发展与收入分配关系的影响时，必须考虑两者所嵌入其中的中国经济文化制度环境下的社会资本。改革开放以来，中国全面深刻的社会转型导致社会结构和居民的社会网络特征都发生了相应的变化（林南，2005）。随着市场机制的逐步建立，社会结构、价值观念和行为规范也发生了巨大的变化。一方面，社会资本关系网络日益多元化，社会关系网络逐步从强关系向弱关系过渡，信任方式逐步从特殊信任转变为普遍信任，行为规范逐步从伦理规范转向契约规范；另一方面，在传统"三缘"等强关系网络的强度和效用下降的同时，新的弱关系网络的效用没有完全发挥，普遍信任逐步培育的过程中传统的特殊信任仍然发挥着重要的作用，企业组织和不同阶层拥有的社会资本分布不均衡问题日益突出。另外，也存在普遍信任的下降以及民间组织和社区发展的不完善等问题。

中国转型期社会资本的这些重大变化必然会影响到金融发展与收入分配的发展变化。社会关系网络的多元化、普遍信任的发展会促进金融发展，帮助低收入群体获得更多的金融服务，缩小居民收入差距，但普遍信任的下降和民间组织、社区发展的不完善则加大了整个社会的交易成本，损害了市场契约精神，弱化了其在改善金融发展的收入分配效应方面发挥的积极作用，而社会资本分布的不均衡发展也会使金融资源的分配不均衡，从而进一步恶化了金融发展的收入分配效应。接下来，我们分别从理论和实证两个方面探讨中国转轨时期宏观层次社会资本、中观层次社会资本和微观层次社会资本对金融发展与收入分配的关系产生的影响。

## 第一节　宏观层次社会资本对金融发展与收入分配关系的影响

### 一　理论假说

（一）宏观层次社会资本有利于改善正规金融发展的收入分配效应

宏观层次社会资本关注群体内部以及相互间和谐的社会关系网

络、有效的制度规范和普遍信任等社会资本的占有情况。宏观层次社会资本是增强人们之间的合作和信任关系，减少机会主义倾向，降低金融交易成本的重要机制，可以很好地促进正规金融发展，增加金融服务向低收入群体覆盖的概率，从而增加低收入群体的收入，缩小社会收入差距。

(二) 宏观层次社会资本的发展会降低非正规金融的收入分配效应

支持非正规金融发展的社会资本主要是中观层次社会资本和微观层次社会资本中的特殊信任，而不是宏观层次社会资本中的普遍信任。并且随着普遍信任的发展，原来那些在正规金融市场受到融资约束的群体享受到正规金融服务的机会也会随之增加，因此会降低对非正规金融的依赖。而宏观层次社会资本的发展反而会降低非正规金融的收入分配效应。

**二 实证检验**

(一) 模型设定

上述研究表明，宏观层次社会资本对正规金融发展具有积极的影响，会降低非正规金融发展的作用，而金融发展则是影响收入分配的重要因素，因此，正规金融与非正规金融发展对收入分配的影响程度依赖于宏观层次社会资本的发展。据此，我们假定收入分配不平等可以表示为以金融发展、非正规金融与宏观层次社会资本等为自变量的线性回归函数，我们在函数中引入宏观层次社会资本与金融发展和非正规金融之间的交互作用项，以衡量正规金融与非正规金融对收入分配的影响如何受到社会资本变量的调节，该函数还包括其他影响收入分配的变量即控制变量，如人均净政府财政转移支付、教育和经济增长。为了缓解异方差现象，我们对人均净政府财政转移支付、教育和经济增长取对数。最后，鉴于各省份之间收入分配不平等程度的差异还可能是由某些未观测到的系统性异质性造成的，我们利用历时面板数据而非单点截面数据进行参数估计，力求缓解因未观测的系统性异质性所导致的自变量内生性问题。因此，本书最终估计的计量经济模型的基本形式如下：

$$GINI_{it} = \beta_{i0} + \beta_{i1} FD_{it} + \beta_{i2} IFD_{it} + \beta_{i3} SC_{it} + \beta_{i4} \ln TRP_{it} + \beta_{i5} \ln EDU_{it} +$$
$$\beta_{i6} \ln Y_{it} + \beta_{i7} FD_{it} \times SC_{it} + \beta_{i8} IFD_{it} \times SC_{it} + \varepsilon_{it}, \quad t = 1, 2, \cdots, 12; \quad i = 1,$$
$$2, \cdots, 31 \tag{6.1}$$

式中，响应变量 $GINI$ 代表基尼系数，用来测量收入分配不平等的水平。自变量 $FD$、$IFD$、$SC$、$TRP$、$EDU$、$Y$、$FD \times SC$ 与 $IFD \times SC$ 分别代表金融发展、非正规金融发展、宏观层次社会资本、人均净政府财政转移支付、教育、经济增长以及社会资本与金融发展和非正规金融发展与社会资本的联合效应。$i$ 代表面板数据中的个体，在本书中为省级行政区，$t$ 表示时间点。截距项 $\beta_{i0}$ 为随机变量，其变化与上述自变量无关，每个个体 $i$ 具有不同的截距项。$\beta_{i0}$ 的参数形式将通过统计检验由数据自身决定。

（二）变量与数据

本书所使用数据主要来源于1999—2011年《中国统计年鉴》和31个省份的统计年鉴，以及《新中国五十五年统计资料汇编》。

1. 收入分配

我们使用常用的城镇居民基尼系数和城乡居民基尼系数来衡量居民收入差距：系数越高，则居民收入差距越大。各省份的城镇基尼系数可由省级或市级城镇居民分阶层[1]的平均收入计算而得。本书利用R软件编程，据此计算出1999—2010年中国31个省份的基尼系数。各省份的城乡基尼系数借用田卫民（2012）[2]测算的1999—2010年中国31个省份的居民城乡基尼系数。

2. 正规金融发展

由于我国企业的主要融资来源是金融机构贷款，因此，本书选取1999—2010年各省份金融机构的实际贷款余额与各省份同期实际GDP的比值来衡量区域金融发展水平。该指标越高，说明正规金融发展水平越高。

---

[1] 按照收入水平分，分为最低收入户、低收入户、中等偏下户、中等收入户、中等偏上户、高收入户和最高收入户7个层次。

[2] 田卫民：《省域居民收入基尼系数测算及其变动趋势分析》，《经济科学》2012年第2期。

### 3. 非正规金融

各类公开出版的统计数据，均缺乏有关非正规金融的统计。由于固定资产投资资金来源中的自筹资金和其他资金很大程度上是从非正规金融市场上获取的，因此，我们利用自筹资金和其他资金占全社会固定资产投资比重作为替代变量来间接衡量非正规金融的水平。该指标越高，说明非正规金融越发达。

### 4. 宏观层次社会资本

社会资本是一个多维度的概念，其测量也通常较难从公开出版的统计数据中获得，这给相关的定量实证分析带来了较大的挑战。从宏观层面看，普遍信任水平是社会资本中最为重要的方面之一，本书着重考察社会信任的影响。根据经济学文献和社会资本的特征，本书拟从社会和谐、社会规范和社会普遍信任三个维度来度量各地区的宏观层次社会资本发展水平。

我们借鉴刘长生和简玉峰（2009）的方法，以单位人均GDP劳动争议受理率（LD）作为社会和谐度的代理变量对宏观层次社会资本进行衡量。单位人均GDP劳动争议受理率为相关管理部门所受理的劳动争议案件数与人均实际GDP的比值，其值越大，说明社会资本水平（信任度）越低。这种相对量的处理方法消除了人口和经济增长对经济纠纷案件的影响。各省份历年的劳动争议案件数的数据主要来自1999—2010年的《中国劳动统计年鉴》。

宏观层次社会资本主要是指区域或国家的正式制度关系和制度结构。因此，我们用制度（SYS）作为社会规范的代理变量对宏观层次社会资本进行衡量。完善的制度体系应该包括产权制度、法律制度、政治制度等多层次。樊纲和王小鲁等发布的各地区市场化指数涵盖了政府与市场的关系、产权保护、产品和要素市场发育、市场中介组织发育和维护市场的法制环境等多方面的因素，是理想的可以衡量我国各地区制度环境的代表变量。因此，我们选择樊纲和王小鲁发布的1999—2010年各地区市场化指数来衡量制度水平的高低。市场化指数越高，说明该地区的制度水平越完善。

社会普遍信任（TRUST）是度量宏观层次社会资本的一项重要指

标。对信任的度量主要是通过问卷调查的形式进行的。我们借用张维迎和柯荣住（2002）委托"中国企业家调查系统"对中国 31 个省份的信用度所做的调查数据作为社会普遍信任的衡量变量。

5. 其他控制变量

经济增长的衡量指标选择的是各省份人均实际 GDP，并对其取对数。我们进一步加入政府福利投入与教育发展水平两个常见的衡量社会经济发展水平的重要指标。政府福利投入由人均净政府财政转移支付衡量，教育发展水平可以根据各省份的人口和财政收支差额计算[①]；我们使用《中国统计年鉴》中的抽样调查人口数据计算的人均受教育年数来衡量各省份的人口教育水平，具体计算公式如下：

$$EDU = \sum H_i L_i / \sum L_i$$

式中，$i$ 为文化程度，根据我国学制包括文盲、小学、初中、高中和大专以上五个水平，$H_i$ 为文化程度 $i$ 所折算的受教育年数，具体如下：文盲为 0 年、小学为 6 年、初中为 9 年、高中为 12 年、大专以上为 16 年。$L_i$ 为具有 $i$ 种文化程度的劳动人口数。

对于个别缺失数据，我们采用移动平均法或者回归法进行插补，由此得到完整的 1999—2010 年中国 31 个省份的相关数据。

（三）被解释变量为城镇基尼系数的统计检验与估计

本书使用的样本包括全样本和子样本。全样本是中国 31 个省份的时间序列经济数据；由于我国地区经济发展和制度完善差异较大，一般来说，东部地区制度比较完善，经济发展水平较高，中部地区处于中等水平，西部地区经济发展最为滞后，制度完善程度最低。因此，我们分别将全样本划分成东部地区子样本、中部地区子样本和西

---

① 由于难以获得准确的财政转移支付数据，本书近似地用各省级行政区域的财政支出总量与财政收入总量的差额来测算。虽然这种传统的测算方法可能包含许多噪声，但无论采用何种测量方法，都可能包含噪声，再加上考虑到获得数据的难度、完整性及逻辑一致性，本书仍然采用这种传统的测算方法，这种方法也是目前使用较多的计算各省级行政区域净财政转移支付数额的方法。可参见范柏乃、张鸣《基于面板分析的中国省级行政区域获取中央财政转移支付的实证研究》，《浙江大学学报》（人文社会科学版）2011 年第 1 期。

部地区子样本三类①。

我们将运用 Eviews 6 对全样本与个子样本分别估计回归模型，并根据参数显著性各自决定其最优模型。

在估计主要回归模型之前，我们首先通过统计检验决定如何参数化截距项 $\beta_{i0}$。面板数据模型一般可以设定为固定效应模型与随机效应模型。固定效应模型的估计易损失更多的自由度，当涉及的个体较多时所得到的参数估计较为不稳定；而随机效应模型假设随机变化的个体影响与模型中的解释变量不相关。因此，在确定模型形式时，我们先建立随机效应模型，然后检验该模型是否满足随机效应模型的假设，若满足则建立随机效应模型，若不满足则建立固定效应模型。常见的检验方法为豪斯曼检验。由于估计随机效应模型的前提是截面个体数大于变量数目，而中部地区的面板数据不满足这一要求，因此，直接将中部地区的面板模型设定为个体固定效应模型。接下来，我们分别用单位人均 GDP 劳动争议受理率（LD）、制度规范（SYS）和普遍信任（TRUST）作为宏观层次社会资本（SC）的代理变量对模型进行统计检验，分别考察社会和谐、社会规范和社会普遍信任等宏观层次社会资本的三个维度对金融发展与收入分配关系的影响。

1. SC 衡量指标为人均 GDP 劳动争议受理率（LD）的统计检验与估计

表 6-1 列出了全国、东部地区和西部地区面板数据模型的豪斯曼检验结果。根据表 6-1 中 $\chi^2$ 检验统计量的值，全国以及两个地区的方程中 $\chi^2$ 检验统计量的伴随概率 P 均显著地小于 0.05，因此，在置信水平为 95% 时可以拒绝原假设，故将东部地区、中部地区、西部地区模型形式均设定为个体固定效应模型。

---

① 东部地区包括是辽宁、北京、天津、河北、山东、江苏、上海、浙江、福建、广东、海南 11 个省份；中部地区包括山西、吉林、黑龙江、安徽、江西、河南、湖北、湖南 8 个省份；西部地区包括陕西、甘肃、青海、宁夏、新疆、四川、重庆、云南、贵州、西藏、广西、内蒙古 12 个省份。

表 6-1　　　　　　　　模型的豪斯曼检验结果

| 地区 | 原假设 | $\chi^2$ 统计量 | P 值 |
| --- | --- | --- | --- |
| 全国 | 随机效应模型 | 24.092341 | 0.0022 |
| 东部地区 | 随机效应模型 | 74.668963 | 0.0000 |
| 西部地区 | 随机效应模型 | 30.652080 | 0.0002 |

接下来，我们还进行了另外两项重要的检验，即面板数据序列平稳性检验面板数据模型协整性检验。主要结果如下：

（1）序列平稳性检验。在建立模型之前，需要对各个序列进行平稳性检验。通常使用的面板数据平稳性检验方法为 LLC（Levin – lin – chu），LLC 检验的原假设为被检验面板数据个体具有相同的单位根。在进行序列平稳性检验时，根据序列的特征，本书假设各个被检验序列没有趋势项但有截距项，或既没有趋势项又没有截距项。检验结果显示（见表 6-2），响应变量基尼系数（GINI）和自变量 lnTRP、FD 在所有地区均为平稳序列，lnEDU 在全国和中部地区为平稳序列，LD 在全国为平稳序列，其余自变量均为一阶单整序列。

表 6-2　　　　　　　　分地区的序列平稳性检验结果

| 地区 | 检验序列 | LLC 统计量 | 伴随概率 P |
| --- | --- | --- | --- |
| 东部地区 | GINI | -6.77137 | 0.0000 |
|  | FD | -2.87515 | 0.0020 |
|  | dIFD | -11.2773 | 0.0000 |
|  | dLD | -9.25105 | 0.0000 |
|  | lnTRP | -1.56194 | 0.0592 |
|  | dlnEDU | -12.3755 | 0.0000 |
|  | dlnY | -6.26056 | 0.0000 |
| 中部地区 | GINI | -5.01403 | 0.0000 |
|  | FD | -2.07384 | 0.0190 |
|  | dIFD | -7.51857 | 0.0001 |
|  | dLD | -8.54757 | 0.0000 |
|  | lnTRP | -2.91189 | 0.0018 |

续表

| 地区 | 检验序列 | LLC 统计量 | 伴随概率 P |
|---|---|---|---|
| 中部地区 | lnEDU | -3.25021 | 0.0006 |
|  | dlnY | -5.07505 | 0.0000 |
| 西部地区 | GINI | -5.76485 | 0.0000 |
|  | FD | -2.02983 | 0.0212 |
|  | dIFD | -9.35811 | 0.0000 |
|  | dLD | -9.43310 | 0.0000 |
|  | lnTRP | -2.42353 | 0.0077 |
|  | dlnEDU | -12.5498 | 0.0000 |
|  | dlnY | -8.37019 | 0.0000 |
| 全国地区 | GINI | -10.0368 | 0.0000 |
|  | FD | -4.09066 | 0.0000 |
|  | dIFD | -16.4998 | 0.0000 |
|  | LD | -2.44066 | 0.0073 |
|  | lnTRP | -3.94255 | 0.0000 |
|  | lnEDU | -4.44246 | 0.0000 |
|  | dlnY | -11.5497 | 0.0000 |

注：变量前面的 d 表示一阶差分，ln 表示对变量取对数。

（2）面板数据模型协整性检验。由于仅序列 GINI、lnTRP 和 FD 在所有地区都平稳，因此，在建立模型以前，需要对以上所有序列进行协整性检验。本书选择 Kao 协积检验方法来检验序列的协整性。表 6-3 显示了东部地区、中部地区、西部地区和全国面板数据模型协整性检验结果。Kao 检验结果显示，所有被检验序列之间存在协整性关系。因此，可以认为，本书所选取的所有序列之间具有协整关系，故可以建立面板数据模型。

表 6-3　　　　面板数据模型的协整性检验结果

| 地区 | 检验方法 | 原假设 | 统计量 | 统计量值 | P 值 |
|---|---|---|---|---|---|
| 东部地区 | Kao 检验 | 非协整 | ADF 统计量 | -6.877023 | 0.0000* |

续表

| 地区 | 检验方法 | 原假设 | 统计量 | 统计量值 | P值 |
|---|---|---|---|---|---|
| 中部 | Kao 检验 | 非协整 | ADF 统计量 | -5.251504 | 0.0000* |
| 西部 | Kao 检验 | 非协整 | ADF 统计量 | -5.094784 | 0.0000* |
| 全国 | Kao 检验 | 非协整 | ADF 统计量 | -6.247990 | 0.0000* |

注：用"*"标记的P值表示检验结果为拒绝原假设，即在显著性水平为5%的情况下被检验的序列之间具有协整关系。

最后，我们得到回归模型的参数估计（见表6-4）（不含滞后项系数及常数项）。本书的回归模型假设截面异方差与同期相关，采用相应的广义最小二乘法对模型进行估计。在剔除系数不显著的变量后，最终模型仅包含回归统计显著的变量。

表6-4　　　　不同地区面板模型的重要变量回归系数

| 变量 | 全国 | 东部地区 | 中部地区 | 西部地区 |
|---|---|---|---|---|
| FD | 0.016495** | — | — | 0.036858* |
|  | (1.930133) |  |  | (1.628233) |
| IFD | 0.049356*** | — | — | 0.095647** |
|  | (2.981307) |  |  | (2.281624) |
| LD | 0.055511*** | 0.042820*** | — | 0.154208*** |
|  | (3.815187) | (2.644045) |  | (2.701639) |
| lnTRP | 0.011245*** | 0.010115*** | 0.013488* | 0.009211** |
|  | (5.101818) | (3.069733) | (1.649734) | (2.495388) |
| lnEDU | 0.060538*** | — | 0.122130* | 0.104677*** |
|  | (2.575050) |  | (1.626634) | (2.649971) |
| lnY | — | 0.068493*** | — | — |
|  |  | (3.224975) |  |  |
| FD×LD | — | — | — | — |
| IFD×LD | -0.060820*** | -0.048141*** | -0.138772*** | -0.167656*** |
|  | (-3.868902) | (-2.686835) | (-2.010404) | (-3.016140) |
| $R^2$ | 0.669511 | 0.829059 | 0.514356 | 0.518013 |

注：括号中为回归系数的t统计量值。*、**、***分别表示估计系数通过10%、5%、1%的显著性水平检验。

(3) 主要结果分析。

第一，代表社会和谐 LD 对省际城镇居民基尼系数的影响在全国、东部地区和西部地区这三个样本方程中都在 1% 的显著性水平下显著为正，仅在中部地区不显著。由于社会和谐允许与正规金融发展与非正规金融发展存在交互作用，因此，其对城镇居民基尼系数的边际效应依赖于后两者的水平。计算可得，在将与社会资本存在交互作用 FD 与 IFD 均设为零并控制其他解释变量的条件下，当单位人均 GDP 劳动争议受理率（LD）上升 1 个单位时，全国样本中的城镇居民基尼系数平均增加约 0.055511 个单位，东部地区城镇居民基尼系数平均增加约 0.042820 个单位，而西部地区城镇居民基尼系数平均增加约 0.154208 个单位[1]。计算结果显示，社会和谐水平的增加在全国大部分地区（除中部地区外）都对于城镇收入差距缩小起到了积极的作用，并且在经济制度水平最低的西部地区，社会和谐在提高居民收入、缩小居民收入差距中发挥的积极作用最明显。

第二，代表正规金融 FD 和非正规金融 IFD 在全国和西部地区的方程中都显著：在社会和谐被设定为 0[2] 且控制其他解释变量的情况下，当 FD 上升 1 个单位时，全国城镇居民基尼系数平均上升约 0.016495 个单位，西部地区城镇居民基尼系数平均增加约 0.036858 个单位；当 IFD 上升 1 个单位时，全国城镇居民基尼系数平均上升约 0.049356 个单位，西部地区城镇居民基尼系数平均增加约 0.095647 个单位。这说明我国无论是正规金融还是非正规金融的发展都不利于城镇居民收入差距的缩小。

第三，重点讨论社会和谐 LD 分别与正规金融 FD 和非正规金融 IFD 之间的交互作用，这也是本书中最为关注的核心问题。由于代表社会和谐与正规金融交互作用 FD×LD 的系数在所有地区均统计上不显著，因此，该变量被从所有最终回归模型中剔除。这说明，正规金

---

[1] 注意：社会资本和基尼系数均为负向指标，数值越大，说明社会资本水平越低和收入差距越大。

[2] 因为社会资本分别与正规金融和非正规金融存在交互作用。

融对城镇居民基尼系数的影响并不随社会和谐水平的变化而不同。换句话说，正式金融对收入水平差异的作用在社会和谐水平不同的各省份保持一致。与之形成对照的是，代表社会和谐与非正规金融交互作用 IFD×LD 在全国、东部地区、中部地区和西部地区所有样本回归方程中与城镇居民基尼系数均显著负相关，其系数分别为 -0.060820、-0.048141、-0.138772和-0.167656，即非正规金融发展水平对城镇基尼系数的作用会随着单位人均 GDP 劳动争议受理率（LD）的不同而不同。具体而言，社会和谐的引入总体上能降低非正规金融对于城镇居民基尼系数的影响，从而缓解非正规金融对于收入分配的不利影响。并且经济发展水平越低，制度水平越不完善，这种交互作用所起的作用越强。但是，随着社会和谐水平的上升［单位人均 GDP 劳动争议受理率（LD）的下降］，这种缓解效应也会逐渐下降。

第四，我们简要地讨论其他控制变量的系数。代表人场政府财政净转移支付的变量 lnTRP 在所有样本方程中都显著为正，说明人场政府财政净转移支付并没有发挥出缩小居民收入差距的作用。代表人口素质、教育水平的变量 lnEDU 在全国和中西部地区的方程中显著为正。这表明在制度不完善的中西部地区，教育反而扩大城镇居民收入差距。代表地区经济发展水平的变量 lnY 仅在东部地区显著为正，这说明对于制度完善的地区来说，随着经济的增长，城镇居民收入差距反而有所扩大。

2. SC 衡量指标为制度（SYS）的统计检验与估计

我们先对全国、东部地区和西部地区面板数据模型进行豪斯曼检验，检验结果如表 6-5 所示。根据表 6-1 中 $\chi^2$ 检验统计量的值，全国以及西部地区的方程中 $\chi^2$ 检验统计量的伴随概率 P 均大于 0.1，因此，难以拒绝原假设，故将全国和西部地区设为随机模型，东部和中部地区模型形式则设定为个体固定效应模型。

表 6-5　　　　　　　模型形式的豪斯曼检验结果

| 地区 | 原假设 | $\chi^2$ 统计量 | P 值 |
|---|---|---|---|
| 全国 | 随机效应模型 | 12.90 | 0.1152 |

续表

| 地区 | 原假设 | $\chi^2$ 统计量 | P 值 |
|---|---|---|---|
| 东部地区 | 随机效应模型 | 88.22 | 0.0000 |
| 西部地区 | 随机效应模型 | 4.60 | 0.7993 |

接下来，我们还进行另外两项重要的检验，即面板数据序列平稳性检验和协整性检验。检验结果表明，所选取的所有序列是有协整关系的。最后，我们对模型进行回归检验，检验结果如表 6-6 所示。

表 6-6  不同地区面板模型的重要变量回归系数

| 变量 | 全国 | 东部地区 | 中部地区 | 西部地区 |
|---|---|---|---|---|
| FD | -0.0097 (-0.34) | 0.0053 (0.14) | -0.0501 (-0.67) | 0.0080 (0.21) |
| IFD | 0.0715* (1.86) | 0.1608* (1.82) | 0.1169 (0.64) | 0.1979*** (2.74) |
| SYS | 0.0164** (2.75) | 0.0349** (2.85) | 0.0141 (0.88) | 0.0248** (1.97) |
| lnTRP | 0.0138*** (6.37) | 0.0086*** (3.16) | 0.0246*** (5.61) | 0.0127*** (2.65) |
| lnEDU | -0.0116 (-0.45) | -0.0611 (-5.46) | 0.1914 (1.61) | -0.0181 (2.649971) |
| lnY | 0.0011 (0.04) | -0.0089 (-0.18) | -0.0682 (-0.75) | 0.0372 (1.64) |
| FD×SYS | 0.0013 (0.37) | -0.0027 (-0.70) | 0.0084 (0.71) | -0.0006 (-0.08) |
| IFD×SYS | -0.0152*** (-3.52) | -0.0235** (-2.19) | -0.0253 (-1.07) | -0.0406*** (-2.93) |
| $R^2$ | 0.30 | 0.52 | 0.32 | 0.29 |

注：括号中为回归系数的 t 统计量值。*、**、*** 分别代表估计系数通过 10%、5%、1% 的显著性水平检验。

结果显示：

第一，在将与 FD 与 IFD 存在交互作用 SYS 设为零并控制其他解释变量的条件下，正规金融发展（FD）在所有地区对于收入分配的影响都不显著，非正规金融（IFD）在除中部地区以外的其他所有地区都与收入分配呈现显著的正向关系，这说明正规金融发展会提高城镇居民基尼系数，扩大收入差距。

第二，在将与 SYS 存在交互作用 FD 与 IFD 均设为零并控制其他解释变量的条件下，代表社会规范变量的制度（SYS）对于收入分配的系数影响在除中部地区以外的其他地区都显著为正，这说明制度水平的发展不断没有缩小城镇居民收入差距，反而扩大了城镇居民收入差距。这可能是因为，在中国制度体系中，优先发展的是市场经济制度，而具有调节收入分配关系的产权制度、法律制度和政治制度的发展较为滞后，因此，没有很好地发挥制度在降低收入分配方面所起的积极作用。

第三，从社会制度（SYS）分别与正规金融（FD）和非正规金融（IFD）之间的交互作用来看，SYS 与正规金融（FD）的交互作用对于城镇居民基尼系数的影响在所有的地区都不显著，说明制度对于正式金融与城镇居民基尼系数的影响并不显著。但 SYS 与非正规金融（IFD）的交互作用对城镇居民基尼系数的影响在全国、东部地区和西部地区样本回归方程中均显著负相关，其系数分别为 -0.0152、-0.0235 和 -0.0406。这说明非正规金融发展水平对城镇居民基尼系数的作用会随着制度水平的提高而下降。因此，社会制度的引入总体上能降低非正规金融对于城镇居民基尼系数的影响，从而缓解非正规金融对于收入分配的不利影响。并且经济发展和制度完善水平越落后的地区，这种缓解效应越大。

第四，其他控制变量方面，lnTRP 对于城镇居民基尼系数的影响在所有地区都显著为正，lnEDU 和 lnY 对于城镇居民基尼系数的影响基本上在所有地区都不显著。

3. SC 衡量指标为普遍信任（TRUST）的统计检验与估计

和上述一样，我们先对全国、东部地区和西部地区面板数据模型进行了豪斯曼检验，检验结果如表 6-7 所示。根据表 6-1 中 $\chi^2$ 检验统计量的值，全国以及东部地区的方程中 $\chi^2$ 检验统计量的伴随概率 P

均大于 0.1，因此难以拒绝原假设，故将全国和东部地区设为随机模型，中部地区和西部地区模型形式设定为个体固定效应模型。

表 6-7　　　　　　　模型形式的豪斯曼检验结果

| 地区 | 原假设 | $\chi^2$ 统计量 | P 值 |
| --- | --- | --- | --- |
| 全国 | 随机效应模型 | 6.32 | 0.5038 |
| 东部地区 | 随机效应模型 | 10.45 | 0.1502 |
| 西部地区 | 随机效应模型 | 44.73 | 0.0000 |

接下来，我们又进行面板数据序列平稳性检验与模型的协整性检验。最后，对所有样本模型进行回归分析。检验结果如表 6-8 所示。

表 6-8　　　　　　不同地区面板模型的重要变量回归系数

| 变量 | 全国 | 东部地区 | 中部地区 | 西部地区 |
| --- | --- | --- | --- | --- |
| FD | 0.0154 | 0.0084 | 0.2304 | -0.0205 |
|  | (1.36) | (0.33) | (1.20) | (-0.36) |
| IFD | -0.0150 | -0.00842 | -0.0574 | 0.0776 |
|  | (-0.60) | (-0.18) | (-0.52) | (1.10) |
| TRUST | 0.0001 | 0.0001 | — | — |
|  | (0.73) | (0.21) |  |  |
| lnTRP | 0.0115*** | 0.0100*** | 0.0247*** | 0.0102** |
|  | (4.14) | (2.89) | (5.65) | (2.09) |
| lnEDU | 0.0176 | -0.0460*** | 0.2102 | 0.1653*** |
|  | (0.97) | (-3.20) | (1.81) | (3.05) |
| lnY | 0.0356*** | 0.0727*** | -0.0618 | -0.0107 |
|  | (2.75) | (3.17) | (-1.71) | (-0.38) |
| FD×TRUST | -0.0003*** | -0.0002 | -0.0165 | 0.0010 |
|  | (-2.62) | (-0.86) | (-1.27) | (0.24) |
| IFD×TRUST | 0.0002 | 0.0000 | 0.0048 | -0.0047 |
|  | (1.03) | (0.01) | (0.56) | (-1.09) |
| $R^2$ | 0.26 | 0.39 | 0.33 | 0.29 |

注：括号中为回归系数的 t 统计量值。**、***分别代表估计系数通过 5%、1% 的显著性水平检验。

结果显示：

第一，在将与 FD 与 IFD 存在交互作用 TRUST 设为零并控制其他解释变量的条件下，正规金融（FD）、非正规金融（IFD）和社会普遍信任 TRUST 对于城镇居民基尼系数的影响在所有样本地区都不显著。

第二，在将与 TRUST 存在交互作用 FD 与 IFD 均设为零并控制其他解释变量的条件下，社会普遍信任（TRUST）与正规金融 FD 的交互作用对于城镇居民基尼系数的影响在全国显著，且为 -0.0003，说明社会普遍信任水平的提高可以降低正规金融对于城镇居民基尼系数的影响，缓解正规金融发展对于收入分配的不利影响。但这种缓解效应并不是很强。TRUST 与非正规金融（IFD）的交互作用对城镇基尼系数的影响在所有地区都不显著。

第三，其他控制变量方面，lnTRP 对于城镇居民基尼系数的影响系数在所有地区都显著为正，lnEDU 对于城镇居民基尼系数的影响在东部地区显著为负，说明东部地区教育水平的提高可以降低居民收入差距。lnY 对于城镇居民基尼系数的影响在全国和东部地区显著为正，说明东部地区的经济增长反而扩大了居民收入差距。

另外，我们按照不同省份信任水平的高低，将全样本划分为高信任地区样本、中等信任地区样本和低信任地区样本①，通过考察不同样本金融发展与收入分配的关系来比较普遍信任对于两种关系的影响。具体结果如表 6-9 所示，在普遍信任水平较高的地区，正规金融 FD 对于城镇居民基尼系数的影响显著为 -0.0287，这说明社会普遍信任水平的地区的正规金融发展可以发挥降低居民收入差距的积极作用。因此，社会普遍信任水平的引入有利于改善正规金融发展与居民收入分配的关系。这与上述的研究结论基本相同。

---

① 高信任地区包括 7 个信任水平超过 49.9 以上的省份，分别是北京、天津、上海、山东、江苏、浙江、广东。中等信任地区包括信任水平处于 10—49.9 的 16 个省份。低信任地区包括信任水平低于 10 的 8 个省份，分别为甘肃、青海、宁夏、贵州、西藏、海南、湖南、江西。

表6-9　　　　　　　　　不同信任水平的变量系数

| 变量 | 高信任地区 | 中等信任地区 | 低信任地区 |
| --- | --- | --- | --- |
| FD | -0.0287* | -0.0001 | -0.0023 |
|  | (-1.89) | (-0.01) | (-0.17) |
| IFD | 0.0049 | 0.0188 | -0.0457 |
|  | (0.13) | (0.54) | (-1.48) |
| lnTRP | 0.0050 | 0.0169*** | 0.0107*** |
|  | (0.77) | (3.67) | (2.69) |
| lnEDU | -0.0651** | 0.1068** | 0.0679*** |
|  | (-2.11) | (2.52) | (2.97) |
| lnY | 0.0844** | -0.0245 | 0.0496*** |
|  | (2.54) | (-1.17) | (2.77) |
| $R^2$ | 0.31 | 0.33 | 0.45 |

注：括号中为回归系数的t统计量值。\*、\*\*、\*\*\*分别代表估计系数通过10%、5%、1%的显著性水平检验。

（四）被解释变量为城乡居民基尼系数的统计检验与估计

接下来，我们用城乡居民基尼系数作为被解释变量，衡量宏观层次社会资本的各个维度对于金融发展和收入分配关系的影响。检验方法基本与上述相同。检验结果如表6-10所示。

表6-10　面板模型的重要变量对于城乡居民基尼系数的回归系数

| 变量 | 模型1：SC衡量指标为人均GDP劳动争议受理率（LD） | 模型2：SC衡量指标为制度（SYS） | 模型3：SC衡量指标为普遍信任（TRUST） |
| --- | --- | --- | --- |
| FD | -0.0110 | 0.0173 | -0.0271** |
|  | (-1.10) | (0.94) | (-2.07) |
| IFD | -0.0128 | 0.0702** | -0.0193 |
|  | (-0.51) | (2.14) | (-0.76) |
| SC | -0.0039** | 0.0332*** | — |
|  | (-1.90) | (7.21) |  |
| lnTRP | 0.0172*** | 0.0124*** | 0.0153*** |
|  | (7.14) | (5.48) | (5.49) |
| lnEDU | 0.0382** | 0.0425*** | 0.0533* |
|  | (1.99) | (2.64) | (1.94) |

续表

| 变量 | 模型1：SC 衡量指标为人均GDP 劳动争议受理率（LD） | 模型2：SC 衡量指标为制度（SYS） | 模型3：SC 衡量指标为普遍信任（TRUST） |
|---|---|---|---|
| lnY | 0.0160 | -0.0403*** | 0.0108 |
|  | (0.98) | (-3.14) | (0.53) |
| FD×SC | 0.0005 | -0.0050** | 0.0004 |
|  | (0.08) | (-1.99) | (1.36) |
| IFD×SC | -0.0042 | -0.0195*** | 0.00002 |
|  | (-0.70) | (-4.93) | (0.08) |
| $R^2$ | 0.45 | 0.53 | 0.43 |

注：括号中为回归系数的 t 统计量值。*、**、***分别代表估计系数通过10%、5%、1%的显著性水平检验。

结果显示：

第一，在将与 FD 与 IFD 存在交互作用的社会资本变量 LD、SYS 和 TRUST 设为零并控制其他解释变量的条件下，正规金融（FD）对于城乡居民基尼系数的影响在模型3中显著为负，非正规金融（IFD）对于城乡居民基尼系数的影响在模型2中显著为正，而当社会资本衡量指标为制度（SYS）时，社会资本对于城乡居民基尼系数的影响显著为正。当社会资本衡量指标为人均 GDP 劳动争议受理率（LD）时，社会资本（SC）对于城乡居民基尼系数的影响显著为负。这说明正规金融的发展是有利于缩小城乡居民收入差距的，而非正规金融的发展、制度和社会和谐水平的提高则不利于城乡居民收入差距的缩小。

第二，在将分别与社会资本变量 LD、SYS 和 TRUST 存在交互作用的变量 FD 与 IFD 均设为零并控制其他解释变量的条件下，制度（SYS）与正规金融（FD）和非正规金融（IFD）的交互作用对于城乡居民基尼系数的影响分别显著，为 -0.0050 和 -0.0195，这说明制度水平的提高可以降低正规金融和非正规金融对于城乡居民基尼系数的影响，有助于正规金融和非正规金融发挥出降低收入差距的作用。但社会和谐的衡量变量 LD 和社会普遍信任的衡量变量 TRUST 与正规金融（FD）和非正规金融（IFD）的交互作用对于城乡居民基尼系数的影响并不显著。

第三，其他控制变量方面，lnTRP 和 lnEDU 对于城乡居民基尼系数的影响在所有模型中都显著为正，说明政府财政转移支付和教育水平的提高扩大了城乡居民收入差距。

### 三 结论和建议

本书运用中国省级面板数据研究了社会资本、金融发展、非正规金融与收入分配的关系。实证研究表明：

第一，社会和谐水平的提高有利于缩小中国城镇居民收入差距，并且经济发展水平越低，制度越不完善，这种影响程度越大。但是，社会规范的衡量指标制度和社会和谐水平的提高则不利于城乡居民收入差距的缩小。

第二，在大部分样本中，正规金融和非正规金融的发展对于城镇居民和城乡居民基尼系数的影响都不显著。但在表6-4的全国和西部地区样本中，正规金融和非正规金融的发展对于城镇居民基尼系数的影响显著为正，这说明正规金融和非正规金融的发展不利于居民收入差距的缩小。这可能是由于我国转型期的正规金融对于弱势群体的服务不足，而非正规金融发展存在很多不规范的地方，制约了其正常作用的发挥。在表6-10的模型3中，正规金融对于城乡基尼系数的影响显著为负，这说明正规金融的发展有利于城乡居民收入差距的缩小。

第三，社会和谐与正规金融之间不存在交互作用，但非正规金融对城镇居民收入不平等的影响受到社会和谐水平的调节。社会和谐水平与非正规金融的交互作用显示，社会和谐的引入总体上降低了非正规金融对收入分配的不利影响，并且制度越不完善，这种交互效应所起的作用越强。但是，随着社会和谐水平的提高，其在降低非正规金融对于收入分配的不利影响中发挥的作用也逐步下降。一个可能的解释是，当社会普遍不和谐时，社会资本对于帮助弱势群体通过非正规金融获取资金改善收入尤其重要，所以影响也大；当社会普遍和谐时，这种帮助作用的边际效应就下降了。

第四，社会规范制度与正规金融的交互作用对于城镇居民基尼系数的影响并不显著。但是，非正规金融发展水平对城镇居民基尼系数的作用会随着社会规范制度水平的提高而下降。因此，社会规范制度的引入总体上能降低非正规金融对于城镇居民基尼系数的影响，从而缓解非正规金融对于收入分配的不利影响。并且制度水平的提高还可以显著降低正规金融和非正规金融对于城乡居民基尼系数的影响，帮助正规金融和非正规金融发挥出降低收入差距的作用。

第五，社会普遍信任水平较高的地区，正规金融发展可以发挥降低居民收入差距的积极作用。因此，社会普遍信任水平的引入有利于改善正规金融发展与居民收入分配的关系。

基于此，本书可以得到如下启示：

第一，宏观层次社会资本有利于改善正规金融和非正规金融与收入分配的关系。我们应该注重保护与发展宏观层次社会资本，采用适当的措施，充分挖掘宏观层次社会资本的作用。政府要加大对宏观层次社会资本的投资力度，提高公民素质教育，提升宏观层次社会资本的整体水平。

第二，要进一步深化金融发展，大力发展新型微型金融组织（如小额贷款公司、社区银行、乡镇银行、合作金融等）服务弱势群体，改善正规金融的收入分配效应。

第三，非正规金融的不规范发展已经影响了其积极作用的发挥，因此，要规范非正规金融发展，适当发挥宏观层次社会资本在非正规金融发展中的积极作用，降低其对收入分配的不利影响。例如，培育宏观层次社会资本和非正规金融发展的良好环境，积极拓展宏观层次社会资本在非正规金融发展中的空间，完善相关法律法规，给予非正规金融合法地位；对不同规模和性质的非正规金融形式实施分类监管和激励相容监管等。

## 第二节 中观层次社会资本对金融发展与收入分配关系的影响

### 一 民间社团组织和社区组织的发展改善了金融发展与收入分配的关系

（一）理论假说

民间社团组织和社区组织是基于市场和政府之间的中观层次社会

资本的承载机构，嵌入在民间社团组织和社区组织关系网络之中的社会资本是市场和政府的有益补充，可以大大提高成员之间的信任、合作和互惠，并为成员提供网络资源，帮助成员实现各自的目标。另外，民间社团组织、社区组织等中观层次社会资本还有助于社会普遍信任的提高和公民社会的建立，这是因为，分散多元的民间社团组织和社区组织可以通过组织内部的共同价值观和规范维护组织，从而形成对公民社会建立所需要的公民规范和职业伦理（燕继荣，2006）。普特南（1993）认为，社区中人们参加社团活动的水平是衡量一个社区社会资本存量的标准，民间社团组织多的地方的人更关心公共事务，遵守规范，互相信任。因此，民间社团组织和社区组织的广泛发展可以大大提升中观层次社会资本，促进传统正规金融、社区微型金融和组织成员间的民间借贷等非正规金融发展，提升组织成员的融资信用，帮助组织成员更好地获得金融服务，从而改善金融发展与收入分配的关系。

但是，中国转轨时期民间社团组织发育不成熟、社区凝聚力的下降等问题导致了人与人之间的关系冷淡、普遍信任弱化和遵循"利益至上"原则的互惠规范等特点，从而加大了整个社会的交易成本，损害了市场契约精神，弱化了中观层次社会资本在改善金融发展的收入分配效应方面发挥的积极作用。

（二）实证检验

1. 模型设定

我们借鉴上一节宏观层次社会资本对金融发展与收入分配关系的实证检验模型，用中观层次社会资本代替模型（6.1）中的宏观层次社会资本，构建了本节所估计的计量经济模型（6.2）：

$$GINI_{it} = \beta_{i0} + \beta_{i1}FD_{it} + \beta_{i2}IFD_{it} + \beta_{i3}MSC_{it} + \beta_{i4}\ln TRP_{it} + \beta_{i5}\ln EDU_{it} +$$
$$\beta_{i6}\ln Y_{it} + \beta_{i7}FD_{it} \times MSC_{it} + \beta_{i8}IFD_{it} \times MSC_{it} + \varepsilon_{it}, \; t=1, 2, \cdots, 12; \; i=$$
$$1, 2, \cdots, 31 \tag{6.2}$$

其中，$MSC$ 表示中观层次社会资本，其他变量与模型（6.1）相同。

2. 中观层次社会资本的衡量与数据来源

（1）民间社团组织发展（NGO）。本书选择第一个衡量中观层次社会资本的指标是中国各地区社团组织的数量。我们用31个省份的人均民间社团组织（该地区民间组织数量/该地区的总人口）数量来表示。

（2）社区组织发展（COM）。本书选择第二个衡量中观层次社会资本的指标是中国各地区社区组织的数量。由于社区居委会作为社区的基层组织在社区的组织和建设中发挥着重要的作用，因此，本书用人均社区居委会（该地区社区居委会数量/该地区的总人口）数量来表示社区组织的发展。我们按照农村和城镇的差异分别选择城镇人均社区居委会数量和农村人均村委会数量。

社团组织、社区居委会、村委会和人口的具体数据均来自1999—2010年的《中国统计年鉴》。其他变量的衡量与模型（6.1）相同。

3. 实证检验结果分析

我们采用与上一节类似的实证检验方法，检验结果发现，当用农村人均村委会衡量中观层次社会资本时，基本上所有的重要解释变量的系数都不显著，这可能是由于随着大量农村青壮年劳动力外出打工，中国农村"空心化"的问题十分严重，这些农村社区建设的主体和中坚力量的消失使维系中观层次社区社会资本的重要力量和社区关系网络出现退化甚至断裂，农村村委会组织也难以发挥应有的社区建设和组织作用。因此，我们主要分析民间社团组织数量和城镇人均社区居委会数量这两个中观层次社会资本的衡量变量对金融发展与收入分配关系的影响。具体结果如表6-11和表6-12所示。

表6-11 民间社团组织面板模型的重要变量对于基尼系数的回归系数

| 解释变量 | 模型1：被解释变量为城镇居民基尼系数 | 模型2：被解释变量为城乡居民基尼系数 |
| --- | --- | --- |
| FD | -0.0422*** | 7.7713*** |
|  | (-3.57) | (5.54) |
| IFD | -0.0092 | 9.2232*** |
|  | (-0.44) | (8.80) |

续表

| 解释变量 | 模型1：被解释变量为城镇居民基尼系数 | 模型2：被解释变量为城乡居民基尼系数 |
| --- | --- | --- |
| NGO | -0.0025* <br> (-1.71) | 1.1939*** <br> (9.93) |
| lnTRP | 0.0021* <br> (1.65) | 0.1489** <br> (2.41) |
| lnEDU | -0.0354 <br> (-1.01) | 2.2302 <br> (0.79) |
| lnY | -0.0086 <br> (-0.38) | 1.0329 <br> (0.71) |
| FD×NGO | 0.0024** <br> (2.42) | -0.6032*** <br> (-5.27) |
| IFD×NGO | 0.0001 <br> (0.15) | -0.9608*** <br> (-26.93) |
| $R^2$ | 0.39 | 0.53 |

注：括号中为回归系数的 t 统计量值。*、**、*** 分别代表估计系数通过10%、5%、1%的显著性水平检验。

表6-12　城镇社区面板模型的重要变量对于基尼系数的回归系数

| 解释变量 | 模型1：被解释变量为城镇居民基尼系数 | 模型2：被解释变量为城乡居民基尼系数 |
| --- | --- | --- |
| FD | -0.0234** <br> (-1.97) | 2.9215*** <br> (2.77) |
| IFD | -0.0039 <br> (-0.19) | -0.8120 <br> (-0.84) |
| COM | -0.0058 <br> (-0.46) | 3.2481*** <br> (3.47) |
| lnTRP | 0.0023* <br> (1.75) | 0.0329 <br> (0.57) |
| lnEDU | -0.0289 <br> (-0.72) | 3.4697 <br> (1.54) |

续表

| 解释变量 | 模型1：被解释变量为城镇基尼系数 | 模型2：被解释变量为城乡基尼系数 |
| --- | --- | --- |
| lnY | -0.0094<br>(-0.40) | -0.5651<br>(-0.43) |
| FD×COM | 0.0037<br>(0.38) | -1.8084***<br>(-2.63) |
| IFD×COM | -0.0006<br>(-0.87) | 0.7556***<br>(7.45) |
| $R^2$ | 0.38 | 0.83 |

注：括号中为回归系数的t统计量值。*、**、***分别代表估计系数通过10%、5%、1%的显著性水平检验。

实证研究结果表明，在控制其他变量的情况下：

第一，正规金融发展和民间社团组织对于城镇居民基尼系数的影响系数显著为负，但对于城乡居民基尼系数的影响系数显著为正。这说明正规金融和民间社团组织的发展是有利于城镇居民收入差距的缩小的，但不利于城乡居民收入差距的缩小。这可能是因为我国大部分正规金融机构都逐渐脱离了农村，主要是在城镇发展，为城镇居民提供金融服务，民间社团组织也大部分集中在城镇，因此，正规金融和民间社团组织发展只有利于城镇居民收入差距的缩小，而扩大了城乡居民收入差距。

第二，非正规金融和社区组织的发展对于城镇居民基尼系数的影响在所有模型中不显著，但对于城乡居民基尼系数的影响系数是显著为正的，这说明非正规金融的发展和城镇社区的发展也是不利于城乡居民收入差距的缩小的。

第三，在将分别与中观层次社会资本变量NGO和COM存在交互作用的FD与IFD均设为零并控制其他解释变量的条件下，民间社团组织（NGO）与正规金融（FD）的交互作用对于城镇居民基尼系数和城乡居民基尼系数的影响分别显著为0.0024和-0.6032，社区组织（COM）与正规金融（FD）的交互作用对于城乡居民基尼系数的影响也显著为负，即 -1.8084。这说明民间社团组织和城镇社区组织数量的提高可以大幅度降低正规金融对于城乡居民基尼系数的影响，帮助正规金融发挥出降低城乡居民收入差距的作用，而对于正规金融与城镇居民基尼系数的影响比较微弱。民间社团组织（NGO）与非正规金融（IFD）的交互作用对于城乡居民基尼系数的影响显著为负，即 -0.9608，城镇社区组织（COM）与非正规金融（IFD）的交互作用对于城乡基尼系数的影响显著为正，即 0.7556，这说明民间社团组织的发展可以降低非正规金融对于城乡居民基尼系数的影响，缓解非正规金融对于城乡居民收入差距的不利影响。但是，城镇社区组织的发展则会进一步加重非正规金融对于城乡居民收入差距的不利影响。

4. 结论与建议

上述研究结论表明：

第一，中观层次社会资本的衡量变量民间社团组织和城镇社区组织数量的提高可以大幅度降低正规金融对于城乡居民基尼系数的影响，帮助正规金融发挥出降低城乡居民收入差距的作用。

第二，民间社团组织的发展可以降低非正规金融对于城乡居民基尼系数的影响，缓解非正规金融对于城乡居民收入差距的不利影响。

可见，中观层次社会资本无论是对于正规金融还是非正规金融与收入分配的关系都具有积极的影响，可以帮助正规金融和非正规金融更好地发挥缩小居民收入差距的作用，因此，应该大力鼓励社团组织和社区组织的发展。

**二 企业社会资本可以帮助企业获取融资服务，提高经营效益和员工收入**

对于企业而言，社会资本发挥的重要作用就是提升企业的融资信用和融资能力，帮助企业从金融机构获取发展所需的资金，提高企业经营效益，提高员工收入水平。这一点对于普遍遭受融资约束的中小企业而言尤其重要。由于广大中小企业数量众多，吸纳了大量的劳动力，是解决中国就业问题、提高居民收入的重要途径。中小企业员工群体在整个社会中也往往属于低收入群体，因此，中小企业员工整体收入水平的提高有助于社会收入差距的缩小。企业社会资本可以帮助中小企业更好地获取金融服务，提高企业经营效益，提高广大中小企业员工收入水平，从而发挥出金融发展在改善居民收入分配方面的积极作用。接下来，我们以高科技中小企业作为研究对象，实证检验企业社会资本对高科技中小企业融资约束的影响。

（一）企业社会资本与高新技术企业融资约束的实证检验

1. 引言

高新技术企业发展是推动我国技术创新和经济发展的重要源泉，但是，高新技术企业由于其独特的微观经济特征在外部融资过程中往往会遭遇到融资成本高、融资数量难以满足企业需求等方面的融资约束。国内外经验研究发现，政企关联、银企关系、私人关系和产业集群等企业的社会关系网络能够缓解企业所受的融资约束程度。例如，政企关联能显著提高企业的信贷获得能力，具体表现为贷款金额增大、贷款成本降低和债务期限延长（Houston et al.，2011；Faccio，2007）。除了银行信贷方面的融资优惠，政企关联还能显著降低企业的股权融资资本（Boubakri et al.，2010）。胡旭阳（2006）以浙江省 2004 年百强民营企业为研究对象，发现企业家的政治身份有助于企业进入金融行业，提高资本获得能力。Uzzi（1999）、Uzzi 和 Gillesple（2002）的研究显示，企业与银行之间的强联系能帮助企业从银行获得较低贷款利率的银行贷款，并且银企关系越紧密，持续时间越长，企业贷款成本越低。邓建平、曾勇（2009）研究发现，金融关联有利于缓解民营企业的融资约束，这一效应在金融市场不发达的地区表现得尤其显著。李路路（1995）认为，民营企业主的亲戚朋友的职业地位越好，其获得的贷款就越多。刘轶、张飞（2009）等对产业集群内中小企业由于地理相近、产业专业化、关联化而获得的社会资本在帮助其获得银行贷款方面的作用进行了研究，发现集群内丰富的社会资本能帮助企业获取较低利息的贷款，银行对其抵押品的要求也比较低。

企业社会资本是指建立在信任、规范和网络基础上，嵌入各种社会关系网络和结构中的实际或者潜在资源的组合。企业社会资本包含多重维度，上述研究中提及的政企关联、银企关系、私人关系和产业

第六章　中国转轨时期社会资本对金融发展与收入分配关系的影响 / 149

集群都属于企业社会资本的范畴。但目前大多数研究只注重探讨单一维度的企业社会资本对融资约束的影响，没有将企业社会资本的多重维度纳入统一体系计算企业综合社会资本，进而研究企业综合社会资本与融资约束的关系，并且对高新技术企业的社会资本和融资约束研究也不多见。另外，社会资本与市场制度是相互影响的，而众多学者在研究时并没有充分考虑中国经济转型时期不同地区制度上可能存在的巨大差异，对于不同制度水平下企业社会资本对融资约束影响程度研究不足。因此，本书拟利用深圳创业板上市公司的数据对高新技术企业综合社会资本与融资约束的关系进行实证研究，并且考察制度在其中发挥的作用。

2. 理论分析与研究假设

当企业面临融资约束时，往往难以从外部获得资金，并且外部融资成本还比较高，因此，企业投资决策主要依赖于企业内部资金。基于这一推论，目前学术界主要以投资—现金流敏感性作为融资约束的衡量指标。通常的做法是：按照某些先验指标（如公司规模、股利支付率等）把样本公司划分为融资约束组和非融资约束组，并将前者表现出更为强烈的投资—现金流敏感性视为存在融资约束的证据。Fazzari、Hubbard 和 Petersen（1988）（简称 FHP）对融资约束做出了开创性的研究，在投资模型的基础上引入现金流变量，构造了融资约束模型，并通过实证检验，证明了公司投资与内部现金流具有很强的相关关系，与高股利支付率的公司相比，低股利支付率公司的投资—现金流敏感性更高，即受融资约束较严重的公司其投资—现金流敏感性相对更高。Shin 和 Park（1999）、Goergen 和 Renneboog（2001）分别利用澳大利亚、英国等企业数据研究了投资与现金流量的关系，结果表明，投资对现金流敏感性与融资约束之间存在一定的关系。我国关于公司融资约束的研究也基本上延续了 Fazzari 的研究角度和方法，运用投资—现金流敏感性指标来验证公司的融资约束水平（冯巍，1999；何金耿，2001；郑江淮等，2001；魏锋等，2004）。

企业社会资本内在的关系网络、规范和信任能够增加外部投资者对于企业的信任程度，降低企业融资过程中的信息不对称程度，从而增强企业外部融资能力，增加融资渠道，降低融资成本，增强融资合约灵活性，缓解企业面临的融资约束（马宏，2010）。基于此，提出以下假设：

假设6-1：高新技术企业拥有的综合社会资本越多，其投资—现金流敏感系数越低，企业面临的融资约束程度越轻。

企业的行为、规则和战略选择都受到环境中制度因素的影响。社会资本作为一种非正式制度，在企业发展过程中，它发挥的作用与正式制度的作用是相互替代的。在正式法律制度缺失的转型经济国家，在市场化程度较低的市场经济初期，社会资本能够在很大程度上有弥补市场缺陷，影响资源配置（Bowles and Gintis, 2002；Stiglitz, 2003）。但是，随着市场经济的深化，法律制度逐渐完善，正式制度在资源配置中发挥的作用越来越大，而原先通过社会资本这种非市场机制发挥的作用则受到冲击，社会资本的价值也随之下降。因此，在制度水平不同的国家和地区，社会资本对企业融资约束的影响程度可能不尽相同。在制度越落后的地区，高新技术企业越难以在市场化的条件下获得产权保护和企业发展所需要的资金及其他稀缺的生产要素。因此，在正式制度还无法发挥其功效的情况下，社会关系网络作为合约机制和保护机制的替代作用将更加明显。可见，低水平的制度支持增加了网络合法性作用发挥的可能性，即提高了网络合法性水平高的企业利用网络关系从银行等外部融资渠道获得资金的可能性。基于上述分析，提出以下假设：

假设6-2：在中国制度比较落后的地区，社会资本更有利于高新技术企业融资约束的缓解，对于投资—现金流敏感系数的降低比制度完善地区的高新技术企业更快。

3. 实证模型设定、变量衡量和数据来源

（1）模型设定。托宾Q理论投资模型和欧拉方程投资模型是研究融资约束问题的主要方法。但是，由于托宾Q理论一般适用于资本市场比较完善的地区，而我国资本市场并不完善，托宾Q不能真实地反映公司价值，这会使实证检验中的托宾Q出现衡量偏误，因此，本书主要使用欧拉方程的方法论来分析我国企业融资约束问题。本书的实证模型是建立在 Inessa Love（2003）的基本理论框架上的。在实证研究中，由于引入债务融资后，模型变得不显著，因此，为了简化起见，我们不考虑债务融资的影响。另外，为了考察社会资本对融资约束的影响，我们将欧拉方程略作修改，加入企业社会资本与现金流的交互变量，通过检验交互变量的符号来分析社会资本对企业融资约束的影响方向和程度，最终构建的实证模型如下：

$$\left(\frac{I}{K}\right)_{i,t} = \beta_1 \left(\frac{I}{K}\right)_{i,t-1} + \beta_2 \left(\frac{S}{K}\right)_{i,t} + \beta_3 \left(\frac{CF}{K}\right)_{i,t-1} + \beta_4 \left(\frac{CF}{K}\right)_{i,t-1} \times SC_i + fi + eit$$

式中，$I$ 为投资支出，$K$ 为资产存量，$S$ 为销售收入，$CF$ 为现金流，$SC$ 为企业的社会资本，$f$ 为企业不可观测的固定效应，$e$ 为随机扰动项，$i$ 代表公司 $i$，$t$ 代表第 $t$ 年度。

我们的主要假设是 $\beta_3 > 0$，$\beta_4 < 0$。如果 $\beta_3 > 0$，说明企业的投资会随着内部现金流的增加而增加，融资约束是存在的，并且该系数越大，融资约束问题越严重。如果 $\beta_4 < 0$，说明社会资本使企业投资对内部现金流的依赖程度减少，其程度随着社会资本的增加而下降，缓解了企业的融资约束，并且系数越小，缓解效应越明显。

（2）变量衡量。

投资支出（I）：本书用企业购买固定资产、无形资产及其他资产时花费的现金支出来衡量。

资产存量（K）：本书用总资产净额来衡量。

销售收入（S）：本书用主营业务收入来衡量。

现金流（CF）：本书用企业年度经营活动产生的现金流净额来衡量。

企业社会资本（SC）：社会资本的度量是所有变量中最困难的地方。高新技术企业的社会资本主要由企业家个人社会资本和企业社会资本两部分构成。前者主要是指由企业家基于血缘、地缘、业缘等社会关系网络而积累起来的个人声誉、地位、人际关系等资源，这些资源能为企业带来利益或潜在利益。后者主要是指企业作为一个主体在与政府、银行、客户以及其他社会组织交往过程中所建立的相互信任、相互认同、规范合作的社会关系网络。在本书中,我们从企业社会资本的基本理论出发,构建了一个包含企业核心高层管理者个人特征和企业特征在内的五个层次的企业社会资本指标体系。

第一个层次是企业政治关系。一般来说,企业政治关系的主要体现方式是企业家的政治身份,即通过进入人大、政协或者在政府部门任职的方式来与政府保持良好的政治联系。余明桂、潘红波(2008)将上市公司的总经理或董事长曾为政府官员作为公司有政治关系的依据。高新技术企业高层管理者对企业的影响较大,因此,本书选择企业高层管理者(董事长、总经理以及财务总监三个最重要的岗位)的政治地位作为企业政治联系的衡量指标。具体做法是:找出企业高层管理者的资料,然后根据其个人资料查找他(她)是不是人大、政协委员或者曾经在政府部门任职,如果是就定义为1,否则为0。最后将三位高层管理者的赋值进行加总。

第二个层次是银企关系。紧密的银企关系是帮助企业获得贷款的重要资源。如果银行与企业之间存在除借贷以外的其他关系,则两者之间的关系会更紧密,企业更容易从银行获得贷款。考虑到数据的可得性,我们用企业十大股东中的银行数量作为银企关系的衡量指标。如果企业十大股东中银行的数量越多,则说明银行与企业的关系越紧密。

第三个层次是企业高层管理者个人关系。管理者可以通过血缘、学缘、地缘等构成的个人关系网络及时获取资金、信息、建议和情感支持等不同资源。由于学缘构成的关系网络往往范围广、规模大,因此,本书主要通过企业高层管理者的受教育程度来测量其个人关系网络规模,具体做法是:对高层管理者学历按博士、硕士、本科、大专、中专、中学及以下学历分别赋值为6—1,然后加总。

第四个层次是企业交易关系。企业如果加入行业协会或产业集群,就可以与同行业企业和关联企业建立密切的关系,有助于企业获得行业和关联企业发展的丰富信息、技术和政策资源。因此,我们用企业加入行业协会的数量来衡量企业与其客户之间的交易关系。企业加入的行业协会和产业集群的数量越多,说明与其关联企业的关系越紧密，社会资本越丰富。

第五个层次是企业声誉。良好的企业声誉能够增强外部企业对其信任程度。现实生活中，企业商誉往往可以在某种程度上衡量企业声誉。由于企业商誉属于无形资产的一种，并且在无形资产中占有一定的比重，因此，本书采用上市公司年报中的无形资产项目（自然对数）来测量企业声誉。

为了获取企业的综合社会资本值，本书对五个层次各变量分别赋权加总，以得到的汇总分值作为企业综合社会资本的衡量值。$\beta_1$—$\beta_5$分别是各个指标的权重，其数值由 AHP 层次分析法求得。其计算公式为：

$$SC = \beta_1 \times 企业政治关系 + \beta_2 \times 银企关系 + \beta_3 \times 企业高层管理者个人关系 + \beta_4 \times 企业交易关系 + \beta_5 \times 企业声誉$$

（3）样本选择和数据来源。由于深圳创业板的上市公司大多数都是高新技术企业，因此，本书选取在深圳创业板上市的 355 家公司 2009—2012 年的面板数据作为研究对象，研究样本的相关数据来自 Reset 数据库和新浪财经网。

由于地区经济实力和本地区制度发展水平是紧密关联的，经济发达地区往往拥有更完善的制度。考虑到我国经济发展水平自西向东逐次提高的现状，本书依据样本公司注册地址将全部样本分为西部地区（低制度水平）、中部地区（中等制度水平）和东部地区（高制度水平）三个子样本组①，用以衡量制度差异对社会资本和融资约束关系的影响。其中，西部组包含 31 家上市公司，中部组和东部组分别为 127 家和 197 家。

4. 实证检验方法和结果分析

（1）研究方法。在面板模型中，由于解释变量包含因变量的滞后项，属于动态面板数据，因此，本书采用 Arellano 和 Bond（1991）提

---

① 东部地区包括辽宁、北京、天津、河北、山东、江苏、上海、浙江、福建、广东、广西、海南 12 个省份。中部地区包括山西、内蒙古、吉林、黑龙江、安徽、江西、河南、湖北、湖南 9 个省份。西部地区包括陕西、甘肃、青海、宁夏、新疆、四川、重庆、云南、贵州、西藏 10 个省份。

出的动态面板广义矩法（GMM）对模型进行估计，它同时解决了内生性和异质性问题，可以得到更为准确的估计。具体方法是：先对估计方程进行一阶差分，然后选择差分方程中相应变量的滞后项作为其工具变量，从而获得一致性估计。由于一步系统 GMM 估计在控制某些解释变量的内生性问题方面比一步差分 GMM 估计更有效，因此，我们选择一步系统 GMM 估计方法。另外，我们借鉴邦德等（Bond et al.，2001）提出的方法用于检验 GMM 估计量是否可靠有效，即对模型分别进行 GMM 估计、规定效应估计和混合 OLS 估计，然后比较滞后项系数的 GMM 估计值、固定效应估计值和混合 OLS 估计值。由于固定效应估计值一般会低估，而混合 OLS 估计值则通常会严重高估，因此，如果 GMM 估计值介于两者之间，则 GMM 估计是可靠有效的。

（2）回归结果比较与分析。表 6-13 是全部样本混合效应、固定效应和 GMM 估计结果比较。从表 6-13 可知，滞后项 $(I/K)_{t-1}$ 系数的 GMM 估计值正好居于混合效应估计值和固定效应估计值之间，并且在 1% 的显著性水平下显著为正，因此，本书采用的 GMM 估计值是可靠有效的，未出现严重偏误。

表 6-13　全部样本混合效应、固定效应和 GMM 估计结果比较

|  | 混合效应 | 固定效应 | GMM |
| --- | --- | --- | --- |
| $(I/K)_{t-1}$ | 0.477*** <br> (4.46) | 0.1496*** <br> (10.91) | 0.2924*** <br> (4.90) |
| $(S/K)$ | 0.045*** <br> (5.96) | 0.3603*** <br> (3.72) | 0.0934*** <br> (7.67) |
| $(CF/K)_{t-1}$ | 6.064** <br> (2.13) | 1.4334** <br> (2.07) | 5.7767*** <br> (2.77) |
| $(CF/K)_{t-1} \times SC$ | -0.04*** <br> (-3.42) | -0.143*** <br> (7.26) | -0.160*** <br> (-2.58) |

注：括号内为 t 统计量，***和**分别表示在 1% 和 5% 的显著性水平下显著。

主要解释变量中，$(CF/K)_{t-1}$ 的系数 GMM 估计值在 1% 的显著性水平下显著为正，说明高新技术企业普遍存在融资约束问题。交叉乘积项 $(CF/K)_{t-1} \times SC$ 的系数在 1% 的显著性水平下显著为负，说明社会资本缓解了高新技术企业所受的融资约束程度，高新技术企业的投资—现金流敏感系数会随着社会资本的增加而下降。这与本书假设 6-1 相符。

表 6-14 是西部地区、中部地区和东部地区分组样本混合效应、固定效应和 GMM 估计结果比较。从表 6-14 可以看出，在西部地区、中部地区和东部地区三个样本组中，滞后项 $(I/K)_{t-1}$ 系数的 GMM 估计值都居于混合效应估计值和固定效应估计值之间，并且都通过了显著性检验，因此可以采用 GMM 估计值。

表 6-14　分组样本混合效应、固定效应和 GMM 估计结果

| | 西部地区样本 | | | 中部地区样本 | | | 东部地区样本 | | |
| --- | --- | --- | --- | --- | --- | --- | --- | --- | --- |
| | 混合效应 | 固定效应 | GMM | 混合效应 | 固定效应 | GMM | 混合效应 | 固定效应 | GMM |
| $(I/K)_{t-1}$ | 0.434*** | 0.374** | 0.395*** | 0.401*** | 0.225*** | 0.263*** | 0.377** | 0.111*** | 0.143** |
| | (6.25) | (8.32) | (4.21) | (5.36) | (11.2) | (2.10) | (2.083) | (3.48) | (2.09) |
| $(S/K)$ | 0.662*** | 0.438** | 0.271*** | 0.138*** | 0.347*** | 0.243*** | 0.318*** | 0.421*** | 0.072*** |
| | (14.7) | (3.20) | (2.47) | (9.14) | (8.61) | (7.74) | (12.63) | (7.43) | (4.52) |
| $(CF/K)_{t-1}$ | 5.131*** | 3.962*** | 4.367*** | 6.094*** | 4.735*** | 5.685*** | 6.532*** | 5.773*** | 6.012** |
| | (9.91) | (6.34) | (4.36) | (8.74) | (6.31) | (4.13) | (5.37) | (4.68) | (5.33) |
| $(CF/K)_{t-1} \times SC$ | -0.41*** | -0.36*** | -0.38*** | -0.30* | -0.25* | -0.24*** | -0.08*** | -0.27*** | -0.13*** |
| | (-3.24) | (-2.81) | (-5.1) | (2.71) | (6.34) | (7.43) | (10.37) | (8.94) | (5.62) |

注：括号内为 t 统计量，\*\*\*、\*\* 和 \* 分别表示在 1%、5% 和 10% 的显著性水平下显著。

主要解释变量中，$(CF/K)_{t-1}$ 系数的 GMM 估计值在西部地区、中部地区和东部地区都通过了显著性检验，分别为 4.367、5.685 和 6.012，呈依次递增的趋势，这说明三个地区的高新技术企业都不同程度地受到融资约束的影响，并且制度越完善的地区，高新技术企业受到的融资约束程度越深。这可能是由于经济发达地区的企业竞争更加激烈，导致金融资源分配更加紧张，从而加深了高新技术企业所受

的融资约束程度。

西部地区、中部地区和东部地区三个样本组内的交叉乘积项 $(CF/K)_{t-1} \times SC$ 的系数都在1%的显著性水平下显著为负，分别为 -0.38、-0.24和-0.13，呈依次递增的趋势。这表明高新技术企业社会资本的引入降低了企业投资—现金流敏感系数，有利于缓解企业所受的融资约束程度，并且制度越落后的地区，这种缓解效应越大。这符合本书的假设6-2。

5. 结论与建议

我们选取2009—2012年在深圳创业板上市的355家公司的经验数据为样本，从企业政治关系、银企关系、企业高层管理者个人关系、企业交易关系和企业声誉五个层次考察了不同制度环境下高新技术企业的综合社会资本对企业融资约束的影响。实证检验结果发现：①我国高新技术企业融资约束问题普遍存在，并且东部地区的高新技术企业表现得更加明显。②高新技术企业社会资本有助于缓解企业所受的融资约束程度。③相较于制度完善地区的高新技术企业，企业社会资本对制度相对落后地区的高新技术企业融资约束缓解作用更大。

可见，在我国高新技术企业外部融资普遍困难的条件下，社会资本作为一种资源，可以有效地提升企业信用水平，缓解落后的制度对高新技术企业的发展阻碍，帮助高新技术企业获得外部信贷支持。因此，作为不完善制度的一种替代，西部地区的高新技术企业应该充分利用现有制度环境，积极拓展自身社会资本，充分发挥社会资本在缓解企业融资约束的积极作用。具体途径如下：一是与政府保持良好的关系，积极拓展企业高层管理者个人关系网络；二是与银行建立多层次的业务联系；三是与行业内企业建立长期、稳定、相互信任、协同共赢的关系网络，建立良好的企业信誉；四是积极运用信息技术网络，促进自身社会资本的生成和积累。而制度相对完善的东部地区高新技术企业面临更激烈的竞争环境，因此，除要拓展企业社会资本外，更需要政府进一步推进金融部门的市场化改革和金融机制的创新，大力发展为高新技术企业服务的中小金融机构和三板资本市场，为高新技术企业融资提供充足的金融资源和公平的机会。

(二) 高科技中小企业社会资本对商业信用融资的影响

1. 引言

高科技中小企业是推动技术创新和高科技产业发展的重要力量。但"融资难"一直是困扰高科技中小企业发展的一个"瓶颈"。众多研究显示，当企业在正规金融市场融资受到制约时，常常不得不依赖于卖方商业信用。卖方商业信用是卖方提供给其客户企业的一种信用形式，即允许买方购买商品后延迟一段时间付款。对于很多企业而言，商业信用相当于是卖方提供的一种短期融资。商业信用融资是企业广泛使用的一种融资方式，能有效地缓解企业融资约束，在企业总资产中占有很大的比重。Kohler、Britton 和 Yates（2000）研究分析，德国、法国和意大利的企业运用商业信用融资规模能够占企业总资产的25%。石晓军和张顺明（2010）通过实证研究发现，商业信用融资缓解了中国企业所面临的融资约束，进而促进规模效率。可见，商业信用融资对于企业的成长具有极大的促进作用，对于在正规金融市场面临严重融资约束的发展中国家高科技中小企业来说，商业信用融资的作用显得尤为重要。

目前，学者对于商业信用的系统研究主要集中在以下两个方面：

一是从理论角度探讨商业信用融资存在的动机，主要有经营性动机和融资性动机。经营性动机主要包括降低交易成本（商业信用融资能够降低双方交易成本）、价格歧视（对于高风险客户来说，高价格的商业信用融资相比其他资金来源来说不仅便宜，而且是一种补贴，使其觉得商业信用融资的价格过高而尽快支付货款）和质量保证（商业信用融资能保障客户提供质量合格的产品）等。融资性动机则更多地涉及商业信用融资的使用方，包括融资比较优势理论（与金融中介融资相比，商业信用融资成本更低）、信贷配给理论（企业在金融中介市场上遇到信贷配给，不得不寻求商业信用融资）和资产转移理论。

二是从实证角度分析企业商业信用融资规模的影响因素。如 Petersen 和 Rajan（1997）全面研究了企业内部因素（企业规模、融资信用状况以及经营状况等）对商业信用融资的影响。Demirgü-Kunt

和 Maksimovic（2001）系统地研究了外部环境因素（金融系统发展水平和法制水平的差异）对企业商业信用融资造成的影响。石晓军和李杰（2009）对我国上市公司的研究显示，企业商业信用融资与银行借款之间存在替代关系，但受经济周期的影响较小。这些研究对于探究商业信用融资的影响机制做出了积极的贡献。

近年来，最早由法国社会学家布尔迪厄（1986）提出的"社会资本"概念经过众多学者的丰富和拓展逐渐形成了系统的社会资本理论，并被广泛地应用于企业研究。社会资本理论认为，社会资本的范畴主要包括合作规范、信任和集体行动赖以存在的社会网络。信任和规范是一种认知型社会资本，而社会网络则是一种结构型社会资本。企业的经济活动总是嵌入各种各样的社会关系之中，因此，不可避免地会受到企业拥有的社会资本的影响。相关的理论与实证研究认为，社会资本在缓解企业融资约束和提高企业绩效等方面发挥着积极的作用。Shleifer 和 Vishny（1989）认为，企业与政府的政治关系能够帮助企业优先获得政府补助、融资机会和税收减免。李路路（1995）的研究发现，民营企业主的亲戚朋友的职业地位越好，其获得的贷款就越多。余明桂、潘红波（2008）等提出，政治联系有助于民营企业融资。马宏（2010）提出，社会资本能够缓解中小企业面临的融资约束的观点。赵祥（2005）指出，企业主个人社会关系网络支持了民间金融的有效运作。现有文献还发现，企业社会资本在帮助企业获得风险投资的过程中起到重要的作用（Batjargal and Liu, 2004），对企业的经营能力和经济效益也有直接的提升作用（边燕杰和丘海雄，2000；龚鹤强和林健，2007；杜建华、田晓明和蒋勤峰，2009）。石秀印（1998）、储小平和李怀祖（2003）提出，企业家拥有的社会资本研究有利于私营企业持续经营并获得成功。

上述文献大多表明，社会资本有助于缓解企业所面临的融资约束，能提高企业绩效，实现企业持续经营。这必然会间接地影响企业商业信用融资的规模。另外，商业信用融资作为企业在面临融资约束条件下所依赖的短期融资方式，信任是其有效运作的最主要条件。因此，以信任、规范和社会网络等形式存在的企业社会资本，无疑也会

## 第六章 中国转轨时期社会资本对金融发展与收入分配关系的影响

直接影响企业商业信用融资的规模。可见,社会资本与企业商业信用融资规模之间存在密切的关系,但是,目前这方面的直接研究还比较少见。另外,现有研究大多侧重于从单个维度来衡量企业社会资本,没有建立完整的企业社会资本衡量体系,对于制度、普遍信任等外部环境的影响考虑不足。基于此研究空白,本书基于嵌入性视角实证分析不同制度水平和不同普遍信任水平下深圳创业板上市的高科技中小企业拥有的社会资本对其商业信用融资的影响。本书在以下三个方面进行了创新性研究:一是将社会资本对中小企业融资的影响延伸到商业信用可得性上;二是将体现市场制度环境和普遍信任程度的因素纳入了研究体系;三是对企业社会资本的构成进行了四个层次的分类研究。

2. 嵌入性视角下的企业社会资本与商业信用

(1)嵌入性、企业社会资本与商业信用。任何企业或个人的经济行为总是嵌入社会网络关系中的,这种嵌入性可分为关系性嵌入和结构性嵌入。前者是指企业或个体的经济行动嵌入其与他人形成的关系网络中,后者是指企业或个体所处的关系网络与其他社会网络的联系并形成了覆盖全社会的网络结构。因此,嵌入社会网络中的企业或个人的经济行为必然会受到网络结构中诸如关系、信任与合作等非正式制度潜移默化的影响(Granovetter,1985;Granovetter and Swedberg,1992)。社会网络结构能为身处其中的成员提供管理和利益,社会网络中产生的信任和重复交易能降低商业交易中的交易成本。

基于嵌入性思想,企业社会资本被认为是嵌入各种各样社会关系网络结构中,建立在信任、规范和关系网络基础上能为企业带来收益的各种实际或者潜在资源的组合(Leenders and Gabbay,1999;Seemann and Hüppi,2001)。企业社会资本包括企业本身以及企业家个人的关系网络。前者包括企业与银行、政府以及在产品的产购销过程中与其他贸易伙伴所发生的一些长期性、重复性的社会联系,如银企关系、政府关系、业务关系、协作关系、借贷关系等。后者是指由信誉、规范引导下的企业家社会关系网络,包括亲戚、朋友、供应商或客户等关系网络,代表企业家动员内部和外部资源的能力。

企业拥有的社会网络的规模、网络成员重复交易和规范使企业能获取大量资源，降低信息的搜寻、甄别与选择成本，节约合同谈判和交易监督的费用，提高交易中的信任水平和交易效率，从而提高企业的经营绩效，提升信用水平，缓解企业融资约束。

按照 Uzzi 和 Gillesple（2002）提出的网络传递概念，基于信任和重复交易的关系能促进独特知识和资源的转移。网络内的某主体所获得的能力和资源能传递到另外一个主体，并加强其与网络外第三方主体之间的独立交易。因此，企业社会资本网络中的主体间内部的资源转移及将对其有利的信息向外部客户的传递会提高企业的信用水平和经营绩效，而信用和绩效都是影响企业的商业信用融资规模的重要因素。

（2）企业社会关系网络与商业信用融资关系的理论假设。企业社会资本最主要的形式之一就是社会关系网络。本书将重点探讨以下四种企业社会关系网络与企业商业信用融资之间的关系。

第一种是企业政治关系网络与商业信用融资。转型期的中国政府在经济发展过程中依然扮演着至关重要的角色，不仅掌握大量资源并拥有多种权力，对经济也保持强大的调控能力。因此，与政府保持良好的关系对于企业发展来说至关重要。企业与政府的关系网络无疑是一种很直接也很重要的社会资本。良好的政治关系不仅可以帮助企业获得发展所需资源，而且是企业具有良好发展前景和社会声誉的一种信号机制，这对于企业获得商业信用融资至关重要。由此，提出以下假设：

假设 6-3：企业政治关系有助于企业获得更多的商业信用融资。

第二种是企业高层管理者个人关系网络与商业信用融资。社交关系是企业高层管理者个人关系，管理者可以通过社交关系网络及时获取资金、信息、建议和情感支持等不同资源，增加企业的竞争力和信用；社交关系还有助于企业知名度通过网络及时传播和提升。这些信息也将被传递给企业上游的供应商，增加上游供应商对于企业的信任，帮助企业获得更多的商业信用融资。由此，提出以下假设：

假设 6-4：企业高层管理者个人关系越丰富，公司获得的商业信用融资越多。

第三种是银企关系网络与商业信用融资。密切的银企关系使银行与企业有更多互动，银行具有的金融能力和资源（债务管理的金融专业能力、低成本贷款承诺、被介绍给新的网络伙伴）得以传递到企业，从而增强企业管理商业信用的能力。例如，银行与客户通过抵押、股权、合同等方式与客户建立关系，通过密切的接触能够与不同的客户分享不同的技能。很多客户获得了股票公共知识，增强了公司融资管理能力，例如如何调整目前的债务、管理股权和债务、利用商业信用。因此，嵌入性银企关系创造了独特的管理机制使本来银行特有的能力和资源传递到企业，进而促进企业的商业信用融资，使其获得更有利的提前支付的商业折扣，避免受到推迟付款的惩罚。杨毅和颜白鹭（2011）研究表明，对于中小型制造业企业，表示企业与银行业务往来程度的银企关系会影响到商业信用融资的可得性。据此，提出以下假设：

假设6-5：银企关系越密切，企业就能获得更多的商业信用融资。

第四种是企业交易关系网络与商业信用融资。企业与同行业企业保持密切的关系，有助于企业获得行业发展的丰富信息、技术和政策资源，减轻潜在的竞争冲突，加强行业上下游企业的沟通和合作，得到更多的商业机会，提高企业决策效率，从而增强企业的竞争力，提高企业的信用水平。紧密的同业联系和协作也使行业关系网络内部的企业之间相互了解、相互信任，企业隐藏信息比较困难，违约成本大，彼此信任的企业之间也会相互帮助解决问题，因此，商业信用融资更容易实现。由此，提出以下假设：

假设6-6：企业与行业内企业的联系越紧密，能获得的商业信用融资就越多。

（3）制度对企业社会资本与商业信用融资关系的影响。企业的行为、规则和战略选择都受到所处地区制度因素的影响。制度越落后的地区，企业越难以在市场化条件下获得产权保护和企业发展所需要的资金及其他稀缺的生产要素。因此，当正式制度无法有效发挥作用时，社会资本等非正式制度作为合约机制和保护机制的替代作用将更加明显。但是，在市场制度的完善过程中，关系网络的作用会被成熟的法律、规则等制度逐渐取代，社会资本的价值也会随之逐步下降（王永钦，2006）。因此，制度水平的差异可导致社会资本在企业商业信用融资中的作用有所差异。基于此，提出以下假设：

假设6-7：制度越不完善的地区，社会资本对企业商业信用融资的影响程度就越大。

（4）普遍信任对企业社会资本与商业信用融资关系的影响。普遍信任是宏观层次社会资本的重要组成部分，能有效地降低企业之间的交易成本。由于宏观层次的普遍信任水平会传递到嵌入其中的企业，增强企业的信用水平，因此，宏观层次社会资本普遍信任与企业的关系网络之间存在相互替代的关系。当普遍信任不足时，就需要企业关系网络创造的特殊信任来发挥作用；当普遍信任程度较高时，关系网络创造的特殊信任的作用价值就会下降。因此，企业所处地区的普遍信任水平越高，外部企业对其信任程度就越高，企业的信用越好，越容易获得商业信用融资，而企业自身的社会资本关系网络的作用则会下降。基于此，提出以下假设：

假设6-8：普遍信任水平越高的地区，企业社会资本对企业商业信用融资的影响程度就越小。

3. 实证模型设计

（1）变量设置。被解释变量：商业信用融资规模（AP）。企业实际获得的商业信用融资一般体现为应付账款和应付票据，其中，应付账款是商业信用融资的主体，更能体现企业商业信用融资的实质。因此，我们用"应付账款/总资产"作为商业信用融资规模（AP）的衡量指标。

解释变量：企业社会资本。社会资本是本书最重要的解释变量，其测量在所有变量中也最困难。本书主要关注企业社会资本中四个重要的社会关系网络：企业政治关系网络、企业高层管理者个人关系网络、银企关系网络和企业交易关系网络。具体测量方法见表6-15。

表 6-15　企业社会资本变量衡量体系

| 变量名称 | 变量测量指标 | 变量符号 | 变量定义 |
| --- | --- | --- | --- |
| 企业政治关系网络 | 董事会政治背景 | Director_political | 企业董事会中有政治背景（如人大、政协委员或曾经在政府部门任职的数量）的董事成员比例 |
| 高层管理者个人关系网络 | 董事长受教育程度 | Manager_education | 董事长受教育程度 |
| | 董事长任职企业数 | Manager_enterprise | 董事长在其他企业任职的企业数量之和 |
| 银企关系网络 | 企业与银行合作年限 | Bank_enterprise | 企业成立时间长短 |
| 企业交易关系网络 | 行业协会数量 | Industries_network | 企业参加的行业协会数量 |

一般来说，中国民营企业可以通过以下四种途径与政府建立密切联系。

第一，企业高层管理者可以通过进入人大、政协或者在政府部门任职等政治参与方式与政府建立良好的关系。企业政治关系的主要体现方式就是高层管理者政治身份。高层管理者政治地位越高，成功动员网络资源的能力越大（Zheng，2008），因此，本书选择企业董事会中有政治背景的董事成员比例（Director_political）作为企业政府关系网络的测量指标之一。具体做法是：找出企业董事长、执行董事以及独立董事的资料，查找其是不是人大、政协委员或者曾经在政府部门任职，据此计算有政治背景的董事数量在董事会中的比例。

第二，对企业高层管理者个人关系网络的测量则借鉴边燕杰等的方法，由于高科技中小企业的董事长对企业的控制力最强，因此，我们用董事长受教育程度（Manager_education）和曾任职过的企业总数（Manager_enterprise）来测量。企业董事长受教育程度越高，任职企业数量越多，其所交往的关系网络就越广泛，获取资源的能力就越强，因此其拥有的社会资本量也就越大。

第三，银企关系网络（Bank_enterprise）在本书中以企业与银行合作的年限来衡量。一般认为，随着合作年限的增加，银行与企业之间的了解程度和信任程度会逐步加深，银企关系更加紧密，进而有利于企业从银行获取贷款。我们假设企业自成立初期就开始与银行合作，因此，选择企业成立时间长短作为银企关系的衡量变量。

第四，企业交易关系网络（Industries_network）用企业参加的行业协会数量来衡量。这一指标反映了企业与其客户之间的交易关系。企业加入的行业协会个数越多，其与同行业及上下游企业的关系也越紧密，社会资本越丰富。

本书还对可能会影响到企业商业信用融资规模的企业内部因素和外部环境因素进行了控制。包括以下控制变量：

企业规模（Size）：用总资产作为衡量标准，并取其自然对数形式。一般来说，企业资产规模越大，实力越雄厚，还款的保证程度越强，就越容易获得商业信用融资。

企业绩效（Profit）：本书使用公司净资产收益率来测量企业绩效。一般来说，商业信用融资的可得性与中小企业的营利能力呈正相关关系，因为公司营利能力越强，其偿还能力和信誉更好，也越容易获得商业信用融资。

企业增长率（Growth）：该变量主要用主营业务收入增长率来衡量。主营业务收入增长越快的企业一般经营状况较好，偿债能力较强，因此，就越容易从其他企业那里得到商业信用融资。

企业流动资产比例（CA）：我们用年末流动资产与总资产之比来表示。通常来说，企业的流动资产比例较高时，通过流动负债融入资金的需求也较高，因此，对于流动负债中重要的组成部分商业信用融资需求也较大。

企业资产负债率（DA）。企业资产负债率既可以衡量企业在银行和债券市场的融资能力，也反映了企业的资金需求。这两个方面都会对企业商业信用融资产生影响，因此，我们将公司资产负债率也作为控制变量之一。

（2）实证模型设定。为了检验上述四种关系网络对高新技术中小企业商业信用融资的影响，本书设定了如下实证回归模型：

$$AP_{it} = \alpha_{i0} + \alpha_{i1} Director\_political_{it} + \alpha_{i2} Manager\_education_{it} + \alpha_{i3} Manager\_enterprise_{it} + \alpha_{i4} Bank\_enterprise_{it} + \alpha_{i5} Industries\_network_{it} + \alpha_{i6} Size_{it} + \alpha_{i7} Profit_{it} + \alpha_{i8} Growth_{it} + \alpha_{i9} CA_{it} + \alpha_{i10} DA_{it} + \varepsilon_{it}$$

式中，被解释变量 $AP$ 代表的是企业获得的商业信用融资规模，解释变量 $Director\_political$ 表示企业董事会政治背景，$Manager\_education$ 表示企业董事长受教育程度，$Manager\_enterprise$ 表示企业董事长任职企业数。$Bank\_enterprise$ 和 $Industries\_network$ 分别表示银企关系网络和企业交易网络。同时，我们还引入 $Size$、$Profit$、$Growth$、$CA$ 和 $DA$ 等影响企业商业信用融资的内部和外部因素作为控制变量，分别表示企业规模、企业绩效、企业增长率、企业流动资产比例和企业资产负债率等控制变量。$i$ 代表面板数据中的个体，$t$ 表示时间点，$\varepsilon$ 为残差。

4. 实证检验方法和结果分析

（1）样本设计与数据来源。本书选取2009—2013年在深圳创业板上市的355家公司的面板数据作为全样本。选择深圳创业板上市公司作为研究样本，主要是由于创业板上市公司大多数是高科技中小企业，受到融资约束的情况比较严重，因此，相对大公司来说，其对商业信用融资的依赖性比较强，更加需要借助企业社会资本网络来获取更多的商业信用融资。所有上市公司的财务数据和社会资本数据主要来源于锐思数据库（RESSET）和新浪财经网，并经过必要整理。在剔除了数据残缺的公司之后，本书最终选定的研究样本数为1755个。

为了分析制度对企业社会资本与商业信用融资的影响，本书按照企业所处地区制度水平的高低将包含所有变量的全样本划分成东部地区（高制度水平）、中部地区（中等制度水平）和西部地区（低制度水平）三个子样本[1]。

为了分析宏观层次的普遍信任水平对企业社会资本与商业信用融

---

[1] 东部地区包括：辽宁、北京、天津、河北、山东、江苏、上海、浙江、福建、广东、海南11个省份；中部地区包括山西、吉林、黑龙江、安徽、江西、河南、湖北、湖南8个省份；西部地区包括陕西、甘肃、青海、宁夏、新疆、四川、重庆、云南、贵州、西藏、广西、内蒙古12个省份。

资的影响，我们采用张维迎（2002）所进行的市场调查信任调查数据作为衡量不同地区普遍信任水平的指标，按照上市公司所处地区信任数据的取值范围将全样本划分为高信任地区（150 以上）、中等信任地区（70—150）和低信任地区（70 以下）三种子样本。

（2）变量描述性统计。表 6-16 显示的是全样本以及东部地区、中部地区和西部地区子样本变量的主要描述性统计，包括均值和标准差。可以看出，全国样本中，控制变量中除企业规模动幅度较小外，其余变量的变动幅度都比较大。企业社会资本的衡量指标变动幅度相对较小。从各子样本变量比较来看，中部地区董事长任职企业数的均值和变动幅度最大，西部地区次之，东部地区最小。除此之外，其余变量数值在东部地区、中部地区、西部地区都依次递减。东部地区企业在企业规模、企业绩效、企业增长率、企业流动资产比例、企业资产负债率和企业社会资本关系网络等方面都明显好于中西部地区的企业。而外部环境宏观层次的普遍信任水平方面，东部地区的普遍信任水平均值最高，西部地区居中，而中部地区的普遍信任水平均值是最低的。

表 6-16  样本变量整体描述性统计

| 变量名 | 全国样本 | | 东部地区样本 | | 中部地区样本 | | 西部地区样本 | |
| --- | --- | --- | --- | --- | --- | --- | --- | --- |
| | 均值 | 标准差 | 均值 | 标准差 | 均值 | 标准差 | 均值 | 标准差 |
| 商业信用融资（AP） | 0.08 | 0.07 | 0.08 | 0.07 | 0.07 | 0.06 | 0.07 | 0.07 |
| 董事会政治背景（Director_political） | 0.08 | 0.21 | 0.08 | 0.23 | 0.08 | 0.11 | 0.07 | 0.09 |
| 董事长受教育程度（Manager_education） | 4.23 | 1.01 | 4.24 | 1.04 | 4.17 | 0.95 | 4.28 | 0.87 |
| 董事长任职企业数（Manager_enterprise） | 2.04 | 1.65 | 2.11 | 1.62 | 1.83 | 1.77 | 1.69 | 1.69 |
| 银企关系网络（Bank_enterprise） | 10.07 | 4.04 | 13.77 | 7.86 | 10.29 | 3.75 | 10.49 | 3.75 |
| 企业交易网络（Industries_network） | 0.42 | 0.88 | 1.41 | 0.90 | 0.46 | 0.85 | 0.43 | 0.72 |

续表

| 变量名 | 全国样本 | | 东部地区样本 | | 中部地区样本 | | 西部地区样本 | |
|---|---|---|---|---|---|---|---|---|
| | 均值 | 标准差 | 均值 | 标准差 | 均值 | 标准差 | 均值 | 标准差 |
| 企业规模（Size） | 20.33 | 0.88 | 20.33 | 0.89 | 20.29 | 0.80 | 20.36 | 0.86 |
| 企业绩效（Profit） | 17.51 | 15.65 | 18.13 | 15.79 | 15.91 | 14.85 | 13.78 | 14.83 |
| 企业增长率（Growth） | 29.93 | 34.49 | 30.58 | 34.85 | 28.98 | 36.02 | 24.92 | 27.78 |
| 企业流动资产比例（CA） | 73.50 | 16.29 | 73.92 | 16.18 | 71.27 | 16.60 | 72.59 | 16.68 |
| 企业资产负债率（DA） | 26.37 | 17.25 | 26.45 | 17.26 | 26.07 | 16.73 | 26.00 | 17.99 |
| 普遍信任水平（Trust） | 99.52 | 62.50 | 119.83 | 51.69 | 12.23 | 2.20 | 16.81 | 6.33 |

（3）回归方法和分析结果。我们使用 Stata12 分别对全样本与子样本进行了模型估计和检验，并根据参数显著性独立决定其最优回归模型。在处理样本面板数据时，首先需要确定应采用固定效应还是随机效应模型。我们对所有模型进行了豪斯曼检验，结果显示，强烈拒绝随机效应模型的原假设，即认为在随机效应与固定效应之间，应该选择固定效应。因此，我们将全部样本模型均设定为个体固定效应模型。在进行实证分析前，我们对面板数据行了单位根检验，经 LLC 检验发现，所有的数据均平稳，故可以建立面板数据模型，实证分析结果是有效的。回归结果如表 6-17 和表 6-18 所示。

表 6-17　　不同制度水平的各样本模型重要变量回归系数

| 变量名 | 全国样本 | 东部地区样本 | 中部地区样本 | 西部地区样本 |
|---|---|---|---|---|
| 企业规模 | -0.0112** | 0.0029 | -0.0339*** | -0.0101 |
| | (-2.17) | (0.64) | (-3.35) | (-1.12) |
| 企业绩效 | 0.0004* | 0.0006** | -0.0008** | -0.00003 |
| | (1.64) | (2.17) | (-1.90) | (-0.08) |
| 企业增长率 | 0.0001** | 0.0001* | 0.0001 | 0.0003*** |
| | (2.32) | (1.52) | (1.25) | (2.96) |
| 企业流动资产比例 | 0.0003** | 0.0001 | 0.0001 | 0.0006*** |
| | (1.96) | (0.8) | (0.09) | (2.66) |

续表

| 变量名 | 全国样本 | 东部地区样本 | 中部地区样本 | 西部地区样本 |
| --- | --- | --- | --- | --- |
| 企业资产负债率 | 0.0019*** | 0.0019*** | 0.0016*** | 0.0023*** |
|  | (11.65) | (9.79) | (4.03) | (9.01) |
| 董事会政治背景 | -0.0016 | -0.0011 | -0.0877*** | -0.0418 |
|  | (-0.72) | (-0.70) | (-3.54) | (-1.41) |
| 董事长受教育程度 | 0.0145* | 0.0149* | 0.0112 | -0.0027 |
|  | (1.62) | (1.88) | (1.09) | (-0.39) |
| 董事长任职企业数 | 0.0145* | 0.0143* | -0.0019 | -0.0038 |
|  | (1.73) | (1.55) | (-0.55) | (-0.96) |
| 企业交易网络 | 0.0001 | -0.0003 | 0.0058 | 0.0072* |
|  | (0.04) | (-0.15) | (1.45) | (1.56) |
| 银企关系网络 | 0.0056*** | 0.0002 | 0.0079** | -0.0011 |
|  | (3.81) | (1.01) | (2.28) | (-0.50) |
| 常数项 | 0.0755 | -0.1461 | -0.6488*** | 0.1723 |
|  | (0.69) | (-1.34) | (-3.93) | (0.95) |
| $R^2$ | 0.45 | 0.44 | 0.52 | 0.63 |

注：括号内为 Z 值，***、**和*分别表示显著性水平为1%、5%和10%。

表6-18　不同普遍信任水平的各样本模型重要变量回归系数

| 变量名 | 高信任地区样本 | 中等信任地区样本 | 低信任地区样本 |
| --- | --- | --- | --- |
| 企业规模 | 0.0079 | -0.0193** | -0.0181** |
|  | (1.14) | (-2.41) | (-2.24) |
| 企业绩效 | 0.0010** | 0.0005* | -0.0004 |
|  | (2.08) | (1.62) | (-1.33) |
| 企业增长率 | 0.0002** | 0.0001 | 0.0001** |
|  | (2.05) | (0.28) | (2.26) |
| 企业流动资产比例 | 0.0004 | 0.0006** | 0.00004 |
|  | (1.23) | (2.28) | (0.18) |

续表

| 变量名 | 高信任地区样本 | 中等信任地区样本 | 低信任地区样本 |
| --- | --- | --- | --- |
| 企业资产负债率 | 0.0019*** | 0.0020*** | 0.0017*** |
|  | (5.27) | (8.21) | (7.65) |
| 董事会政治背景 | -0.0013 | 0.0180 | -0.0529*** |
|  | (-1.13) | (0.66) | (-2.66) |
| 董事长受教育程度 | -0.0831*** | 0.0298*** | -0.0003 |
|  | (-6.90) | (6.01) | (-0.07) |
| 董事长任职企业数 | -0.0203*** | 0.0395*** | 0.0183*** |
|  | (-3.92) | (3.27) | (8.12) |
| 企业交易网络 | -0.0042 | 0.0017 | 0.0024 |
|  | (-1.08) | (0.60) | 1.06 |
| 银企关系网络 | 0.0038* | 0.0082*** | 0.0035* |
|  | (1.75) | (3.56) | (1.48) |
| 常数项 | 0.1791 | 0.0782 | 0.3288** |
|  | (1.07) | (0.54) | (2.23) |
| $R^2$ | 0.49 | 0.46 | 0.5 |

注：括号内为 Z 值，***、**和*分别表示显著性水平为 1%、5%和 10%。

结果显示，在控制其他变量的情况下：

第一，企业政治关系网络的代表变量董事会政治背景对企业商业信用融资的影响只有中部地区样本和低信任地区样本显著为负，系数分别为 -0.0877 和 -0.0529。由于中部地区的普遍信任水平均值是最低的，因此，两个表格的结论都说明普遍信任不足时，企业与政府的关系越紧密，企业获得商业信用融资反而越少，这与假设 6-3 不太一致，这可能是由于在普遍信任水平较低的地区，政治关系网络的作用主要体现在帮助企业从银行和资本市场等渠道获取外部金融资源，因此降低了对于商业信用融资的依赖。

第二，构成企业高层管理者个人关系网络的两个代表变量董事长受教育程度和董事长任职企业数对企业商业信用融资的影响在全国样本和东部地区样本中显著为正，并且系数差异不大，系数都约为

0.0145。而在中等信任地区样本中，董事长受教育程度和董事长任职企业数对企业商业信用融资的影响也显著为正，系数分别为 0.0298 和 0.0395。在低信任地区样本中，董事长受教育程度的系数不显著，只有董事长任职企业数的系数显著为正，但低于中等信任地区样本的系数 0.0395。这说明总体上看企业高层管理者个人关系网络越丰富，越有利于企业获得商业信用融资。这与我们的假设 6-4 基本一致。但只有在制度比较完善和普遍信任水平中等偏下的环境下，这种效应才能显现。并且随着普遍信任水平的降低，高层管理者社交网络对于企业商业信用融资的积极影响也随之降低。这和我们假设 6-7 略有差异。而在高信任地区样本中，董事长受教育程度和董事长任职企业数对企业商业信用融资的影响则显著为负，系数分别为 -0.0831 和 -0.0203。这说明在普遍信任程度比较高的地方，企业高层管理者个人关系网络越丰富，企业对于商业信用融资的依赖性越小。这可能是因为在高信任地区，社交网络对于企业从银行和资本市场获取资金的帮助更明显。

第三，银企关系网络对于企业商业信用融资的影响在全国、中部地区、高信任地区、中等信任地区和低信任地区等样本中显著为正，系数分别为 0.0056、0.0079、0.0038、0.0082 和 0.0035。这说明银行与企业的密切关系有利于企业获得商业信用融资，这符合我们的假设 6-5。但普通信任水平的提高对银企关系网络在商业信用融资中的积极作用的影响呈现低高低的倒"U"形态势，即只有在普通信任水平处于中等时，银企关系网络在企业商业信用融资中发挥的积极作用最大。

第四，企业交易网络对于企业商业信用融资的影响只在西部地区显著为正，系数为 0.0072。这说明在制度不完善的地区，企业通过加入行业协会获得的行业关系网络可以帮助企业获得更多的商业信用融资，这基本符合我们的假设 6-6 和假设 6-7。

其他控制变量中，内部控制变量中的企业绩效、企业增长率、企业流动资产比例和企业资产负债率对企业商业信用的影响在全国样本中显著为正，系数分别为 0.0004、0.0001、0.0003 和 0.0019。这说明绩效越好、增长速度越快的公司越容易获得商业信用融资；企业资产流动性越好，对于商业信用融资的需求越大；资产负债率越高，说明公司对资金的需求量比较大，并且从金融机构那里获得借贷的能力较强，企业的信用能得到保障，因此，其他企业愿意提供商业信用融资给该公司。但企业规模对企业商业信用融资的影响显著为负，这可能是因为规模越大的企业越容易从金融机构获得融资，因而降低了对商业信用融资的需求。

5. 结论与建议

商业信用融资是高科技中小企业普遍采用的一种短期融资方式。企业拥有的社会资本网络中的主体间会实现资源转移，这种资源的获取会增强企业绩效和信用水平，也会传递到企业与网络外部客户之间的交易，进而影响企业的商业信用融资规模。本书以中国深圳创业板的上市公司作为研究对象对于高科技中小企业社会资本与商业信用融资的关系进行了相关实证检验。我们选择企业社会资本网络中的董事会政治背景、企业高层管理者个人关系网络、银企关系网络和企业交易网络作为高科技中小企业社会资本的衡量，实证结果表明：

（1）在普遍信任水平较低的地区，高科技中小企业的董事会政治背景对企业商业信用融资行为具有一定的负向影响，即企业与政府的关系越紧密，企业商业信用融资的数量越少。

（2）在制度完善的地区和普遍信任水平中等偏下的地区，高科技中小企业高层管理者个人关系网络对于企业获得商业信用融资有积极的正向影响，但是，随着普遍信任水平的降低，这种正向影响会下降。而在普遍信任水平较高的地区，高科技中小企业高层管理者个人关系网络更有利于企业获得金融市场上的融资，对于企业商业信用融资的帮助不大。

（3）银行与企业的密切关系有利于高科技中小企业获得商业信用融资，但普遍信任水平与银企关系对高科技中小企业商业信用融资的影响呈现倒"U"形关系。

（4）只有在制度不完善的地区，行业关系网络才对高科技中小企业获得商业信用融资有积极的正向影响。

因此，高科技中小企业如果想发挥企业社会资本在商业信用融资中的积极作用，增加商业信用融资的规模，不同制度水平条件下的高科技中小企业拓展社会资本的维度应该有所差异；而高科技中小企业所处地区的普遍信任水平的差异也会影响高科技中小企业社会资本维度的拓展。

制度完善的东部地区的高科技中小企业高层管理者应该积极拓展自身的社交关系网络，中等制度水平的中部地区高科技中小企业高层管理者应该加强与银行的关系；而制度不完善的西部地区企业高层管理者则应该把社会资本的拓展重点放在行业关系上面，加强与行业内其他公司的联系。

在普遍信任水平较高地区，高科技中小企业可以拓展高层管理者个人关系网络来帮助其获得金融市场融资，降低其对商业信用融资的依赖性。在普遍信任水平中等地区，高科技中小企业应该积极拓展高层管理者个人关系网络和银企关系网络，这两种社会资本的维度对企业获得商业信用融资的帮助最大。在普遍信任水平较低地区，高科技中小企业如果想扩大商业信用融资规模，可以拓展高层管理者个人关系网络和银企关系网络；如果想在银行和资本市场上获得融资，则可以重点拓展政治关系网络。

另外，普遍信任水平的提高总体上看有利于高科技中小企业发挥企业社会资本在满足融资需求上的积极作用，因此，政府应该积极采取完善法律制度、加强公民素质教育和建设服务型政府等措施，增强人们的社会普遍信任程度。企业也应该遵纪守法，规范自身行为，从而提升所处地区的普遍信任水平。

## 第三节 微观层次社会资本对金融发展与收入分配关系的影响

**一 理论假说**

中国转轨时期，市场经济制度、交通和通信方面出现的变化使居民的社会网络由封闭转向开放,居民受教育程度和流动性增强,使微观层次的个人社会关系网络日益多元化,网络成员的异质性大大增强。微观层次社会资本主要培养基于人际关系网络的特殊信任,正是特殊信任促进了非正规金融和微型金融的发展,使其能满足低收入群体的融资需求,从而缩小低收入群体与高收入群体之间的收入差距。因此,微观层次社会资本的个人社会关系网的开放性、多元化和异质性增加了市场交易的机会和收益,能为关系网络成员提供更多的信息和资源,有利于促进非正规金融和微型金融的发展,帮助低收入群体获得更好的金融资源,提高其收入水平,进而改善非正规金融和微型金融与收入分配的关系。中国的低收入群体目前主要集中于贫困地区的农户和城市里面的农民工。因此,我们运用实地调研数据重点实证检验农户和农民工群体的微观层次社会资本能否发挥帮助个体获得正规金融机构贷款和民间借贷,提升个体借贷收入效应的作用。

## 二 实证分析

### (一) 基于社会资本的微型金融对于民族地区农户社会扶贫功能的实证研究

#### 1. 引言

在专门为穷人和小企业等弱势群体服务的微型金融市场,社会资本(如网络关系、信任等)在其中发挥着积极作用,微型金融运作的主要机制就是基于社会资本的关系网络和信任,社会资本的运作保证了微型金融的运行效率,降低了微型金融的经营风险。因此,微型金融发展本身就是社会资本在金融发展中发挥作用的表现。作为一种为贫困地区和贫困人口提供金融服务的制度安排,理论上说,基于社会资本的微型金融的出现可以打破民族地区金融发展和经济增长的"双瓶颈",并实现金融支持经济增长的良性循环。然而,在落后的经济、恶劣的自然环境以及严重滞后的基础设施等条件制约下,特别是当商业化成为一种既定的演进趋势时,民族地区的微型金融是否能充分发挥其社会扶贫功能,从而显著地促进民族地区经济增长和改善贫困人群的经济状况和社会福利。本书试图通过对恩施土家族苗族自治州的调研对此问题展开分析。

恩施土家族苗族自治州位于湖北省西南部，下辖恩施市、利川市和建始、巴东、宣恩、咸丰、来凤、鹤峰6个县，是一个以传统农业为主的少数民族贫困山区，全州8个县市都是国家"八七"扶贫攻坚计划内的贫困县。此次调研主要集中在恩施市、利川市和巴东3个县市共5个乡镇进行。调研方式主要是发放调查问卷、走访贷款农户以及与当地信用社工作人员进行座谈。另外，我们还得到当地农村信用合作社的支持，获得部分数据。由于农村信用合作社在恩施土家族苗族自治州提供的微型金融服务中占绝对优势，因此，本次调研的对象主要是从农村信用合作社获得过贷款的农户。本次调研共发放问卷215份，回收问卷202份，实际有效问卷198份。利用SPSS17.0软件对所获得的数据进行统计分析后发现，虽然微型金融的社会扶贫功能在一定程度上得到实现，但微型金融已出现了偏离其"社会扶贫"功能的趋势。金融服务落后和金融产品单一是制约微型金融社会扶贫功能的主要因素。

2. 文献综述

社会扶贫是微型金融得以兴起的最大动力。霍赛恩（Hossain, 1988）、雷曼尼（Remenyi, 1991）、奥特罗和赖恩（Otero and Rhyne, 1994）、霍尔库姆（Holcombe, 1995）、汉德克（Khandker, 1998）和沙玛（Sharma, 2002）等学者认为，微型金融的小额贷款和动态激励两大机制的设置，能很好地解决信息不对称情况下穷人缺乏合规的抵押担保所带来的风险，从而能增加穷人的贷款机会并改善其福利；微型金融提供的基础教育、健康、保健、疾病预防和环境保护等相关信息，也能大大改善穷人的生活状况和社会福利。此外，马贾宾（Mahjabeen, 2008）对孟加拉国的研究还表明，微型金融在使穷人的消费、收入以及福利都有较大程度提高的同时，还使贫困地区收入分配不均的程度得到降低。

那么，如何衡量微型金融的这种社会扶贫功能呢？现有文献大多认为，微型金融的社会扶贫功能最终体现在覆盖力（Outreach）上。在衡量微型金融的覆盖力方面，分别有覆盖深度（客户的贫困状）、覆盖广度（客户中穷人的数量）、覆盖质量（客户对机构、产品及信贷员的满意度）和覆盖范围（包括金融产品和服务种类）等指标（见表 6 – 19）。

表 6 – 19　　　　　　　　衡量社会扶贫功能的指标

| 格式 | | 定义 |
| --- | --- | --- |
| 覆盖深度 | 平均贷款规模 | 尚未清偿贷款总额/客户总数 |
| | 赤贫客户占比 | 初始财富低于某一水平的客户/客户总数 |
| | 妇女客户占比 | 妇女客户/客户总数 |
| | 小组贷款 | 借款人自愿组织的信贷小组 |
| 覆盖广度 | 穷人客户占比 | 初始财富低于某一水平的客户/客户总数 |
| | 客户中农户占比 | 农户贷款人/客户总额 |
| | 农业贷款占比 | 农业贷款/贷款总额 |
| 覆盖质量 | 信贷员待处理的贷款申请 | 待处理的贷款申请/信贷员总数 |
| | 信贷员分配给每个客户的时间 | 信贷员的平均工作时间/信贷员的平均客户数 |
| | 客户对服务质量的总体满意度 | 对总体服务评价为优秀和良好的比重 |
| | 客户对不同产品服务的满意度 | 对不同产品服务评价为优秀和良好的比重 |
| | 客户对信贷员的满意度 | 对信贷员评价为优秀和良好的比重 |
| 覆盖范围 | 金融服务 | 金融服务种类 |
| | 金融产品 | 金融产品种类 |

注：本表根据 Gaamma Hishigsuren，"Evaluating Mission Drift Microfinance：Lessons for Programs with Social Mission"整理而成。

其中，平均贷款规模是现有文献中衡量微型金融社会扶贫功能最常用的指标。平均贷款规模增加表示其偏离了社会扶贫功能的使命（巴特和唐，2001；施赖纳，2002；卡尔等，2007），但平均贷款规模并不能很好地体现贷款规模的分布（赖恩，1998）；并且，即使微型金融的贷款规模增加，微型金融也仍可扩大对穷人的覆盖（坎皮恩和怀特，1999）。因此，单一的平均贷款规模指标并不能很好地衡量微型金融的社会扶贫功能。基于此，本书围绕贷款农户首次获得贷款时的收入、首次获得贷款的额度、对贷款利率的评价、对贷款过程的评价等 13 个问题展开调研，以期能从覆盖深度、覆盖广度、覆盖质量和覆盖范围四个维度对微型金融的社会扶贫功能进行全方位刻画。

3. 统计数据描述及分析

（1）在农村信用合作社办理过的业务。这是一道多选题，结果显示，在存款、贷款、汇款和保险中，办理过存款和汇款业务的农户分别只有36.36%和25.25%，没有农户选择办理过保险业务，而选择只办理过贷款业务的占57.14%。

从农村信用合作社所办业务来看，基本上还停留在传统"存、贷、汇"老三样业务上，创新能力不足，业务品种单一，难以满足多样化的金融服务需求。那为什么不把钱存到农村信用合作社？农户的意见主要有以下四种：一是没有余钱储蓄；二是农村信用合作社没有自动取款机或很少，办理业务不方便；三是办理其他银行卡，在储蓄的同时也方便在城里打工的亲戚往家里汇款；四是更信任或者已经习惯在国有商业银行办理存款业务。

（2）首次获得贷款的时间。我国农村信用合作社的发展经历了两个转折期：一是2003年，农村信用合作社初步确立商业化演进的取向；二是2006年，农村信用合作社试图在"政策性目标和商业性资本"之间探索出新路径，由此带来农村信用合作社经营方向和经营策略的改变。为了区分这种改变对贷款农户的影响，我们依据首次获得贷款的时间，对调查对象进行了分类。调查结果表明，调查对象首次获得贷款的时间依次为2003年及以前（36.7%）、2004—2005年（16.3%）、2006—2008年（30.0%）、2009年及以后（17.0%）。

（3）首次获得贷款时的家庭年均收入。在所有调查对象中，首次获得贷款时，家庭年均收入5000元以下的农户占18.37%；0.5万—1万元的农户占24.49%；1万—2万元的农户占34.69%；2万—3万元的农户占17.35%；3万元以上的农户占5.10%。以上数据表明，在获得贷款的农户当中，以中等收入农户（家庭年均收入在0.5万—2万元）获得贷款的比例最大，低收入农户（家庭年均收入在0.5万元以下）和高收入农户（家庭年均收入在2万元以上）获得贷款的比例相对较小。调查发现，低收入农户大多从事传统种植业，经济基础较差，抗风险能力弱；同时，由于这部分弱势农户偿还能力相对更差而难以加入到贷款联保小组，因此，当地农村信用合作社不愿意给这部分农户发放贷款，并且随着农村信用合作社向商业化方向演进，为降低贷款风险，农村信用合作社也通过提高贷款条件而将贷款对象锁定为较高收入农户。如当地农村信用合作社规定，贷款者必须找一个在事业单位工作的人担保才能申请贷款。显然，这一举措将更多的低收入农户排除在外。

（4）首次获得贷款的额度和目前的贷款额度。2003年前，贷款额度在0.5万元以下的农户占32.65%；0.5万—1万元的农户占29.59%；1万—2万元的农户占20.41%；2万—3万元的农户占14.29%；3万元以上的农户仅占3.06%。在客户目前贷款额度上，调查对象的选择依次为0.5万元及以下（9.18%）、0.5万—1万元（19.39%）、1万—2万元（30.61%）、2万—3万元（19.39%）和3万元以上（21.43%）。

上述数据说明，首次获得贷款的额度正在不断增大。这一方面是因为随着国民经济的发展，生产资料价格上涨，导致农户进行生产的成本上升，所需贷款增加；另一方面，农村信用合作社的商业化改革使贷款额度不断增加。另外，从与调研对象的访谈中得知，部分调研对象申请过一次贷款后就再没有申请贷款，因此，他们选择的"目前贷款额度"还停留在初次获得的贷款额度，这一结果有可能导致实际新增贷款农户的贷款额度的整体水平被低估。

（5）贷款的实际用途。这是一道多选题。调研结果显示，借贷资金的实际用途依次为：购买化肥、农药和种子等（17.3%），开展种林和养殖业等（24.5%），做生意周转资金（30.6%），教育（8.2%），房屋修建（9.2%），临时性支出如婚丧嫁娶（7.1%），其他（12.2%）。

上述数据反映的一个基本事实是：恩施土家族苗族自治州农户的贷款虽然主要是用于生产性用途，但消费性用途也占一定比例。另外，当地农户透露，虽然贷款审批程序较为严格，如信贷员会到实地了解贷款人拟投资的项目，一旦贷款审批下来后，贷款人如何使用贷款并没有受到严格的监督，因此，仍然会有很少部分贷款人将贷款挪作他用。

（6）对贷款利率的评价。在所有被调查对象当中，认为贷款利率太高了的农户占 9.18%；偏高的农户占 32.65%；合适的农户占 44.90%，为获得更多贷款，可承受更高利率的农户占 13.27%。这一数据表明，较高的贷款利率在一定程度上制约了农户的借款意向。但我们与部分调研对象交谈中发现，这些人对贷款利率究竟是多少并没有很清晰的认识，甚至都不知道他们的年利率是多少。他们中很多人只是信贷员让他们交多少利息就交多少利息。调研同时发现，与贷款可得性相比，部分调查对象为获得更多贷款，愿意承担更高利率。这些数据说明，部分农户的贷款需求非常强烈。

（7）获得贷款的次数。部分学者指出，应将"微型金融机构的客户是否继续使用该服务"作为度量微型金融机构提高穷人福利的一个衡量标准（施赖纳，1999）。因为如果客户继续使用该服务，说明他们获得的收益超过了成本。调研结果显示，69.3%以上的客户获得过两次及以上贷款。考虑到部分农户存在多次申请但只获得一次贷款的情况，可以得到的结论是：大部分客户都愿意继续使用该服务。

（8）贷款的影响。13.27%的农户认为没有带来多少收入还背负了债务，27.55%的农户认为没什么很明显的影响，选择改善家庭生活质量和增强了家庭未来收入能力的农户分别占 18.37%和 40.81%。

进一步访谈表明，较早获得贷款的农户其贷款主要用来购买化肥、农药和种子等简单的生产资料，并且贷款额度有限，因此，对农户的影响有限。近年来，贷款用途主要用于种养殖业和生意周转金，并且贷款额度不断增大，贷款资金除做初始资本外，更多的是用于扩大再生产。相应地，贷款对这部分农户就具有较好的正面影响。当然，也有部分生产失败的农户背上了债务。

（9）还款状况。63.27%的农户选择按时归还贷款；稍微拖欠一段时间的农户占 26.53%；而选择能拖就拖的农户和选择经常由于特殊原因无法归还的农户较少，分别占 6.12%和 4.08%。这些数据表明，整体而言，农户还是值得信赖的。仍存在一定比例的贷款农户不能按期偿还贷款。究其原因，可能有以下三种：一是贷款期限与农业生产周期脱节，造成部分农户在短期内无力归还贷款。由于现代农业已打破传统农业的春种秋收模式，一些特色农业的生产周期多在1—3年，而小额贷款的发放是以年度计算的，在这期间，农户可能还没有销售产品取得收入而无力偿还。二是我国微型金融机构的还款方式没有采用定期还款制度而是到期一次性还清制，这在一定程度上加重了贷款农户的还款压力。三是我国微型金融机构普遍存在"重放轻管"的错误认识，贷款发放后，部分信贷员不会主动跟踪检查贷款农户资金使用情况，进而根据发现的问题制定相应的防范措施。此外，由于恩施土家族苗族自治州农村信用合作社的信息化工程展开较晚，早期由手工操作时，即使贷款农户有尚未清偿的贷款，其也可能继续申请获得贷款，这在一定程度上弱化了贷款农户的信用意识，从而导致拖欠款的发生。不过，随着2005年恩施土家族苗族自治州农村信用合作社信息化工程的全面铺开，未偿还贷款的农户将自动被系统剔除而不能再申请贷款，这将在一定程度上降低农户的信用风险。

（10）对申请贷款过程的评价。对申请贷款过程评价中，认为容易、按规定程序申请就行的农户占34.69%；认为不容易、得有熟人帮忙的农户占57.14%；认为难、花了很多时间和金钱的农户占8.17%；没有农户选择"很难，有时花了很多钱还没申请到"。

上述数据表明，农户贷款所支付的除利率这种显性成本外，还有一部分隐性成本（花费的时间精力甚至金钱）。小额贷款原则上是农户申请、相关信贷员对农户授信评级（大队干部协助完成）、评级授信之后，农户就可以携带一本通存折、身份证、户口簿到贷款窗口办理信贷业务。在走访过程中发现，农户是否能获得贷款在很大程度上取决于其与信贷员是否熟悉。如果很熟悉，则比较容易获得贷款。

（11）对信贷人员的评价。贷款农户对信贷员的评价总体而言还是比较满意的。其中，评价满意的农户占39.80%；评价一般的农户占48.99%；评价差的农户占9.18%；评价很差的农户占2.03%。

通过访谈可以发现，对信贷员评价满意的往往是获得贷款比较容易的贷款农户，而部分农户对信贷员的评价不高主要是因为人为造成的"贷款很难"。如一位受访者表示，他想通过农村信用合作社贷款来建房,但通过各种正规程序很久后都没有结果。最后,他找到一位和信贷员关系很好的中间人,那位信贷员才审核通过他的贷款申请。然而,在贷款发放期间,信贷员表现出"阴晴不定"的态度,他只好给信贷员和中间人送礼并请客吃饭。他贷款 2 万元,但贷款过程中,花费了 1000 多元。此外,还有部分农户由于受教育程度低,对贷款政策、程序等不是很清楚,部分信贷员也不情愿给予详细解释,使一些贷款农户对信贷员的评价不高。

(12)最希望农村信用合作社做出的改进。除利率外,贷款条件、贷款额度、贷款期限等都可能是抑制农户申请贷款或降低农户对贷款满意度的重要因素。这一点从农户的回答相对分散就可以反映出来:贷款条件更简单一些(21.43%)、贷款利率更低一些(43.88%)、贷款额度更大一些(22.45%)、贷款期限更长一些(9.18%)、服务态度更好一些(2.04%)和办事效率更高一些(1.02%)。

此外,还对"您身边是否有农户申请过但没有获得贷款"这一问题进行过调研结果表明,仍然有较多农户无法从农村信用合作社获得贷款。整体而言,农户"贷款难"还是较为普遍的现象。

4. 结论及政策建议

本书通过发放调查问卷、走访贷款农户及与当地信用社工作人员座谈等形式,对恩施土家族苗族自治州从农村信用合作社获得过贷款的农户进行了实地调研。结合从当地农村信用合作社获得的数据,利用 SPSS17.0 分析软件,对恩施土家族苗族自治州农村信用合作社社会扶贫功能的现状进行了统计描述,根据农村信用合作社社会扶贫功能的现状进行了统计描述。根据这些统计描述,我们可以得到以下基本结论:

(1)微型金融的社会扶贫功能在一定程度上得到了实现。有 59.19% 的农户认为贷款具有正面影响(提高了目前生活水平和增强了未来收入的能力),这一数据为本结论提供了佐证。而且,调研结果同时显示,有 44.90% 的农户认为现行贷款利率适当,甚至有 13.27% 的农户愿意承担更高的利率。另外,还有 69.3% 以上的农户获得过两次及以上的贷款。因此,本书基于调研对象对金融产品评价的视角，得出农村信用合作社的社会扶贫功能得到初步显现的结论。

（2）微型金融出现了偏离其"社会扶贫"功能的趋势。首先，从反映覆盖深度的指标来看，即使不考虑调研对象首次贷款时间的影响，无论是首次获得的贷款额度，还是目前贷款额度，或平均新增贷款额度、调研结果都表明，这些数据都正在偏离其"额度较小的，适合穷人需要"的初衷。其次，从反映覆盖广度的指标来看，首次获得贷款时的家庭收入主要是集中在中等收入水平的家庭，而且，与农户的座谈发现，贷款用途和投向也正从单一的农业向农业、商业和种养殖业发展，也说明农村信用合作社正在偏离其服务于"低收入家庭"和服务于"弱质产业"的初衷。

（3）金融服务落后和金融产品单一是抑制微型金融发展的因素。金融社会扶贫功能的重要因素调研结果显示，在对申请贷款过程的评价中，分别有57.14%和8.17%的农户认为贷款难和很难；而在对信贷员的评价中，评价满意的农户只占39.80%。这些数据说明大量贷款农户对微型金融及其信贷员的服务质量并不满意。金融服务落后的一个间接证据是，微型金融的目标之一是在服务农户的同时对其进行"金融培训"，最终使广大农户成为"信用毕业"的"银行化"客户。但从贷款农户的还款状况来看，很显然，微型金融还需要提供更多质量更好的金融服务来培训广大农户。此外，从反覆盖范围的维度，调研结果也显示，广大农户在农村信用合作社的业务办理还非常单一。因此，如何设计出科学灵活易于操作且能满足农户需求的，包括信贷产品、保险产品在内的整套金融产品和服务，是微型金融面临的紧迫而又艰巨的任务。

（二）社会资本对农户联保贷款收入效应影响的实证分析

1. 引言

联保贷款机制被认为是一种能解决穷人抵押担保不足、将金融资本渗透到贫困人群而又能大大降低金融风险的制度安排。因此，伴随着微型金融在世界范围内的迅猛发展，联保贷款机制也在世界各地得到广泛应用。1994年，中国社会科学院农村发展研究所杜晓山教授和他的团队在河北省易县试点的"易县扶贫经济合作社"在我国首次引入农户联保贷款机制;2000年,中国人民银行正式颁布《农村信用合作社农户联保贷款管理指导意见》。至此,农户联保贷款作为一种正式的金融产品,在我国得到重点推广。目前,农村信用合作社、邮政储蓄银行、中国农业银行"三农"业务部和各种非政府组织的微型金融机构(组织),都重点推出了农户联保贷款产品。然而,从实际运行效果来看,与理论逻辑演绎的结论和领先型微型金融机构发展的实践不同的是,农户联保贷款机制在我国并没有取得普遍的成功。在一些地区,联保贷款业务已经开始萎缩甚至陷入经营困境。《中国金融统计年鉴》数据显示,2010—2012年,农户保证贷款余额依次为12687.5亿元、14559亿元、16224亿元,占农户贷款余额的比重依次为48.72%、46.93%、44.82%;其中,农户联保贷款余额依次为3031.6亿元、3453亿元、3542亿元,在农户贷款中的比重依次为11.64%、11.13%、9.79%,呈现逐年下降趋势。尽管国内学者从农户联保贷款小组的组建、农户联保贷款的风险和农户联保贷款机制设计等多个表象原因探讨了制约农户联保贷款效应的因素,但尚缺乏从社会资本这一深层次视角对联保贷款效应影响的分析。因此,本书基于对新疆维吾尔自治区192户农户的调研数据,试图实证分析社会资本如何对农户联保贷款收入效应产生影响,以期为提升农户联保贷款收入效应、促进农户联保贷款发展提供切实可行的政策建议。

2. 模型及数据说明

(1)模型设定及因变量选取。某些变量被分为有次序的不同类别,但是不连续,这些变量就被称为定序变量。以其作为因变量的模型就是有序Logit回归模型。本书要分析的因变量"联保贷款收入效应"就是这样的变量,因此要使用有序Logit回归模型进行分析。有序Logit回归模型不要求变量满足正态分布或等方差,采用Logistic函数:

$$P(y=j \mid x_i) = \frac{1}{1+\exp[-(\alpha+\beta x_i)]} \tag{6.3}$$

式中,$y$表示因变量,表示农户对联保贷款效应的评价,给各等级$y$赋值$j(j=1, 2, 3, 4, 5)$。其中,$y=1$表示负面作用,$y=2$表示无作用，$y=3$ 表示作用很小，$y=4$ 表示作用较大，$y=5$ 表示作用很大（表 6-20 报告了因变量的基本统计）。$x_i$ 表示影响联保贷款效应的第 $i$ 个因素。建立有序 Logit 回归模型：

$$\text{Logit}(P_j) = \ln\left[\frac{p(y \leq j)}{p(y \geq i+1)}\right] = \alpha_j + \beta x \tag{6.4}$$

式中，$P_j$ 表示 $y$ 落入某一分类的概率，$P_j = p(y=j)$（$j=1$，2，3，4，5）；$(x_1, x_2, \cdots, x_i)^T$ 表示一组自变量；$\alpha_j$ 表示模型的截距；$\beta$ 表示一组与 $x$ 对应的回归系数，在得到 $\alpha_j$ 和 $\beta$ 的参数估计之后，落入某一分类的概率就可以通过以下等式得到：

$$P(y \leq j \mid x) = \frac{\exp[-(\alpha_j + \beta x_i)]}{1 + \exp[-(\alpha_j + \beta x)]} \tag{6.5}$$

表 6-20　　有序 Logit 回归模型中因变量的基本统计

| 联保贷款对您的收入提升作用（y） | 负面作用 | 无作用 | 作用很小 | 作用较大 | 作用很大 | 合计 |
| --- | --- | --- | --- | --- | --- | --- |
| 赋值 | 1 | 2 | 3 | 4 | 5 | |
| 观察值 | 1 | 30 | 51 | 73 | 37 | 192 |
| 占比（%） | 0.52 | 15.63 | 26.56 | 38.02 | 19.27 | 100 |

（2）解释变量选取。微型金融中的社会资本可以分为水平型社会资本和垂直型社会资本。水平型社会资本主要是指农户之间以及小组成员间的相互关系。本书选择与家庭关系密切的邻居数量、对邻居的信任程度、农忙时是否帮助别人、是否有亲友担任领导职务，以及参加村级活动频率、参加过的贷款小组个数、贷款小组组织活动次数等变量作为其代理变量，以反映农户的社会关系网络，以及农户与其他农户或者小组成员之间的信任、互惠和参与等维度。垂直型社会资本主要是指农户与信贷员以及提供信贷服务的金融机构之间的关系。本书以对信贷员的满意度、获得联保贷款次数、对贷款期限的满意度、对贷款额度的满意度和对贷款利率的满意度等变量来衡量。此外，本书还引入农户家庭特征（包括年龄、受教育程度和家庭经营土地面

积）作为控制变量，以更全面地反映影响农户联保贷款效应的因素，具体统计说明如表 6-21 所示。

表 6-21　有序 Logit 回归模型中解释变量及其统计说明

| 变量名 | 定义 | 平均值 | 标准差 | 最小值 | 最大值 |
| --- | --- | --- | --- | --- | --- |
| 年龄（$x_1$） | 实际年岁 | 44.854 | 8.865 | 25 | 70 |
| 受教育程度（$x_2$） | 1—4（1 为小学，4 为大专及以上） | 2.630 | 0.682 | 1 | 4 |
| 家庭经营土地面积（$x_3$） | 实际面积（亩） | 71.370 | 52.509 | 10 | 400 |
| 与家庭密切的邻居数量（$x_4$） | 实际数量 | 4.651 | 2.360 | 2 | 20 |
| 对邻居的信任程度（$x_5$） | 1—4（1 为不信任，4 为非常信任） | 2.911 | 0.612 | 2 | 4 |
| 农忙时是否帮助他人（$x_6$） | 1—4（1 为不帮助，4 为总是帮助） | 2.661 | 0.963 | 1 | 4 |
| 是否有亲友担任领导职务（$x_7$） | 0—1（0 为无，1 为有） | 0.354 | 0.480 | 0 | 1 |
| 参加村级活动频率（$x_8$） | 1—4（1 为不参加，4 为每次都参加） | 2.833 | 0.782 | 1 | 4 |
| 参加过的贷款小组个数（$x_9$） | 1—4（1 为 1 个，4 为 4 个及以上） | 3.432 | 0.984 | 1 | 4 |
| 贷款小组组织活动次数（$x_{10}$） | 1—3（1 为没有组织，3 为经常组织） | 1.307 | 0.516 | 1 | 3 |
| 对信贷员的满意度（$x_{11}$） | 1—4（1 为非常不满意，4 为非常满意） | 3.038 | 0.383 | 2 | 4 |
| 获得联保贷款次数（$x_{12}$） | 1—4（1 为 1 次，4 为 4 次及以上） | 2.802 | 0.696 | 0 | 4 |
| 对贷款期限的满意度（$x_{13}$） | 1—4（1 为非常不满意，4 为非常满意） | 2.286 | 0.593 | 1 | 4 |

续表

| 变量名 | 定义 | 平均值 | 标准差 | 最小值 | 最大值 |
|---|---|---|---|---|---|
| 对贷款额度的满意度（$x_{14}$） | 1—4（1 为非常不满意，4 为非常满意） | 2.281 | 0.516 | 1 | 4 |
| 对贷款利率的满意度（$x_{15}$） | 1—4（1 为非常不满意，4 为非常满意） | 1.870 | 0.778 | 1 | 4 |

（3）数据来源。本书数据来源于 2012 年对新疆维吾尔自治区乌苏市哈拉苏村、苇湖村和沙枣村，以及塔城市喀拉哈巴克乡肯杰拜村、也门勒乡五井村和霍城县萨尔布拉克镇切特萨尔布拉克村 6 个村中参与过或正在参与联保贷款的农户调研。本次调研方法主要是入户问卷和面对面访谈。调研人员首先通过村委会或者信贷员获得参与过联保贷款或者正在参与联保贷款农户的名单，再随机从此名单中挑选人员作为调研问卷对象。本次调研共发放问卷 208 份，回收 208 份，实际有效问卷 192 份，问卷有效率为 92.31%。

3. 实证分析过程及结果

本书使用 Stata12 统计软件，采用有序 Logit 回归方法对模型（6.3）进行估计分析。表 6-22 报告了估计结果。由于 $LR\chi^2$（16）= 62.22，$P>\chi^2=0.0000<0.05$，表明模型很好地通过检验。其中，变量 $x_3$、$x_4$、$x_5$、$x_6$、$x_9$、$x_{11}$、$x_{12}$、$x_{14}$、$x_{15}$ 都通过了显著性检验，而变量 $x_1$、$x_2$、$x_7$、$x_8$、$x_{10}$、$x_{13}$ 没有通过显著性检验。

表 6-22　　　　　　　　有序 Logit 回归模型估计结果

| y | 系数 | 标准差 | z 值 | P>\|z\| | [95%的临界值] | |
|---|---|---|---|---|---|---|
| $x_1$ | -0.001 | 0.017 | -0.040 | 0.965 | -0.034 | 0.032 |
| $x_2$ | -0.001 | 0.222 | 0.000 | 0.997 | -0.435 | 0.434 |
| $x_3$ | 0.005* | 0.003 | 1.690 | 0.091 | -0.001 | 0.010 |
| $x_4$ | 0.322*** | 0.092 | 3.510 | 0.000 | 0.142 | 0.502 |
| $x_5$ | 0.646** | 0.259 | 2.490 | 0.013 | 0.138 | 1.155 |
| $x_6$ | -0.332** | 0.167 | -1.990 | 0.046 | -0.660 | -0.005 |

续表

| y | 系数 | 标准差 | z 值 | P>|z| | [95%的临界值] | |
|---|---|---|---|---|---|---|
| $x_7$ | 0.260 | 0.308 | 0.840 | 0.399 | -0.343 | 0.863 |
| $x_8$ | 0.057 | 0.203 | 0.280 | 0.780 | -0.341 | 0.454 |
| $x_9$ | -0.923*** | 0.248 | -3.720 | 0.000 | -1.409 | -0.437 |
| $x_{10}$ | -0.452 | 0.338 | -1.340 | 0.181 | -1.114 | 0.210 |
| $x_{11}$ | 0.833** | 0.425 | 1.960 | 0.050 | -0.001 | 1.666 |
| $x_{12}$ | 1.102*** | 0.308 | 3.580 | 0.000 | 0.499 | 1.705 |
| $x_{13}$ | -0.192 | 0.292 | -0.660 | 0.511 | -0.763 | 0.380 |
| $x_{14}$ | 0.611* | 0.371 | 1.650 | 0.100 | -0.116 | 1.338 |
| $x_{15}$ | 0.441* | 0.231 | 1.910 | 0.056 | -0.011 | 0.893 |
| cut1 | 0.932 | 2.520 | | | -4.007 | 5.871 |
| cut2 | 4.698 | 2.325 | | | 0.141 | 9.255 |
| cut3 | 6.175 | 2.327 | | | 1.614 | 10.736 |
| cut4 | 8.487 | 2.378 | | | 3.827 | 13.147 |

注：***、**和*分别表示在1%、5%和10%的显著性水平下显著。

（1）农户家庭特征。表6-22显示，在农户家庭特征中，年龄$x_1$和受教育程度$x_2$对联保贷款收入效应均没有显著影响，家庭经营土地面积$x_3$对联保贷款收入效应有显著正向影响。产生这一结果的原因可能与调研对象的主要收入来源有关。由于调研对象的主要收入来源为传统种植业（种植棉花和种植粮食），对劳动人员的年龄和知识技能的要求并不高；相反，家庭经营土地面积越大，对贷款的需求越多，而贷款所带来的收入也应该越多。

（2）社会资本。表6-22结果显示，两类社会资本变量总体上对联保贷款收入效应都有较为显著的影响作用。就水平型社会资本而言，与家庭密切的邻居数量$x_4$和对邻居的信任程度$x_5$与联保贷款收入效应都在1%的显著性水平下显著正相关。与家庭密切的邻居数量和对邻居的信任程度分别代表着农户的社会网络和社会信任。显然，农户的社会网络越丰富，社会信任程度越大，农户就越有可能通过相互交流信息、经验而得到更多好处。对农户的访谈证实这一观点：被调研对象会经常交流各种农业生产资料信息，甚至几个人会自发组成团队进行集体购买，从而获得价格或质量上的优惠。而农忙时是否帮助他人 $x_6$ 与联保贷款收入效应在5%的显著性水平下显著负相关。帮助别人是从互惠的维度体现农户的社会资本，之所以会出现显著负相关，一个可能的解释是：农忙时节，往往是一人忙大家都忙，而在农忙时总是帮助别人的农户往往是因为其家庭经营土地面积较少，农活较少。相应地，从联保贷款获得的收益也会较少。参加过的贷款小组个数 $x_9$ 也与联保贷款收入效应显著负相关。这是因为，在被调研的乌苏市和塔城市两地，农户主要凭借参与联保贷款小组获得贷款，因此，不稳定的联保贷款小组（参与多个联保贷款小组）往往意味着被调研对象原所在联保贷款小组出现违约等纠纷，导致被调研对象需要参与新的联保贷款小组。而是否有亲友担任领导职务 $x_7$、参加村级活动频率 $x_8$ 以及贷款小组组织活动次数 $x_{10}$ 对联保贷款收入效应都没有显著影响。就垂直型社会资本而言，对信贷员的满意度 $x_{11}$ 与联保贷款收入效应显著正相关，说明信贷员业务能力越强、服务效率越高、服务态度越好，农户从联保贷款所获得的收入提升效应就越大。此外，获得联保贷款次数 $x_{12}$、对贷款额度的满意度 $x_{14}$ 和对贷款利率的满意度 $x_{15}$ 对联保贷款收入效应有显著正向影响。说明贷款次数越多，贷款额度越大，贷款利率越低，联保贷款对农户收入提升的作用越大。对贷款期限的满意度 $x_{13}$ 则对联保贷款收入效应无显著影响。

4. 进一步的边际概率分析

为了进一步分析各解释变量单位变化对联保贷款收入效应概率边际变化的影响，本节将利用上节检验选择的有序 Logit 回归模型估计各变量边际概率的影响效应。连续变量 $x_i$ 对因变量落在5种区段概率的平均边际影响由该区段的概率函数 $P(y=j|x_i)$ 关于 $x_i$ 偏导数的样本均值计算。表6-23为边际概率的影响效应，是有序 Logit 回归模型估计的各因素的平均边际概率效应。因为进入5个有序区段的概率之和为1，所以，这5个有序区段上的边际影响之和为0。即联保贷款收入效应落于一个或几个区段的概率与另一个或几个区段的概率

表6-23　边际概率的影响效应

| Y | 负面作用 1 | | 没有作用 2 | | 作用很小 3 | | 作用较大 4 | | 作用很大 5 | |
|---|---|---|---|---|---|---|---|---|---|---|
| | dy/dx | P>\|z\| | dy/dx | P>\|z\| | dy/dx | P>\|z\| | dy/dx | P>\|z\| | dy/dx | P>\|z\| |
| $x_1$ | 0.000 | 0.965 | 0.000 | 0.965 | 0.000 | 0.965 | 0.000 | 0.965 | 0.000 | 0.965 |
| $x_2$ | 0.000 | 0.997 | 0.000 | 0.997 | 0.000 | 0.997 | 0.000 | 0.997 | 0.000 | 0.997 |
| $x_3$ | 0.000 | 0.383 | -0.001* | 0.093 | -0.000* | 0.096 | 0.000* | 0.089 | 0.001* | 0.093 |
| $x_4$ | -0.002 | 0.329 | -0.039*** | 0.001 | -0.022*** | 0.001 | 0.028*** | 0.001 | 0.036*** | 0.000 |
| $x_5$ | -0.004 | 0.347 | -0.079** | 0.015 | -0.045** | 0.016 | 0.056** | 0.014 | 0.072** | 0.014 |
| $x_6$ | 0.002 | 0.365 | 0.041** | 0.049 | 0.023* | 0.051 | -0.029** | 0.045 | -0.037** | 0.049 |
| $x_7$ | -0.001 | 0.518 | -0.032 | 0.400 | -0.018 | 0.401 | 0.023 | 0.399 | 0.029 | 0.400 |
| $x_8$ | 0.000 | 0.788 | -0.007 | 0.781 | -0.004 | 0.780 | 0.005 | 0.781 | 0.006 | 0.780 |
| $x_9$ | 0.005 | 0.329 | 0.113*** | 0.001 | 0.064*** | 0.001 | -0.080*** | 0.001 | -0.102*** | 0.000 |
| $x_{10}$ | 0.003 | 0.417 | 0.055 | 0.184 | 0.031 | 0.187 | -0.039 | 0.184 | -0.050 | 0.182 |
| $x_{11}$ | -0.005 | 0.371 | -0.102* | 0.056 | -0.057* | 0.057 | 0.072* | 0.062 | 0.092* | 0.047 |
| $x_{12}$ | -0.006 | 0.330 | -0.135*** | 0.001 | -0.076*** | 0.001 | 0.096*** | 0.001 | 0.122*** | 0.000 |
| $x_{13}$ | 0.001 | 0.581 | 0.023 | 0.510 | 0.013 | 0.514 | -0.017 | 0.509 | -0.021 | 0.513 |
| $x_{14}$ | -0.003 | 0.386 | -0.075 | 0.103 | -0.042 | 0.105 | 0.053 | 0.102 | 0.068* | 0.100 |
| $x_{15}$ | -0.003 | 0.369 | -0.054* | 0.057 | -0.030* | 0.066 | 0.038* | 0.055 | 0.049* | 0.060 |

注：***、**和*分别表示在1%、5%和10%的显著性水平下显著。

会相互抵消。本书主要探讨社会资本变量对联保贷款收入效应的边际概率影响。

在水平型社会资本方面,与家庭关系密切的邻居数量 $x_4$ 和对邻居的信任程度 $x_5$ 对于农户评价联保贷款落入"作用较大"与"作用很大"的概率影响显著为正,对落入"没有作用"和"作用很小"的边际影响显著为负,对落入"负面作用"则没有显著影响。并且,与家庭关系密切的邻居数量 $x_4$ 的增加,可以使联保贷款效应为"大"的概率提升 6.35%(2.79%+3.56%);而对邻居的信任程度 $x_5$ 增加,可以使联保贷款收入效应为"大"的概率提升 12.75%(6.75%+5.60%)。表明对邻居的信任程度增加比与家庭关系密切的邻居数量的增加,对于联保贷款收入效应为"大"的概率影响更大。相反地,农忙时是否帮助他人 $x_6$ 和参加过的贷款小组个数 $x_9$ 对于农户评价联保贷款落入"作用较大"与"作用很大"的边际影响显著为负,落入"没有作用"和"作用很小"的边际影响显著为正,落入"负作用"则没有显著影响。这一结果刚好印证了书中对 $x_6$ 和 $x_9$ 的回归结果为负的解释。

在垂直型社会资本方面,对信贷员的满意度 $x_{11}$、获得联保贷款次数 $x_{12}$ 和对贷款利率的满意度 $x_{15}$ 对于联保贷款落入"作用较大"与"作用很大"的边际影响显著为正,对落入"没有作用"和"作用很小"的边际影响显著为负,对落入"负面作用"则没有显著影响。并且,对信贷员的满意度 $x_{11}$ 增加,可以使联保贷款收入效应为"大"的概率提升 16.44%(9.22%+7.22%);获得联保贷款次数 $x_{12}$ 的增加,可以使联保贷款收入效应为"大"的概率提升 21.76%(12.20%+9.56%);而对贷款利率的满意度 $x_{15}$ 增加,可以使联保贷款收入效应为"大"的概率提升 8.72%(4.89%+3.83%)。说明获得贷款次数对于联保贷款收入效应影响更大。对贷款额度的满意度 $x_{14}$ 对于农户评价联保贷款落入"作用很大"的边际影响显著为正,对落入"作用较大""没有作用""作用很小"和"负面作用"没有显著影响。

5. 结论和建议

本书基于对新疆维吾尔自治区192户农户的调研数据，用有序Logit回归模型，实证分析了社会资本对农户联保贷款效应的影响。研究发现：

（1）在水平型社会资本中，与家庭密切的邻居数量和对邻居的信任程度对联保贷款效应影响显著为正；农忙时是否帮助他人、参加过的联保贷款小组个数对联保贷款效应影响显著为负；是否有亲友担任领导职务、参加村级活动频率以及小组成员是否组织活动对联保贷款效应影响不显著。

（2）在垂直型社会资本中，对信贷员的满意度、获得联保贷款次数、对贷款额度的满意度和对贷款利率的满意度与联保贷款效应显著正相关，对贷款期限的满意度则对联保贷款效应无显著影响。

（3）边际概率分析表明，对邻居的信任度、对信贷员的满意度和获得联保贷款次数，对联保贷款效应为"大"的概率影响更大。上述结论表明，社会资本对农户联保贷款收入效应具有显著作用。因此，除农户自身要重视社会资本的培育和积累外，政府和金融机构也要为农户创造更多的社会资本，提供更好的环境和机会；同时，通过制度和机制的设计，促使社会资本对农户联保贷款效应发生积极正向作用。

（三）社会关系网络与农户借贷的交互关系对于收入提升的实证影响分析

社会关系网络作为微观层次社会资本最重要的组成部分，可以很好地发挥增加信任、减少信息不对称等作用，从而帮助个体更好地从亲朋好友以及金融机构获得生产生活所需资金，进而提升家庭收入。这一点在乡土情结重、注重人情交往的中国传统农村地区表现得更加明显。朱信凯、刘刚（2009）的实证研究表明，中国农村地区的社会关系网络可以帮助农村家庭获得借贷，其中民间借贷更加常见。由于借贷资金的投入会促进农户收入水平的提高，因此，社会关系网络可以通过带动农户的民间信贷和金融机构贷款这个中介来提高农户家庭收入，进而改善农户借贷与收入提高的关系。胡金焱（2015）研究表明，社会网络通过民间借贷增加农户当期收入的中介效应比例在10%

左右。但是,现有研究大多数都是独立研究社会关系网络对于民间借贷和微型金融的促进作用以及社会关系网络与农户收入的关系,对于社会关系网络与借贷的交互作用在农户收入提高方面发挥的作用分析不足,也没有对不同收入水平的家庭所拥有的社会关系网络在促进借贷和提升收入方面发挥的作用进行比较分析。因此,本书拟通过对中国农村地区的调研对此问题展开分析,探讨中国农村社会关系网络与农户借贷的交互作用对于农户增收的影响,并比较富裕家庭和贫困家庭社会关系网络在农户借贷和收入提升中发挥作用的差异。

1. 实证模型设计

(1) 农户社会关系网络对农户借贷的影响模型。我们用农户借贷作为因变量,社会关系网络作为自变量,并将其他影响民间借贷的因素作为控制变量,包括个人经济和社会特征,如性别、年龄、受教育程度等,构建了实证模型如下:

$$Borrow_i = a_0 + a_1 RN_i + a_2 Age_i + a_3 Sex_i + a_4 EDU_i + \varepsilon_i \tag{6.6}$$

式中,$Borrow$ 表示农户借贷,$\varepsilon_i$ 表示随机误差项,$RN$ 表示农户的社会关系网络,$Age$ 表示年龄,$Sex$ 表示性别,$EDU$ 表示受教育程度。

(2) 社会关系网络和借贷的交互作用对农户家庭收入水平的影响模型。我们用农户收入水平作为因变量,将社会关系网络和农户借贷作为解释变量,年龄、性别、受教育程度和工作年限等其他影响农户收入水平的因素作为控制变量,并且引入了社会关系网络与农户借贷的交互项作为衡量农户借贷对收入的影响如何受到社会资本变量的调节的指标,构建了实证模型如下:

$$Income_i = a_0 + a_1 RN_i + a_2 Borrow_i + a_3 RN \times Borrow_i + a_4 Age_i + a_5 Sex_i + a_6 EDU_i + a_7 WY_i + \varepsilon_i \tag{6.7}$$

式中,$Income$ 表示农户收入水平,$\varepsilon_i$ 表示随机误差项,$RN$ 表示农户的社会关系网络,$Borrow$ 表示农户借贷,$Age$、$Sex$、$EDU$ 和 $WY$ 分别表示年龄、性别、受教育程度和工作年限。

(3) 社会关系网络对借贷的收入效应的直接影响模型。我们直接用农户借贷的收入效应作为因变量,将社会关系网络作为解释变量,年龄、性别、受教育程度和工作年限等其他影响农户家庭收入水平的因素作为控制变量，构建了实证模型：

$$BE_i = a_0 + a_1 RN_i + a_2 Borrow_i + a_3 Age_i + a_4 Sex_i + a_5 EDU_i + a_6 WY_i + \varepsilon_i \quad (6.8)$$

式中，$BE$ 表示农户借贷收入效应，$\varepsilon_i$ 表示随机误差项，$RN$ 表示农户的社会关系网络，$Borrow$ 表示农户借贷，$Age$、$Sex$、$EDU$ 和 $WY$ 分别表示年龄、性别、受教育程度和工作年限。

2. 数据来源和样本划分

本书数据全部来源于调研数据。此次调研主要集中在云南、广西、河南、湖南、河北、新疆6个省份的14个乡镇，调研方式采用发放调查问卷和走访农户的方式。本次调研共发放问卷200份，回收问卷183份，剔除掉数据缺省的问卷，最终获得实际有效问卷171份。为了比较相对富裕家庭和相对贫穷家庭的社会关系网络对借贷的收入效应的影响差异，我们将所有样本家庭按照人均年收入情况分为相对富裕家庭和相对贫穷家庭，如果家庭人均年收入大于等于1万元，则属于相对富裕家庭，否则就属于相对贫穷家庭。

3. 变量选择

（1）农户的社会关系网络（RN）。农户的社会关系网络可以从网络成员规模和网络成员地位两个方面来衡量。在衡量网络成员规模方面，由于个体社会关系网络可以分为强关系和弱关系，强关系指的是与个体关系密切，当个体遇到困难时会毫不犹豫地出手帮助的人，因此，我们通过询问"遇到资金问题时愿意借钱给您的人数"这类问题来测量农户的强关系网络规模。弱关系主要指的是个体认识但不如强关系网络成员那么交往密切的人员，因此，我们用"个人过年期间发送拜年短信的人数"来衡量弱关系网络规模。在衡量网络成员地位方面，我们通过询问"您认识多少在政府部门、金融部门、医生教师和律师、新闻媒体和企业管理层工作的人员？"来衡量网络成员的地位。

（2）农户家庭收入水平（Income）。我们主要用农户家庭年均收入来表示农户家庭收入水平。另外，我们还对农户家庭年均收入取对数来衡量农户家庭收入水平的增加。

(3) 农户借贷收入效应（BE）。我们通过问卷调查分别询问农户"您认为成功获得民间借贷有没有提高您的收入水平？"和"您认为成功获得金融机构贷款有没有提高您的收入水平？"从而获得了民间借贷收入效应（PLE）和金融机构贷款收入效应（BLE）的数据，具体取值分别为：1（基本没有帮助）、2（有一点帮助）和3（有很大的帮助）。

(4) 农户借贷（Borrow）。我们分别用"农户近五年获得的民间借贷金额"和"农户近五年获得的金融机构贷款金额"来衡量农户民间借贷和金融机构贷款。

(5) 控制变量。在其他几个影响农户家庭收入的控制变量中，我们根据最高学历的层次将受教育程度（EDU）划分为"小学、初中、高中、专科、大学本科及以上"几个等级，并依次赋值为1、2、3、4、5；性别（Sex）如果是男性，就赋值为1，否则就为0；年龄（Age）用个体的实际年龄来表示。工作年限（WY）用实际外出打工的年限来表示。

各个变量的定义及具体衡量描述，如表6-24所示。

表6-24　　　　　　　变量的定义及描述

| 定义 | | 符号 | 变量描述 | 衡量指标 |
| --- | --- | --- | --- | --- |
| 农户的社会关系网络 | 强关系网络规模 | SRN | 遇到资金问题时愿意借钱给您的人数 | 具体人数（个） |
| | 弱关系网络规模 | WRN | 个人过年期间发送拜年短信的人数 | 不发=1, 0—50人=2, 51—100人=3, 101—150人=4, 151—200人=5, 201—250人=6, 251—300人=7, 301—350人=8, 351人及以上=9 |
| | 网络成员地位 | RNS | 认识多少在政府部门、金融部门、医生教师和律师、新闻媒体和企业管理层工作的人员 | 依据从事相关职业的数量判断（个） |

续表

| 定义 | 符号 | 变量描述 | 衡量指标 |
|---|---|---|---|
| 农户家庭收入水平 | Income | 家庭年均收入 | 具体收入水平（万元） |
| 民间借贷收入效应 | PLE | 成功获得民间借贷对收入水平提高的影响 | 基本没有帮助 = 1<br>有一点帮助 = 2<br>有很大帮助 = 3 |
| 金融机构借贷收入效应 | BLE | 成功获得金融机构贷款对收入水平提高的影响 | 基本没有帮助 = 1<br>有一点帮助 = 2<br>有很大帮助 = 3 |
| 民间借贷 | PL | 农户近五年获得的民间借贷金额 | 具体数额（万元） |
| 金融机构贷款 | BL | 农户近五年获得的金融机构贷款金额 | 具体数额（万元） |
| 受教育程度 | EDU | 已获得的最高学历 | 初中 = 1<br>高中 = 2<br>专科 = 3<br>本科及以上 = 4 |
| 性别 | Sex | 性别 | "男性" = 1，"女性" = 0 |
| 年龄 | Age | 个体的实际年龄 | 实际年龄数 |
| 工作年限 | WY | 实际外出打工的年限 | 具体年限（年） |

4. 统计数据描述及分析

表 6 – 25 描述的是全样本、相对富裕样本和相对贫穷样本相关变量的均值和标准差。从表中我们可以看出，相对富裕家庭的收入水平均值为 9.579，远远高于相对贫穷家庭样本的收入水平均值 2.568。从社会关系网络的比较来看，无论是弱关系网络规模、强关系网络规模还是网络成员地位，相对富裕家庭样本的平均数值都高于相对贫穷家庭。这说明相对富裕家庭拥有更多的社会关系网络。从借贷数额的比较来看，相对富裕家庭的民间借贷金额和金融机构借贷金额的均值分别为 2.654 万元和 6.058 万元，远远高于相对贫穷家庭的民间借贷

金额 1.351 万元和金融机构借贷金额 1.538 万元。这表明相对富裕家庭更容易获得借贷。从民间借贷和金融机构借贷的收入效应来看，全样本的均值分别为 2.206 万元和 2.463 万元，相对富裕家庭的均值都高于相对贫穷家庭的均值，这说明大多数农户认为借贷对于提高收入水平有一定的帮助，这一点对相对富裕家庭来说体现得更明显。

表 6-25　　　　　　　变量的描述性统计　　　　　　　单位：万元

| 变量名 | 全样本 | | 相对富裕家庭样本 | | 相对贫穷家庭样本 | |
| --- | --- | --- | --- | --- | --- | --- |
| | 均值 | 标准差 | 均值 | 标准差 | 均值 | 标准差 |
| Income | 7.425 | 16.342 | 9.579 | 19.477 | 2.568 | 0.988 |
| WRN | 2.235 | 0.907 | 2.286 | 0.905 | 0.125 | 0.866 |
| SRN | 7.060 | 5.720 | 7.679 | 5.982 | 5.188 | 4.369 |
| RNS | 4.916 | 4.455 | 5.009 | 4.639 | 4.896 | 4.279 |
| PL | 2.284 | 5.406 | 2.654 | 6.289 | 1.351 | 2.409 |
| BL | 4.653 | 8.980 | 6.058 | 10.428 | 1.538 | 2.928 |
| Sex | 1.229 | 0.488 | 1.214 | 0.454 | 1.292 | 0.544 |
| Age | 44.036 | 10.402 | 43.830 | 10.596 | 44.313 | 10.009 |
| EDU | 2.512 | 0.958 | 2.679 | 0.903 | 2.188 | 1.003 |
| WY | 2.614 | 1.229 | 2.705 | 1.235 | 2.417 | 1.200 |
| PLE | 2.206 | 0.794 | 2.259 | 0.791 | 2.083 | 0.794 |
| BLE | 2.463 | 0.699 | 2.527 | 0.671 | 2.313 | 0.748 |

在问卷调查中，我们还了解了农户的收入结构、平均贷款数额和贷款利率以及能成功获得贷款的主要原因等问题。调查结果显示，调查对象中，48%的农户最主要收入来源仍然是种植粮食收入；在所有调查对象中，43%的家庭在过去五年获得过民间借贷，平均借贷金额为 5.37 万元，平均贷款利率为 2.24%；58%的家庭在过去五年获得过金融机构贷款，平均贷款额为 7.825 万元，平均贷款利率为 6.56%。在能成功获得贷款的主要原因的选项中，80%的人认为最主

要的原因是由于个人诚信较好，其次是由于亲戚朋友中人脉较广。这说明对于农户来说，无论是民间借贷还是金融机构贷款，覆盖率并不是太高，贷款金额仍然是以小额贷款为主，贷款利率水平并不高，民间借贷的利率要远远低于金融机构的贷款利率，诚信和关系等社会资本对于贷款成功与否发挥着重要的作用。

5. 实证检验方法和结果分析

我们使用Stata12对模型（6.6）和模型（6.7）的全部样本进行了OLS系数估计和检验，同时采用稳健标准误来解决异方差问题。对于模型（6.8），由于被解释变量是排序的离散变量，因此，我们选择了有序Logit回归方法对全部样本进行系数估计和检验。另外，我们采用豪斯曼检验对解释变量的内生性问题进行检验，结果无法拒绝"所有解释变量均为外生变量"的原假设，显示不存在内生性问题。具体结果分别如表6-26、表6-27和表6-28所示。

表6-26　　　　　　模型（6.6）的实证检验结果

| 被解释变量<br>解释变量 | 全样本 | | 相对富裕家庭样本 | | 相对贫穷家庭样本 | |
| --- | --- | --- | --- | --- | --- | --- |
| | PL | BL | PL | BL | PL | BL |
| Sex | -0.377<br>(-0.68) | -0.520<br>(-0.40) | -0.609<br>(-0.79) | -0.814<br>(-0.41) | 0.172<br>(0.23) | 0.021<br>(0.03) |
| Age | 0.056<br>(1.13) | -0.001<br>(-0.01) | 0.095<br>(1.31) | 0.051<br>(0.50) | 0.0625<br>(1.47) | -0.021<br>(-0.42) |
| EDU | 0.422<br>(1.24) | 1.671*<br>(2.40) | 0.881<br>(1.67) | 2.268*<br>(2.28) | -0.136<br>(-0.60) | 0.091<br>(0.19) |
| WRN | 1.043*<br>(2.53) | 0.836<br>(0.79) | 1.721**<br>(2.86) | 1.328<br>(0.85) | -0.075<br>(-0.23) | 0.260<br>(0.62) |
| RNS | 0.079<br>(1.06) | -0.023<br>(-0.18) | 0.0707<br>(0.76) | 0.042<br>(0.24) | 0.178*<br>(2.21) | -0.069<br>(-0.57) |
| SRN | 0.314**<br>(2.77) | 0.410*<br>(2.34) | 0.336*<br>(2.37) | 0.439*<br>(2.00) | 0.181<br>(1.96) | 0.161<br>(1.21) |

注：t统计量，*表示$p<0.1$，**表示$p<0.05$，***表示$p<0.01$。

表6-27　　　　　　　　模型（6.7）的实证检验结果

| 被解释变量\解释变量 | 全样本 | | 相对富裕家庭样本 | | 相对贫穷家庭样本 | |
|---|---|---|---|---|---|---|
| | Income | lnincome | Income | lnincome | Income | lnincome |
| Sex | 1.760 | 0.0955 | 2.938 | 0.102 | 0.277 | 0.187 |
| | (1.41) | (0.92) | (1.57) | (1.12) | (0.98) | (1.48) |
| Age | 0.035 | 0.008 | 0.0439 | 0.011* | 0.029 | 0.010 |
| | (0.51) | (1.41) | (0.44) | (2.21) | (1.42) | (0.96) |
| EDU | 0.640 | 0.131* | 0.403 | 0.123** | -0.172 | -0.048 |
| | (1.09) | (2.33) | (0.46) | (3.04) | (-0.71) | (-0.36) |
| WY | -0.938 | -0.018 | -1.415 | -0.070 | -0.015 | 0.024 |
| | (-1.84) | (-0.44) | (-1.86) | (-1.92) | (-0.09) | (0.29) |
| WRN | 0.835 | 0.102 | 1.282 | 0.172 | 0.249 | 0.115 |
| | (0.91) | (1.14) | (0.97) | (1.93) | (1.14) | (1.10) |
| RNS | 0.198 | 0.011 | 0.263 | 0.015 | 0.018 | -0.006 |
| | (0.94) | (0.73) | (1.13) | (1.33) | (0.22) | (-0.14) |
| SRN | -0.778*** | 0.000 | -0.896** | -0.014 | 0.093 | 0.0497 |
| | (-3.44) | (0.04) | (-3.20) | (-1.46) | (1.26) | (1.44) |
| PL | -1.287 | -0.049 | -0.640 | 0.018 | 0.153 | 0.069 |
| | (-1.47) | (-0.72) | (-0.64) | (0.40) | (0.30) | (0.34) |
| BL | -0.801 | -0.001 | -0.780 | -0.006 | 0.364 | 0.173 |
| | (-1.27) | (-0.04) | (-1.15) | (-0.33) | (0.75) | (0.95) |
| WRN×PL | -0.445* | -0.010 | -0.604** | -0.008 | 0.028 | 0.007 |
| | (-2.34) | (0.76) | (-2.77) | (-0.83) | (0.31) | (0.18) |
| WRN×BL | 0.514* | 0.008 | 0.477 | 0.004 | -0.126 | -0.050 |
| | (2.20) | (1.22) | (1.97) | (0.60) | (-0.65) | (-0.70) |
| RNS×PL | 0.0779 | -0.006 | 0.080 | -0.007 | -0.000 | 0.002 |
| | (0.81) | (-1.63) | (0.68) | (-1.81) | (-0.01) | (0.12) |
| RNS×BL | -0.102 | 0.000 | -0.110 | -0.000 | -0.011 | -0.001 |
| | (-1.97) | (0.20) | (-1.98) | (-0.01) | (-0.31) | (-0.05) |
| SRN×PL | 0.224*** | 0.006** | 0.210*** | 0.005** | -0.025 | -0.011 |
| | (6.20) | (3.10) | (6.17) | (3.26) | (-0.89) | (-0.95) |
| SRN×BL | 0.070** | 0.001 | 0.078** | 0.002* | -0.012 | -0.009 |
| | (2.76) | (1.14) | (2.79) | (2.17) | (-0.97) | (-1.54) |

注：t统计量，*表示p<0.1，**表示p<0.05，***表示p<0.01。

表 6-28　　　　　　　　模型（6.8）的实证结果

| 解释变量 \ 被解释变量 | 全样本 | | 相对富裕家庭样本 | | 相对贫穷家庭样本 | |
|---|---|---|---|---|---|---|
| | PLE | BLE | PLE | BLE | PLE | BLE |
| Sex | 0.561<br>(1.65) | 0.841*<br>(2.22) | 0.308<br>(0.73) | 0.356<br>(0.72) | 1.323<br>(1.86) | 1.761*<br>(2.43) |
| Age | 0.053**<br>(3.00) | 0.061**<br>(3.00) | 0.033<br>(1.55) | 0.062*<br>(2.41) | 0.112*<br>(2.41) | 0.088<br>(1.93) |
| EDU | 0.146<br>(0.85) | 0.285<br>(1.57) | 0.001<br>(0.01) | 0.392<br>(1.60) | 0.274<br>(0.84) | 0.140<br>(0.43) |
| WY | 0.271*<br>(2.10) | -0.126<br>(-0.93) | 0.144<br>(0.91) | -0.341<br>(-1.87) | 0.338<br>(1.29) | 0.015<br>(0.06) |
| WRN | 0.253<br>(1.31) | 0.544*<br>(2.53) | 0.189<br>(0.78) | 0.802**<br>(2.80) | 0.282<br>(0.77) | 0.078<br>(0.22) |
| RNS | 0.094*<br>(2.04) | 0.052<br>(1.10) | 0.132<br>(1.96) | 0.149<br>(1.84) | 0.082<br>(0.85) | -0.008<br>(-0.09) |
| SRN | 0.001<br>(0.02) | 0.069*<br>(1.96) | 0.006<br>(0.19) | 0.065<br>(1.58) | -0.057<br>(-0.65) | 0.051<br>(0.64) |
| PL | 0.155*<br>(2.57) | | 0.138*<br>(2.19) | | 0.323<br>(1.34) | |
| BL | | 0.013<br>(0.54) | | -0.000<br>(-0.02) | | 0.064<br>(0.60) |
| cut1_cons | 4.063**<br>(2.90) | 3.883*<br>(2.42) | 2.196<br>(1.21) | 3.671<br>(1.64) | 7.825**<br>(2.65) | 5.135<br>(1.81) |
| cut2_cons | 5.734***<br>(3.99) | 5.728***<br>(3.50) | 3.761*<br>(2.04) | 5.628*<br>(2.48) | 9.954**<br>(3.22) | 7.195*<br>(2.46) |

注：t 统计量，* 表示 $p<0.1$，** 表示 $p<0.05$，*** 表示 $p<0.01$。

（1）模型（6.6）的实证检验结果。模型（6.6）重点考察农户的社会关系网络对于农户借贷的影响。检验结果表示，在控制其他解释变量的条件下：

第一，在全样本和相对富裕家庭样本中，弱关系网络规模 WRN 和强关系网络规模 SRN 都对于民间借贷 PL 的影响显著为正，前者的影响系数分别为 1.043 和 1.721，后者的影响系数分别为 0.314 和 0.336。这说明无论是弱关系网络规模还是强关系网络规模在帮助农户获得更多的民间借贷中都发挥了积极的作用。对于被解释变量为农户金融机构贷款 BL 来说，只有强关系网络规模 SRN 影响系数显著为正。弱关系网络规模 WRN 和网络成员地位 RNS 的影响系数都不显著。这说明强关系网络规模在帮助农户获得金融机构贷款中也发挥了重要的作用。

第二，对于相对贫穷家庭样本来说，只有网络成员地位 RNS 对于民间借贷 PL 的影响显著为正，系数为 0.178。其他两个社会关系网络规模的变量对于民间借贷和金融机构贷款的影响系数都不显著。这说明，对于相对贫穷家庭来说，除网络成员地位在帮助他们获得民间借贷方面发挥了一定的作用外，其他社会关系网络规模在帮助他们获得借贷方面并没有体现出显著的作用。社会关系网络对于借贷的积极影响远远不如相对富裕家庭。这可能是因为相对贫穷家庭的社会关系网络总体来说质量和数量都比较差，因此，在帮助个体获得资源方面发挥的作用较小。

第三，其他控制变量中，只有教育在全样本和相对富裕家庭样本中体现出来对于金融机构贷款 BL 有显著的正向影响。

(2) 模型 (6.7) 的实证检验结果。模型 (6.7) 重点考察农户的社会关系网络与农户借贷的交互变量对于农户家庭收入的影响。检验结果显示，在将与社会关系网络存在交互作用的变量 PL 与 BL 均设为零并控制其他解释变量的条件下：

第一，在全样本中，强关系网络规模 SRN 与民间借贷 PL 的交互变量对于农户家庭收入的总量 Income 的影响显著为正，而农户家庭收入的提高 lnincome 的影响也显著为正，系数分别为 0.224 和 0.006，强关系网络规模 SRN 与金融机构借贷 BL 的交互变量对于农户家庭收入的总量 Income 的影响显著为正，系数为 0.070。这说明强关系网络规模可以提高民间借贷和金融机构贷款对于农户家庭收入总量和收入提高的影响。

第二，在全样本中，弱关系网络规模 WRN 与金融机构贷款 BL 的交互变量对于农户家庭收入总量的影响显著为正，但弱关系网络规模与民间借贷 PL 的交互变量对于农户家庭收入总量 Income 和农户家庭收入提高 lnincome 的影响却显著为负。这说明弱关系网络规模可以提高金融机构贷款对于收入的影响，但会降低民间借贷对于收入的影响。这可能是因为金融机构贷款利率一般处于正常水平，但民间借贷的利率则呈现两个极端，要么很低要么很高。强关系网络支持的民间借贷一般都是无息借款，因此不会对借款人带来沉重的利息负担，有利于借款人收入水平的提高。但弱关系网络支持的民间借贷则大多数属于高息贷款，利率水平远远高于正常金融机构贷款，因此会给借款人带来沉重的利息压力；反而不利于其收入的提高。

第三，相对富裕家庭样本的检验结果基本上与全样本相同，只是影响效果更大一些。但是，对于相对贫穷家庭样本来说，基本上所有的交互变量的影响都不显著。这说明相对贫穷家庭的社会关系网络难以发挥显著提高农户借贷对于收入提高的积极作用。具体原因可能仍然是因为相对贫穷家庭的社会关系网络的总量和质量都不高。

（3）模型（6.8）的实证检验结果。模型（6.8）重点考察的是农户的社会关系网络对于农户借贷收入效应的直接影响。检验结果显示，在控制其他解释变量的条件下：

第一，在全样本中，社会关系成员地位 RNS 对于农户民间借贷收入效应影响显著为正，系数为 0.094。弱关系网络规模 WRN 与强关系网络规模 SRN 对于农户金融机构贷款收入效应的影响都是显著为正的，系数分别为 0.544 和 0.069。这说明社会关系成员地位对于提升民间借贷收入效应具有积极的影响，而社会关系网络规模则对于提升金融机构借贷收入效应具有积极的影响，社会关系网络规模越大，则金融机构借贷对于收入的提高越有帮助。

第二，在相对富裕家庭样本中，弱关系网络规模 WRN 对于金融机构借贷的收入效应的影响显著为正，系数为 0.802，远远高于全样本中的该系数。这说明对于相对富裕家庭来说，弱关系网络规模在提升金融机构借贷的收入效应方面发挥着更大的积极作用。但是，对于相对贫穷家庭样本来说，仍然基本上所有变量的影响系数都不显著。

为了检验上述结论的稳健性，我们采用广义最小二乘法（GLS）对模型（6.6）和模型（6.7）进行估计。采用有序 Probit 回归模型对模型（6.8）进行估计。结果与上述结论基本类似。因此，我们的结论是可靠的。

6. 结论与政策建议

本书利用中国农村地区的调研数据对农户社会关系网络对于农户借贷与农户增收关系的影响进行了实证研究，既分析了社会关系网络与农户借贷的交互变量对于农户收入的影响，又分析了社会关系网络对于农户借贷收入效应的直接影响，并比较了相对富裕家庭样本和相对贫穷家庭样本的差异。研究结论显示：

第一，强关系网络规模可以帮助农户获得更多的民间借贷和金融机构贷款，并提高民间借贷和金融机构贷款对于农户家庭收入总量和收入提高的影响。

第二，弱关系网络规模可以帮助农户获得更多的民间借贷，但由于弱关系网络规模支持的民间借贷大多数属于高息贷款，利率水平远远高于正常金融机构贷款，因此会给借款人带来沉重的利息压力，反而不利于其收入的提高。

第三，社会关系成员地位对提升民间借贷收入效应具有积极的影响，而社会关系网络规模则对提升金融机构借贷收入效应具有积极的影响。

第四，对于相对富裕家庭来说，社会关系网络在提升借贷和提高借贷收入效应方面都发挥着更明显的作用。但相对贫穷家庭的社会关系网络由于质量和数量都比较差，因此难以发挥显著提高借贷对于收入提高的积极作用。这种富裕农户家庭和贫穷农户家庭社会关系网络的差异会进一步扩大农户间的收入差距，恶化金融发展与收入分配的关系。

因此，要充分发挥出社会关系网络对于借贷收入效应的积极影响，应该采取以下三个方面的措施：

首先，农户尤其是贫困农户应该重视对社会关系网络的投入和维护，增加社会关系网络的异质性。除农户自身的努力外，政府也应该采取积极措施,鼓励支持贫困农户发展社会关系网络,提高贫困者的社会地位,培养邻里、亲属以及其他社会关系之间的相互帮助精神,从而提高贫困农户家庭社会关系网络的数量和质量,缩小贫困农户与富裕农户之间的收入差距。例如,可以通过完善社会保障和扶持救助机制,满足贫困农户的基本生活需求;增加对贫困农户的教育技术培训投入,引导农户合理使用借贷资金,通过扩大再生产以及工商业经营发展来提升收入水平。

其次,农村金融也应该立足于乡土社会自身的特点,利用农户社会关系网络的抵押和信任作用,加大金融创新,推出适合农户借贷需求的金融产品。

最后,应该规范发展民间金融,遏制民间借贷中的恶性高利贷和非法融资等问题,防范民间借贷的融资风险。

(四) 农民工个人社会资本、民间借贷与收入提升关系的实证影响分析

随着中国城市化和工业化进程的推进,大量的农民离开农村进入城市,成为城市中的流动人口,为中国经济发展做出了重要贡献。城市农民工的工资性收入已经成为农民收入的主要来源,因此,农民工的收入增长对于提高农民收入水平、减小城乡收入差距具有重要的意义。

但是,长期以来,庞大的农民工群体都生活在城市的底层,集中在低薪和高危行业工作,工作、收入、住房和社会保障都不稳定,难以实现市民化转变。因此,他们是城市中典型的低收入群体。

众多研究表明,农民工个人社会资本和民间借贷在帮助及支持农民工提升收入水平方面发挥着重要的作用。个人社会资本最主要的构成就是社会关系网络,社会关系网络可以通过共享信息、分担风险以及改善集体决策等机制影响个人的人力资本积累、职业以及资本借贷,进而起到缓解贫困和提高收入的作用。可见,社会网络对个人增收的作用机制并非简单的资金叠加与要素直接作用,而是与其他机制之间存在复杂的交互作用和共生性,其中一个重要的作用机制就是通过促进民间借贷来改善个人的经济状况。

虽然社会资本可以通过民间借贷这个中介机制来影响个人收入水平，但既有的实证研究大多是单独分析社会网络与民间借贷的关系以及民间借贷对于农民增收的作用，对于社会资本与民间借贷的交互作用分析不足，以农民工作为主要分析对象的研究也比较欠缺。事实上，社会关系的强弱程度对于民间借贷的资金利率会产生不同的影响，民间借贷资金的使用方向也会影响农民工收入水平的提升程度。因此，本书在社会资本与民间借贷的基础上，引入了一个社会资本与民间借贷的交互项，分析社会资本、民间借贷以及两者之间交互作用对农民工收入水平的影响。

1. 农民工个人社会资本、民间借贷与收入之间的理论关系分析

（1）农民工个人社会资本的特征。社会资本主要存在于人际关系的结构之中。普特南（1993）将社会资本定义为：个体之间通过社会网络以及基于社会网络形成的互惠和信赖的价值规范建立的联系。通过对众多社会资本定义的梳理，我们发现，社会资本定义的核心词汇就是网络、信任和规范。因此，社会资本可以界定为通过行为个体间或组织间交往联系所形成的社会网络、信任与规范来获取资源并由此获益的能力（马宏、汪洪波，2013）。

农民工在空间上的流动和工作上的变动使农民工打破了原有社会网络的地域限制，社会关系网络逐渐拓宽。但中国传统农村社会网络的主要组成要素就是亲缘和地缘关系。这种长期对血缘、地缘关系的重视，影响着社会网络中人们的生活方式和社会交往方式，并且没有因为主体生活地点、职业等的改变而改变（白小瑜，2005）。农民工由于其是从农民转化而来，在城市中处于边缘化状态，因此，其个人社会资本仍然保留着农民社会网络的一些特性，具有较强的亲缘、地缘性，往往由强关系网络组成，这种网络往往具有规模小、紧密度高、异质性低、网络资源含量较低等特点。

第一，网络规模小。由于农民工脱胎于农民，在城市工作时，具有天然的外来性特点，其大多数社会关系存在于乡村中，因此，在城市生活中的社会关系较少，并且传统乡土社会是以婚姻、血缘、宗族关系为纽带形成的社会网络，具有相当的地域性。社会关系的地域性

意味着农民工若想在社会关系网络范围外活动则十分有限，而且因为其社会网络中各个成员往往十分熟悉，容易形成各自独立的社会圈子，因而农民工的社会网络规模较小。

第二，强关系网络特点突出。农民工群体作为从农业中脱离出的劳动群体，具有与农民相类似的社会资本模式，即基于血缘、婚姻、亲缘、地缘关系形成的，交往范围局限于乡村活动圈的保守、封闭、排外的社会资本。因此，对于进入城市工作的农民工，在其社会网络中由血缘、地缘组成的强关系网络成为社会网络的主要组成部分。

第三，网络异质性低。由于农民工从事职业的行业间流动性普遍较少，以及农民工自身人力资本水平普遍较低，使农民工群体接触不同行业人群的机会较少，难以形成优良的网络结构或积累一定的网络异质性，社会网络具有较高的趋同性，异质性较低。

（2）社会资本、民间借贷与收入之间的理论关系。学者一致认为，社会资本在缓解贫困、提高居民个体收入方面发挥着积极的作用，这主要是因为社会资本可以通过网络内部的信息分享和传播以及协调集体一致行动等机制促进个体的人力资本积累，增加个体在劳动力市场上的优势，满足个体的资金需求。张学志（2012）研究发现，拥有较高社会资本的农民工的收入会明显高于低社会资本的农民工。

由此可见，社会资本对于居民个体收入水平的影响主要是通过教育、就业和金融信贷三个中介机制来发挥作用的，其中，金融信贷中介机制作用的发挥主要是由于社会资本关系网络、信任和规范减少了由信息不对称带来的道德风险和逆向选择问题，提高了还款者的还款激励，降低了贷款风险，从而促进了金融市场的发展。金融市场发展使个体的资金需求得到满足，进而提高了个体的收入水平。

对于广大农民工而言，由于缺少抵押品以及信用担保，农民工很难通过正规金融渠道借到消费和投资所需要的资金，可依赖的、最可靠的融资渠道仍然是民间借贷。在中国，目前民间借贷的核心方式就是亲友间的借款，其载体是社会网络。可见，非正式借贷是农户的重要融资途径，而这种非正式的借贷又依赖他们所在的家族与社区的社会资本（Fat Champs，2006）。因此，社会资本影响农民工收入水平的金融中介机制就是通过带动民间信贷提高农民工收入水平。胡必亮指出，在中国正式金融制度尚未十分完善的情况下，拥有一定数量的社会资本能帮助自我雇佣的农民工获得更广泛的民间信贷网络。王超恩（2015）研究认为，社会资本对农民工获得有效借贷具有显著的正向影响。胡金焱（2015）研究提出，社会网络对农村居民增收的影响效应中有接近10%的比例来自民间借贷的中介效应。

虽然理论上说社会资本可以促进民间借贷的发展，进而间接地促进个体收入的增加。但基于社会关系网络的民间借贷不同于正规金融市场借贷，其资金利率水平和资金投向的个体差异很大，并且直接受到社会关系网络数量和质量的影响。经验表明，农民工民间借贷存在零息借贷和高利贷并存的现象。农民工民间借贷的资金用途一般有两种。一是为了抵御风险、平滑消费而发生的家庭子女教育与婚丧嫁娶、应付灾病等纯生活性支出；二是为了进行创业投资而发生的生产性支出。一般来说，借贷利率水平的高低主要是与交易双方关系的亲密程度呈正相关关系，即双方关系越亲密，民间借贷的利率会越低。在情感型关系占主导地位的基于血缘的家族关系网络中发生的民间借贷的利率多是无息或低息资金，资金投向以生活型支出为主。而在工具型关系占主导地位的基于地缘、业缘关系网络中发生的民间借贷一般借贷规模较大，贷款利率较高，资金投向以生产性支出为主。

由此可见，社会资本对个体收入影响效应会受到民间借贷资金利率和投向的影响。如果利率水平高，借贷风险就会增加，资金只有投入生产性支出时，才能弥补借贷资金成本获取投资收益，从而增加居民个体的收入水平；如果资金主要投向于生活性支出，由于抵御风险和平滑消费的资金借贷只能提高人们福利，无法帮助其致富，因此，对个体收入影响较少。众多实证研究表明，在我国农民将社会关系网络更多看作遇到灾害时的非正式保险机制，资金投向主要是生活性支出，因此，中国农民工基于社会资本的民间借贷对于收入水平的提高并不显著。王丽萍等（2006）对陕西248家农户资金借贷现状的实证分析，发现农户资金借贷主要来源是民间金融，借贷资金主要投向于生活消费项目。武岩、胡必亮（2014）研究发现，以亲缘、地缘为主的原始性资本对农民工收入的影响逐渐消失，新型社会资本中的工具性资本对农民工的收入和差距的影响逐渐增加。刘林平（2007）的研究结论表明，社会资本对农民工工资收入没有显著影响。张爽等（2007）研究发现，只有社区层面的社会网络、公共信任对农村减贫有作用，家庭层面的社会资本并无显著作用。

因此，社会资本（主要为个人社会网络）、民间借贷机制与农民工收入的关系可用图6-1表示。

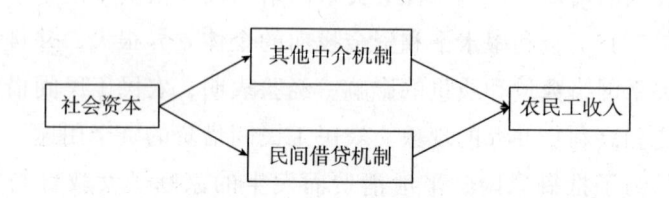

**图6-1 社会资本、民间借贷与农民工收入之间的关系**

据此，下面提出三个假说：其一，拥有更多社会网络的农民工更容易获得民间借贷；其二，拥有更多社会网络的农民工的收入水平更高；其三，基于社会关系网络的民间借贷对于农民工收入水平的影响较小。

2. 农民工社会资本与民间借贷对其收入影响的实证模型设计

（1）农民工社会资本对民间借贷的影响模型。我们用农民工民间借贷作为因变量，社会资本作为自变量，并将其他影响民间借贷的因素作为控制变量，包括个人经济和社会特征，如性别、年龄、受教育程度等，构建实证模型如下：

$$FC_i = a_0 + a_1 SC_i + a_2 Age_i + a_3 Sex_i + a_4 EDU_i + \varepsilon_i \tag{6.9}$$

式中，$FC$表示民间借贷，$SC$表示社会资本存量，$Age$表示年龄，$Sex$表示性别，$EDU$表示受教育程度，$\varepsilon_i$表示随机误差项。

（2）社会资本、民间借贷对农民工收入水平的影响模型。我们用农民工收入水平作为因变量，将社会资本、民间借贷作为解释变量，职业流动、受教育程度和工作年限等其他影响农民工收入水平的因素作为控制变量，并且引入了社会资本与民间借贷的交互项作为衡量民间借贷对收入水平的影响如何受到社会资本变量的调节的指标，构建实证模型如下：

$$Income_i = a_0 + a_1 SC_i + a_2 Borrow_i + a_3 SC \times Borrow_i + a_4 Mobility_i + \\ a_5 EDU_i + a_6 WY_i + \varepsilon_i \tag{6.10}$$

式中，$Income$ 表示农民工收入，$SC$ 表示社会资本，$Borrow$ 表示民间借贷，$Mobility$ 表示职业流动，$EDU$ 表示受教育程度，$WY$ 表示工作年限，$\varepsilon_i$ 表示随机误差项。

3. 变量衡量与指标的选择

（1）农民工收入水平的衡量与指标选择。在衡量农民工收入水平时，我们主要采用"月薪"指标进行衡量。

（2）农民工民间借贷的衡量与指标选择。由于农民工民间借贷主要是找其亲戚朋友老乡借贷，其亲戚朋友老乡中有能力并且愿意借钱给农民工的人数越多，农民工借钱越容易，融资需求越容易得到满足。因此，我们用问卷调查中"农民工亲戚朋友老乡中愿意借钱给他的人数"作为衡量农民工获得民间借贷是否容易的衡量指标。该指标越高，农民工民间借贷的数量需求就越容易得到满足。

（3）社会资本的衡量与指标选择。在社会资本的衡量中，根据学者对社会资本采取的多维度测量方法，本书选取了应用最多的网络规模和网络异质性两个衡量指标，综合测量农民工社会资本的现状。考虑到网络规模形成的弱关系网络在社会资本形成中发挥着重要的作用，而大部分农民工在进入城市后基本上都是在做同种类型工作，农民工的社会关系群体的异质性并不是特别强，因此，在综合两个维度测量农民工社会资本时，设定网络规模的权重为 0.6，网络异质性权重为 0.4，即社会资本 = 0.6 × 网络规模 + 0.4 × 网络异质性。

网络规模是指与农民工存在社会关系的其他农民工数量的集合。测量网络规模的指标有很多，有的学者采取提名法，即通过询问"愿意在困难时施以援手的人数"或"遇到资金问题时愿意借钱给你的人数"这类问题，测量与农民工有关的社会网络规模。但是，这种方法测量出的一般为强关系网络，而在职业搜索及职业发展问题时，弱关系网络反而能起到更大的作用。因此，本书为弥补这一测量方法的缺陷，在提名法的基础上，采取了边燕杰、张文宏（2001）测量社会资本的指标"过年期间发送拜年短信人数"。在这种方法下，既包括强关系网络又涵盖了弱关系网络，可以成为测量网络规模的有效替代指标。

由于不同职业之间的差异性比较明显，其能够获得的社会资源也不同。因此，在考察社会网络的差异性时，我们可以依据"网络中存在的不同职业数量"指标进行估计。

（4）农民工职业流动指标的选择及衡量。由于农民工职业地位大多处于社会底层，能获得向上职业流动的机会很少。我们对农民工职业流动的调查也显示，农民工向上流动的样本很少，绝大多数都是平行流动。因此，本书主要从流动频率方面考察农民工的职业流动，我们借鉴姚菲菲（2014）衡量农民工职业流动频率的方法，用"变更工作的次数"作为测量农民工的职业流动性强弱的指标。

（5）受教育程度的衡量指标。受教育程度和农民工收入之间存在紧密的联系，受教育程度较高的农民工拥有更高的收入水平。卢志刚和宋顺峰（2006）指出，各级政府部门应该鼓励在农村进行人力资本的投资，从而提高农民的生产效率。戴建春（2010）认为，文化素质的差异是导致农民工与城镇职工收入差距的主要因素之一。在衡量受教育程度指标时，本书采取朱志胜（2014）的受教育程度衡量方法，并考虑到农民工受教育程度的分布情况，根据最高学历的层次将受教育程度划分为初中、高中、专科、大学本科及以上几个等级，并依次赋值为"1、2、3、4"。

（6）性别、年龄和工作年限的衡量指标。我们用"1"表示男性，"0"表示女性。用"个体实际年龄"来表示年龄。用"来武汉的时间"作为测量工作年限的指标。

各个变量的定义及具体衡量描述如表6-29所示。

表6-29　　　　　　　　　　变量的定义及描述

| 定义 | 符号 | 变量描述 | 衡量 |
|---|---|---|---|
| 职业流动 | Mobility | 自开始工作以来更换工作的次数 | 从未更换=1<br>1—2次=2<br>3—6次=3<br>7—10次=4<br>10次以上=5 |
| 收入水平 | Income | 月薪 | 2000元以下=1<br>2000—4000元=2<br>4001—6000元=3<br>6001—8000元=4<br>8000元以上=5 |
| 受教育程度 | EDU | 已获得的最高学历 | 初中=1<br>高中=2<br>专科=3<br>本科及以上=4 |
| 民间借贷 | Borrow | 民间借贷的容易程度 | 农民工亲戚朋友老乡中愿意借钱给他的人数 |
| 性别 | Sex | 性别 | 男性=1，女性=0 |
| 年龄 | Age | 实际年龄 | 实际年龄 |
| 工作年限 | WY | 在武汉工作的年限 | 来武汉的时间长短 |
| 社会资本 | SC | 主体能从社会网络中获取的潜在资源存量 | 0.6×网络规模+0.4×网络异质性=0.6×1+0.4×2 |
| 社会资本 | 网络规模 $x_1$ | 主体过年发送拜年短信的人数 | 不发=1，0—50人=2<br>51—100人=3，101—150人=4<br>151—200人=5，201—250人=6<br>251—300人=7，301—350人=8<br>351人及以上=9 |
| 社会资本 | 网络异质性 $x_2$ | 主体的亲属及朋友从事职业种类的多少 | 依据个体亲友从事职业的数量判断 |

### 4. 样本设计与数据来源

作为中部大型城市的武汉市位于中部崛起的"脊梁"处，地理位置优越，交通便利，经济发展迅速。大量的基础建设及急速增长的服务行业需求，吸引了相当数量的农民工在此聚集，其农民工的职业特性和社会资本特征具有一定的代表性，因此，本书选择武汉市农民工作为调查对象进行了问卷调查。本次调查以随机抽样方式，对武汉洪山区、汉阳区、江夏区、武昌区等数十个工地、车间及流动人才市场进行了抽样调查。调查内容涉及被调查对象个人基本特征、职业流动性特征、家庭情况、工作特征和社会网络特征五个方面。经过调查人员深入各个工地与市场，通过面对面访谈的形式，发放问卷150份，并获得有效问卷109份，剔除职业流动性残缺数据问卷5份，共收集数据支持试卷104份。变量的描述性统计如表6-30所示。

表6-30　　　　　　　变量的描述性统计

| 变量 | 样本数 | 均值 | 标准差 | 最小值 | 最大值 |
| --- | --- | --- | --- | --- | --- |
| SC | 104 | 3.38 | 1.39 | 1 | 8.2 |
| Mobility | 104 | 1.93 | 0.83 | 1 | 5 |
| Income | 104 | 2.5 | 0.91 | 1 | 6 |
| EDU | 104 | 1.91 | 0.94 | 1 | 4 |
| Sex | 104 | 0.89 | 0.31 | 0 | 1 |
| FC | 104 | 7.12 | 11.40 | 0 | 100 |
| Age | 104 | 31.58 | 9.28 | 18 | 56 |
| WY | 104 | 3.45 | 4.68 | 0.1 | 30 |

### 5. 实证检验方法和结果分析

（1）模型1的实证方法和结果。我们使用Stata12对实证模型1样本进行OLS系数估计和检验，检验结果如表6-31所示。

表6-31　　模型1影响民间借贷的重要变量的回归系数

| 变量名称 | 系数 | z | P>|z| |
|---|---|---|---|
| 社会资本 | 3.32 | 1.90 | 0.061 |
| 性别 | 3.98 | 1.63 | 0.105 |
| 年龄 | -0.31 | -1.69 | 0.094 |
| 受教育程度 | -2.37 | -1.12 | 0.26 |
| 常数项 | 6.72 | 1.71 | 0.091 |

结果显示，农民工社会资本对其民间借贷容易程度的影响系数在10%的显著性水平下显著为正，并且影响系数高达3.32，即农民工社会资本存量每变动一个单位，农民工的民间借贷容易程度就会提高3.32个单位，这说明，农民工的社会资本网络是影响其民间借贷难易程度的主要因素，社会资本存量越多，农民工越容易获得民间借贷。性别对民间借贷难易程度的影响也显著为正，影响系数为3.98。但是，年龄对民间融资需求满足度的影响则显著为负，即年龄越大的人，越难通过民间借贷借到所需要的资金。受教育程度对于民间借贷的影响则不显著。

（2）模型2的实证方法。用普通回归OLS分析数据的最重要前提是解释变量与扰动项不相关。由于本书的解释变量社会资本与被解释变量收入水平之间存在相互影响的关系。一方面，社会资本积累越多的个体能够获取更多的工作信息和机会，降低交易成本，也就更容易提高个体收入水平；另一方面，社会资本的形成不仅需要时间和精力，还需要资金的支持，因此，收入水平在维持、巩固社会关系网络中也起着重要作用。个体的收入水平越高，所积累的社会资本越多。因此，解释变量与被解释变量之间存在内生性问题。我们采用豪斯曼检验对解释变量的内生性问题进行检验，结果也强烈拒绝了"所有解释变量均为外生变量"的原假设，显示存在内生解释变量。因此，为了解决内生性问题，本书在进行实证分析时引入工具变量法，并选择广义矩估计法，即GMM估计法进行参数估计。

第一，工具变量的选择。有效的工具变量一定是与社会资本存在较大相关性，而不受收入水平的影响。因此，我们主要从影响社会资本的因素中来寻找合适的工具变量。杨青青、苏秦（2012）等学者提出教育、就业、住房、媒体、消费、通信、性别和年龄等因素都对个人社会资本的积累有一定影响。其中，年龄和性别等变量相对独立，不受收入水平的影响。因此，我们选择年龄和性别作为社会资本的工具变量。

第二，GMM 估计法。GMM 估计法是当模型实际参数满足一定矩条件时所采取的一种参数估计方法。在 GMM 估计法之前的传统计量经济学估计方法中，参数估计量必须在满足某些假设，比如模型的随机误差项满足正态分布或某一可知分布时，才是可靠的估计量。然而，GMM 估计法却不需要知道随机误差项的准确分布信息，其对随机误差项存在异方差和序列相关的要求不敏感，因而用 GMM 估计法得到的参数估计量比其他参数估计方法更有效。因此，GMM 估计法广泛地应用于变量具有内生性、误差项存在异方差等情况时的参数估计。考虑到本书的变量特征，我们主要采用 GMM 估计法实证检验农民工民间借贷难易程度、社会资本等变量对农民工个人收入水平的影响系数。

另外，我们使用适用于工具变量的计量方法二阶段最小二乘法（2SLS）对实证模型（6.6）进行了实证检验，检验结果见表 6-32。实证结果与 GMM 检验的结果基本相同。这说明上述 GMM 的回归结果是健全可信的。

（3）实证结果分析。在使用工具变量法时，必须对工具变量的有效性进行检验。进行过度识别检验的前提是该模型至少是恰好识别的，即有效的工具变量至少与内生解释变量一样多。过度识别检验的原假设为"$H_0$：所有工具变量都是外生的"。如果拒绝了原假设，则认为至少某个变量不是外生的，是与扰动项相关的变量。因此，在数值估计之前，我们需要对替代社会资本这个内生解释变量的工具变量进行过度识别检验，以确认工具变量与被解释变量无关，而与解释变量相关。具体检测数据的 P 值为 0.4479，因此接受原假设，认为工具变量均外生。故在后面的估计中，性别和年龄可以作为社会资本的工具变量代入。GMM 和 2SLS 的系数估计结果如表 6-32 所示。

表 6-32　多种检验方法下的影响收入水平的重要变量的回归系数比较

| 变量 | 2SLS | 迭代 GMM |
| --- | --- | --- |
| 职业流动 | -0.24*<br>(-1.62) | -0.29*<br>(-1.89) |
| 社会资本 | 0.75**<br>(2.04) | 0.79**<br>(2.09) |
| 受教育程度 | 0.09<br>(0.54) | 0.07<br>(0.46) |
| 民间借贷 | 0.12**<br>(2.14) | 0.13**<br>(2.23) |
| 社会资本×民间借贷 | -0.002**<br>(-2.15) | -0.03**<br>(-2.22) |
| 工作年限 | 0.07***<br>(3.22) | 0.07***<br>(3.38) |
| 常数项 | -0.22<br>(-0.18) | -0.33<br>(-0.26) |

注：表中括号内为 z 值，***、**和*分别表示显著性水平为 1%、5% 和 10%。

估计结果显示：

第一，社会资本和民间借贷都在 5% 的显著性水平下对农民工收入水平具有显著的正向影响，GMM 检验方法下，社会资本的影响系数为 0.79，民间借贷的影响系数为 0.13。这说明，农民工社会资本的积累是影响其收入水平的主要因素，在将与民间借贷存在交互作用的变量设为零并控制其他解释变量的条件下，社会资本增加 1 个单位，其收入水平会增加 0.79 个单位。民间借贷对于农民工收入水平的影响系数虽然不是很高，但也显著为正，能在一定程度上促进农民工收入水平的提高。

第二，代表社会资本与民间借贷交互效应的变量社会资本×民间借贷对于农民工收入水平的影响系数在 5% 的显著性水平下为 -0.03。

这说明，民间借贷对收入水平的影响系数会受到社会资本的调节，社会资本的引入会降低民间借贷对于个人收入水平的影响。虽然这种降低效应比较小，但反映出中国农民工过多地依赖于社会关系网络发展的民间借贷对于个人收入水平的积极影响是有限的。这可能是因为农民工基于社会关系网络获得的民间借贷资金主要投向是增加个人福利的生活性支出，而不是增加个人收入的生产性支出。

第三，其他影响因素方面，工作年限对于收入水平的影响显著为正，职业流动对收入水平的影响显著为负，受教育程度对收入水平的影响不显著。2SLS 的检验结果与 GMM 类似。这说明，农民工工作年限的积累可以促进农民工收入水平的提高，但是，过度频繁地变换工作却不利于农民工收入水平的提高。

6. 结论与建议

综合上述分析可以看出：首先，农民工社会资本积累有利于农民工民间借贷的获得，而社会资本和民间借贷的获取都有利于农民工个人收入水平的提高。因此，可以通过适当扩展农民工的社会网络来促进民间借贷的发展，从而进一步提升农民工的收入水平。农民工应该通过多种渠道积极扩展自身的社会资本积累。其次，农民工可以进一步加强与工友、亲戚、老乡的交流，强化自身强资本网络的作用。最后，农民工也可以参加一些培训组织和社会组织的方式来拓宽自身的交往圈，建立出工友、老乡、亲属外更多的熟人圈，扩大社会网络规模。

另外，农民工民间借贷对收入水平的影响会受到社会资本的调节，现阶段主要表现为社会资本的引入会降低民间借贷对于个人收入水平的影响，这说明，中国农民工过多地依赖于社会关系网络发展的民间借贷对于个人收入水平的积极影响是有限的。这可能是因为现阶段农民工获得的民间借贷主要是基于情感型关系占主导地位的亲戚提供的，借贷资金大多为"零利率"或低利率，对借款者的还款压力和约束较弱，借贷资金大多投向于增加个人福利的生活性支出，而不是增加个人收入的生产性支出。因此，未来要大力发展工具型关系占主导地位的地缘、业缘、学缘等方面的社会关系网络，并借助于社会资本的作用大力发展正式的微型金融机构为农民工提供融资服务，充分发挥出信贷对于农民工的约束力和还款压力，促使农民工将信贷资金更多地投入到生产性投资中，从而增加个体的收入水平。

## 第四节 社会资本分布的不均衡对金融发展与收入分配关系的影响

### 一 理论假说

社会资本的多少取决于个人或组织拥有的资源、关系网络等。改革开放后，随着经济体制的改革，各种要素参与分配，不同社会阶层在受教育程度、财富、地位、权力以及社会关系等方面都存在很大的差距，社会中处于不同群体的人群拥有的社会资本存量存在明显的差异性；同时，由于地区经济发展的不平衡和国有企业改革的不彻底，中国不同区域企业之间以及不同规模产权企业之间的社会资本存量和质量也存在较大的差异。因此，中国不同企业和不同群体拥有的社会资本存量的分布严重不均衡，呈现出两极分化的趋势。

这种社会资本分布严重不均衡的状况会加大金融资源在不同组织和不同收入群体中的分配差距，使金融发展由于金融资源分配的不均衡而扩大居民收入差距的局面进一步恶化。并且社会资本的封闭性、排他性等特点使社会资本还具有阻碍该群体之外的其他人获得为该群体控制的特定社会资源、排斥外人与阻止圈内外互动等消极后果，导致在社会资本的分布不平衡的基础上各个阶层形成了相对封闭的小圈子，阻隔了各个阶层之间社会资源的共享，形成了社会资本分布的固化，从而使社会资本对于金融发展的收入分配效应的恶化效应在较长一个时期内持续存在。另外，社会关系网络的代际传递功能带来的"马太效应"还会使金融发展的收入分配效应进一步恶化。因此，社会资本分布的不均衡使金融资源的分配更多地向富有的上层阶层倾斜，使富人更富、穷人更穷，恶化了金融发展的收入分配效应。

## 二 实证检验

（一）实证模型设定

我们借鉴第一节宏观层次社会资本对金融发展与收入分配关系的实证检验模型，用社会资本分布不均衡性代替模型6.1中的宏观层次社会资本，构建了本节所估计的计量经济模型：

$$GINI_{it} = \beta_{i0} + \beta_{i1}FD_{it} + \beta_{i2}IFD_{it} + \beta_{i3}SCB_{it} + \beta_{i4}\ln TRP_{it} + \beta_{i5}\ln EDU_{it} +$$
$$\beta_{i6}\ln Y_{it} + \beta_{i7}FD_{it} \times SCB_{it} + \beta_{i8}IFD_{it} \times SCB_{it} + \varepsilon_{it}$$
$$t = 1, 2, \cdots, 17; \ i = 1, 2, \cdots, 31 \qquad (6.11)$$

式中，$SCB$表示社会资本分布不均衡，其他变量的意义与模型（6.1）相同。$GINI$表示基尼系数，用来测量收入分配不平等。$FD$、$IFD$、$TRP$、$EDU$、$Y$、$FD \times SCB$与$IFD \times SCB$分别表示金融发展、非正规金融发展、人均净政府财政转移支付、人均受教育程度、经济增长以及社会资本不平衡与金融发展和非正规金融发展的联合效应。$i$表示面板数据中的个体，在本书中为省级行政区，$t$表示时间点。截距项$\beta_{i0}$为随机变量，其变化与上述自变量无关，每个个体$i$具有不同的截距项。$\varepsilon_{it}$表示误差项。

（二）主要变量的衡量与数据来源

1. 社会资本分布不均衡的衡量

由于目前中国社会资本分布不均衡表现为不同企业和个体拥有的社会资本存量分布不均衡。因此，本书主要从这两方面来衡量社会资本分布不均衡性。

（1）企业社会资本分布不均衡的衡量指标。中国企业社会资本分布不均衡（EB）主要表现为国有大企业和民营中小企业拥有的社会资本存量存在差异。由于企业社会资本会直接或间接地影响到企业经营绩效，因此，我们选择各省份民营企业的平均销售产值利润率/国有企业的平均销售产值利润率来衡量不同规模产权企业社会资本存量的不均衡。该值越小，说明社会资本的分布越不均衡。销售产值利润率的计算公式就是：利润/销售产值。

（2）个体社会资本分布不均衡的衡量指标。由于社会资本与教育之间存在互为因果、互相强化的关系。一方面，教育是个人构建社会关系网络、获取社会资本的重要途径。人们的受教育程度是影响人们的同学关系网络、工作关系网络和社会阶层关系网络的重要因素，直接关系到个体社会资本的数量和质量。另一方面，社会资本所蕴含的信任、关系、组织、规范等因素也有利于居民的教育水平和教育质量的提高。因此，教育不均衡会影响社会资本分布不均衡，社会资本分布不均衡反过来又会表现为教育不均衡。因此，我们可以用教育不均衡来衡量个体社会资本分布不均衡。

中国教育不均衡主要表现为教育资源分布不均衡和教育机会及结果不均衡。由于教育资源分布不均衡主要体现在城市和农村地区基础教育阶段教育投入的差异，而生均教育经费是衡量教育投入水平最具可比性和说服力的指标，初中阶段则是基础教育阶段中很重要的一环，因此，我们构建了各省份初中生均教育经费的城乡差异指标 ED 来衡量教育资源的城乡差异程度。其计算公式为：

ED = 农村地区初中生均教育经费/地区初中生均教育经费

该比例越高，说明教育资源投入的城乡差异越小；该比例越低，说明教育资源投入的城乡差异越大。

教育机会和结果不平等主要体现为不同人群的受教育程度分布不均衡。基尼系数一般是用来衡量收入的不均衡程度的有效方法。因此，我们可以用基尼系数的计算原理来衡量人群受教育程度分布的不均衡程度。Qian 和 Smyth、Zhang 和 Kanbur、张长征等都曾运用基尼系数的方法对中国不同时期的教育均衡程度进行过评估。我们构建了各省份受教育程度基尼系数来衡量各省份教育机会和结果不平等。其计算公式为：

$$EGINI = \sum_{i=1}^{n-1} E_i Q_{i+1} - \sum_{i=1}^{n-1} E_{i+1} Q_i \qquad (6-12)$$

式中，$EGINI$ 表示受教育程度基尼系数，$E_i$ 表示各省份不同人群受教育程度的累计百分比，$Q_i$ 表示不同受教育程度人群的累计人数百分比；$n$ 表示文盲、小学、初中、高中、大专及以上 5 种教育程度，分别对应的受教育程度为 0 年、6 年、9 年、12 年和 16 年。

教育基尼系数取值范围介于 0—1，它可以很好地反映教育投入和机会在总人口分布中的均衡程度。取值越趋近于1，说明教育不均衡程度越严重；越趋近于0，则说明教育不均衡程度越小。

2. 其他变量的衡量

GINI的衡量是选择的省际城镇基尼系数，根据各省统计年鉴计算得出。FD、IFD、TRP、EDU和Y等其他变量的衡量指标与模型6.1相同。

3. 数据来源

本书所使用人均受教育基尼系数EGINI和教育资源城乡差异指标ED的计算结果都是根据《中国教育经费统计年鉴》以及《中国教育统计年鉴》中1999—2015年的省际相关数据来计算的。其他变量数据主要来源于2000—2016年《中国统计年鉴》和31个省份的地区统计年鉴。对于个别缺失数据，我们采用移动平均法或者回归法进行插补，由此得到完整的1999—2015年中国31个省份的相关数据。

（三）实证检验方法和结果分析

1. 变量描述性统计

表6-33是主要变量的描述性统计结果，主要包括均值和标准差。从表6-33中可以看出，企业社会资本分布不均衡性的衡量指标EB的均值为0.4522，说明民营企业的产值利润率远远低于国有企业的产值利润率，前者还不及后者的一半。各省份初中生均教育经费的城乡差异指标ED的均值为0.8569，表明各地区农村初中的教育投入也是低于地区平均水平的，仅仅为地区平均水平的86%。可见，中国不同企业和个体拥有的社会资本不平衡是比较明显的。

表6-33　　　　　　　主要变量描述性统计结果

| 变量名称 | 均值 | 标准差 |
| --- | --- | --- |
| GINI | 0.2865 | 0.0341 |
| FD | 1.0491 | 0.3273 |
| IFD | 0.7043 | 0.1367 |
| lnTRP | 7.3935 | 1.1617 |

续表

| 变量名称 | 均值 | 标准差 |
| --- | --- | --- |
| lnEDU | 2.0444 | 0.1904 |
| lnY | 4.2686 | 0.3672 |
| EB | 0.4522 | 6.5819 |
| ED | 0.8569 | 0.1805 |
| EGINI | 0.1974 | 0.1537 |

2. 实证检验方法

我们使用 Stata12 对样本进行了模型估计和检验。在处理样本面板数据时，我们首先对所有模型进行豪斯曼检验来确定应该采用固定效应还是随机效应模型。接下来，我们采用 IPS 检验法来检验面板数据的单位根，检验结果显示，所有变量的统计量的 P 值都明显小于 0.1，强烈拒绝面板单位根的原假设，检验结果如表 6 - 34 所示。因此数据是平稳的，可以进行下一步检验。为了解决异方差问题，我们采用了广义最小二乘法（GLS）对模型进行估计。

表 6 - 34　　　　主要变量的单位根检验结果

| 检验序列 | IPS 统计量 | 伴随概率 P |
| --- | --- | --- |
| GINI | - 4.6898 | 0.0000 |
| FD | - 2.2004 | 0.0139 |
| IFD | - 3.1212 | 0.0009 |
| lnTRP | - 7.8729 | 0.0000 |
| lnEDU | - 3.3990 | 0.0003 |
| lnY | - 1.3339 | 0.0911 |
| EB | - 7.2149 | 0.0000 |
| ED | - 4.4931 | 0.0000 |
| EGINI | - 3.9345 | 0.0000 |

3. 实证结果分析

检验结果如表 6-35 所示。

表 6-35　　GLS 估计的重要变量对于基尼系数的回归系数

| 解释变量 | 模型 (6.6)：SCB 衡量指标为 EB | 模型 (6.7)：SCB 衡量指标为 ED | 模型 (6.8)：SCB 衡量指标为 EGINI |
| --- | --- | --- | --- |
| FD | -0.0150** <br> (-2.16) | -0.0963*** <br> (-2.98) | -0.0264*** <br> (-3.27) |
| IFD | 0.0015 <br> (0.08) | 0.3463*** <br> (4.04) | -0.0407** <br> (-2.01) |
| SCB | 0.0059* <br> (1.93) | 0.1204 <br> (1.60) | -0.2637*** <br> (-4.76) |
| lnTRP | 0.0053** <br> (2.19) | 0.0102*** <br> (4.93) | 0.0067*** <br> (3.80) |
| lnEDU | -0.0088 <br> (-0.58) | -0.0068 <br> (-0.45) | -0.0721*** <br> (-3.09) |
| lnY | 0.0269*** <br> (3.00) | 0.0201** <br> (2.24) | 0.0321*** <br> (3.91) |
| FD×SCB | -0.0001 <br> (-0.03) | 0.0887** <br> (2.54) | 0.0921*** <br> (2.86) |
| IFD×SCB | -0.0118* <br> (-1.71) | -0.3829*** <br> (-4.05) | 0.2084*** <br> (2.97) |

注：括号中为回归系数的 t 统计量值。*、**、*** 分别代表估计系数通过 10%、5%、1% 的显著性水平检验。

本书重点考察社会资本不均衡与正规金融和非正规金融的交互变量对于基尼系数的影响。检验结果表示，在将与社会资本不均衡存在交互作用的变量 FD 与 IFD 均设为零并控制其他解释变量的条件下：

第一，模型 (6.6) 中企业社会资本不均衡 EB 与正规金融 FD 的交互变量对于 GINI 的影响系数是不显著的，与非正规金融 IFD 的交互变量对于 GINI 的影响系数显著为负，为 -0.0118。这说明，企业社会资本拥有的社会资本均衡会降低非正规金融对于基尼系数的不利影响,民营企业和国有企业拥有的社会资本越均衡,非正规金融对于基尼系数的影响下降的幅度就越大。

第二,模型(6.7)中个人社会资本不均衡的替代变量城乡教育投入差异 ED 与正规金融 FD 的交互变量对于 GINI 的影响系数显著为正,为 0.0887,与非正规金融 IFD 的交互变量对于 GINI 的影响显著为负,为 $-0.3829$。这说明,无论是正规金融还是非正规金融发展对基尼系数的作用都会随着城乡教育投入差异 ED 的不同而不同,但影响方向不同,并且非正规金融对基尼系数的作用受城乡教育投入差异 ED 的影响更明显。具体来看,城乡教育投入差异 ED 会增加正规金融对于基尼系数的影响,降低正规金融发展对于基尼系数的积极影响,ED 越大,个人社会资本分布越均衡,则这种增加效应越明显。城乡教育投入差异 ED 会降低非正规金融对于基尼系数的影响,从而缓解非正规金融对于收入分配的不利影响,ED 越大,个人社会资本分布越均衡,则这种降低效应越明显。可见,由于城乡教育投入差异导致的个人社会资本分布越均衡,正规金融发展对于居民收入差距的不利影响越大,而非正规金融对于居民收入差距的不利影响越小。这可能是因为相比正规金融发展,个人社会资本对于非正规金融发展的积极影响更明显,因此,个人社会资本均衡在降低非正规金融对于收入分配的不利影响方面发挥更积极的作用。

第三,模型(6.8)中个人社会资本不均衡的替代变量受教育程度基尼系数 EGINI 与正规金融 FD 的交互变量对于 GINI 的影响系数显著为正,为 0.0921,与非正规金融 IFD 的交互变量对于 GINI 的影响也显著为正,为 0.2084。这说明,无论是正规金融还是非正规金融发展对基尼系数的作用都会随着受教育程度基尼系数 EGINI 的不同而不同。受教育程度基尼系数 EGINI 越大,个人社会资本分布越不均衡,则正规金融和非正规金融对于基尼系数的影响越大,正规金融和非正规金融发展越不利于居民收入差距的缩小。反之,受教育程度基尼系数 EGINI 越小,个人社会资本分布越均衡,则社会资本分布不均衡性对于正规金融和非正规金融与基尼系数的关系的不利影响越小。

第四,我们简单地讨论一下其他变量。正规金融 FD 对于 GINI 的影响在所有模型中都显著为负,这说明,正规金融发展是有利于城镇基尼系数下降的。非正规金融 IFD 对于 GINI 的影响在模型(6.6)中不显著,在模型(6.7)中显著为正,在模型(6.8)中显著为负,这说明,非正规金融发展对于基尼系数的影响并没有一致显著的结论。代表社会资本不平衡变量 SCB 在取值为不同规模产权企业拥有的社会资本不平衡 EB 时,对于基尼系数的影响显著为正,说明不同规模产权企业拥有的社会资本越均衡,基尼系数就越大;代表社会资本不均衡的变量 SCB 在取值为受教育程度基尼系数 EB 时,对于基尼系数的影响系数是显著为负的,说明不同人群受教育程度分布得越不均衡,基尼系数下降得越快。这说明,社会资本的不均衡性对于基尼系数的直接影响是有利于基尼系数的下降的。代表政府财政净转移支付的变量 lnTRP 和代表地区经济发展水平的变量 lnY 在所有模型中都显著为正,说明人均政府财政净转移支付和经济增长并没有发挥出缩小居民收入差距的作用。代表人口素质的变量 lnEDU 仅在模型(6.8)中显著为负,说明人口素质的提高可以降低居民收入差距。

(四) 稳健性分析

为了检验上述结论的稳健性,我们采用了以下方法从其他角度对上述问题进行研究。一是我们采用了"OLS + 稳健标准误"对模型(6.8)进行了估计。二是用各省份民营企业平均主营业务收入利润率/国有企业平均主营业务收入利润率(EBnew)代替各省份民营企业平均销售产值利润率/国有企业平均销售产值利润率(EB);用城乡小学生均教育经费差异(EDnew)取代城乡初中生均教育经费差异(ED);用各省份接受过高等教育人群在全省人口中的比例(HEB)替代受教育程度基尼系数(EGINI),分别对模型(6.8)进行实证检验。第三种替代是因为高等教育是构建个人社会资本的重要影响因素,接受高等教育的人群占比越高,则社会资本分布越均衡。三是用全国范围的截面数据取代前面的省际面板数据,考察全国范围内部的相关情况。对于个体社会资本的不平衡,我们构建了 1996—2015 年全国生均教育经费基尼系数来衡量教育资源分布不均衡。其计算公式如下:

$$EGINI1 = \sum_{i=1}^{n-1} X_i Y_{i+1} - \sum_{i=1}^{n-1} X_{i+1} Y_i \qquad (6.13)$$

式中，$EGINI1$ 表示生均教育经费教育基尼系数，$X_i$ 表示各省份在校生（包括小学、初中、高中和大专以上）人数占全部在校生人数的累计百分比，$Y_i$ 表示各省份生均教育经费支出占全部生均教育经费的累计百分比，$n$ 表示 31 个省份的个数。

由于高等教育是构建个人社会资本的重要影响因素，因此，我们还构建了全国不同省份接受高等教育人群比例的基尼系数来衡量全国教育机会和结果不平等。其计算公式如下：

$$EGINI2 = \sum_{i=1}^{n-1} W_i V_{i+1} - \sum_{i=1}^{n-1} W_{i+1} V_i \qquad (6.14)$$

式中，$EGINI2$ 表示接受各省份高等教育人群比例基尼系数，$W_i$ 表示各省份个数的累计百分比，$V_i$ 表示各省份接受高等教育人数占全部人口的累计百分比，$n$ 表示 31 个省份的个数。

其他变量方面，GINI 的取值是国家统计局公布的 1996—2015 年的官方基尼系数，其他相应变量的意义和衡量都与模型（6.8）相同，均来源于《中国统计年鉴》中 1996—2015 年的相应数据。

上述所有变量检验结果如表 6-36 和表 6-37 所示，从表中可以看出，基本检验结论与表 6-35 类似，因此我们的结论是可靠的。

表 6-36　OLS 估计的重要变量对于基尼系数的回归系数

| 解释变量 | 模型（6.6）：SCB 衡量指标为 EB | 模型（6.7）：SCB 衡量指标为 ED | 模型（6.8）：SCB 衡量指标为 EGINI |
| --- | --- | --- | --- |
| FD | 0.0104 | -0.0396 | -0.0252 |
|  | (0.64) | (-1.40) | (-1.62) |
| IFD | 0.0135 | 0.1457** | -0.0255 |
|  | (0.62) | (2.42) | (-1.13) |
| SCB | 0.0019 | 0.0009 | -0.4719*** |
|  | (1.18) | (0.01) | (-4.93) |
| lnTRP | 0.0071*** | 0.0027 | 0.0040* |
|  | (3.73) | (1.21) | (1.94) |

续表

| 解释变量 | 模型 (6.6)：SCB 衡量指标为 EB | 模型 (6.7)：SCB 衡量指标为 ED | 模型 (6.8)：SCB 衡量指标为 EGINI |
|---|---|---|---|
| lnEDU | -0.0357 | -0.0046 | -0.0120 |
|  | (-0.88) | (-0.11) | (-0.32) |
| lnY | 0.0353** | 0.0457* | -0.0019 |
|  | (2.23) | (1.97) | (-0.13) |
| FD×SCB | 0.0059 | 0.0437 | 0.1043*** |
|  | (1.04) | (1.78) | (3.02) |
| IFD×SCB | -0.0110** | -0.1305* | 0.4132*** |
|  | (-2.01) | (-1.85) | (4.94) |

注：括号中为回归系数的 t 统计量值。*、**、*** 分别代表估计系数通过 10%、5%、1% 的显著性水平检验。

表6-37　稳健性检验的重要变量对于基尼系数的回归系数

| 解释变量 | 模型 (6.6)：SCB 取值为 EBnew | 模型 (6.7)：SCB 取值为 EDnew | 模型 (6.8)：SCB 取值为 HEB | 模型 (6.9)：SCB 取值为 EGINI1 | 模型 (6.10)：SCB 取值为 EGINI2 |
|---|---|---|---|---|---|
| FD | -0.0162** | -0.0802** | 0.0029 | -2.1331*** | -0.2047 |
|  | (-2.39) | (-2.00) | (0.20) | (-3.36) | (-0.48) |
| IFD | 0.0039 | 0.4464*** | 0.0767*** | 5.2475** | -1.7752 |
|  | (0.20) | (3.49) | (2.83) | (2.69) | (-1.81) |
| SCB | 0.0057* | 0.2826** | 0.0116 | 12.8857** | -12.2943** |
|  | (1.95) | (2.40) | (0.05) | (2.45) | (-5.67) |
| lnTRP | 0.0052** | 0.0066*** | 0.0038** | 0.0036 | 0.0148 |
|  | (2.18) | (3.12) | (2.00) | (0.17) | (1.08) |
| lnEDU | -0.0088 | 0.0044 | 0.0232 | 0.0020 | -0.0003 |
|  | (-0.59) | (0.32) | (0.40) | (0.41) | (-0.14) |
| lnY | 0.0268*** | 0.0233*** | 0.0209 | 0.0638 | -0.0681 |
|  | (3.00) | (2.62) | (1.33) | (0.52) | (-1.16) |
| FD×SCB | 0.0010 | 0.0681* | 0.0139 | 9.4347** | 0.4854 |
|  | (0.30) | (1.64) | (0.13) | (3.03) | (0.19) |
| IFD×SCB | -0.0127** | -0.4837*** | -0.2504** | -29.6738** | 15.0122*** |
|  | (-1.79) | (-3.53) | (-1.97) | (-2.82) | (4.37) |

### 三 结论与建议

本书分别用民营企业和国有企业拥有的社会资本不均衡和城乡教育投入以及受教育程度不均衡等指标衡量了企业和个人社会资本分布的不均衡性,并实证检验了社会资本分布的不均衡性对于金融发展与收入分配关系的影响。研究结论显示,企业和个人社会资本分布的不均衡性会显著影响金融发展与收入分配的关系。社会资本分布越不均衡,正规金融和非正规金融发展越不利于缩小居民收入差距,其中,对于非正规金融与收入分配关系的不利影响更大。社会资本分布越均衡,社会资本分布不均衡性对于正规金融和非正规金融与基尼系数的关系的不利影响越小。因此,我们要采取相应措施,缩小企业和个人社会资本分布的不均衡性,更好地改善正规金融和非正规金融发展与居民收入分配的关系。

# 第七章　优化中国社会资本和改善金融发展的收入分配效应的对策

前面的理论研究表明，社会资本作为不完善制度的有效替代，是影响金融发展与收入分配关系的重要因素。社会资本总体上看可以调节金融发展的规模和结构，使金融发展能更好地服务于穷人和中小企业，从而改善居民收入分配关系。实证研究则表明，中国转轨时期正规金融和非正规金融发展都不利于缩小居民收入差距。但社会和谐、社会规范等宏观层次社会资本的维度有利于降低非正规金融对于收入分配的不利影响，普遍信任则可以降低正规金融对收入分配的不利影响。民间社团组织和城镇社区组织等中观层次社会资本可以显著降低正规金融和非正规金融对于收入分配的不利影响。中小企业和弱势群体关系网络的多元化和异质性在帮助企业和个体更好地从正规金融和非正规金融方面获取融资服务、提升自身收入方面发挥了积极的作用，因此，可以间接地改善金融发展与收入分配的关系。这一点在促进微型金融和非正规金融发展方面表现得更加明显。但是，中国转轨时期社会资本和金融发展存在的不足会制约社会资本在改善金融发展与收入分配关系方面的积极作用。社会资本分布的不均衡性则会恶化金融发展的收入分配效应，其中，对于非正规金融与收入分配关系的不利影响更大。

本章将基于上述研究的基本结论，从改善收入分配状况的角度，提出优化中国社会资本构建、深化金融发展的政策建议。

# 第一节 优化中国社会资本的对策建议

社会资本的良性发展有利于优化金融发展的收入分配效应。但是，我国社会资本变迁过程中出现的一些问题，阻碍了社会资本积极效应的发挥。主要表现为过度依赖传统封闭的特殊信任的社会资本，还没有建立起适应现代化进程和市场经济要求的现代意义的社会资本。以往的证据表明，社会资本能够通过有目的的干涉得到促进和增加，同时，信任、合作、共享的身份以及互惠，能够通过可感受的和持久稳固的支持得到加强和复制。这些方法一般包括依赖现存的（或潜在的）社会资源、探测强大的共同利益的动机以及为了管理和解决问题而逐渐地转换职责，组织与外部参与者（非政府组织、专门项目）之间保持持久的关系。这些关系往往以关键个体为中心，建立起相互的职责，通过这种关系，每个参与者的存在都促进了在其他参与者中的透明度。建立和维持这种合作关系需要灵敏响应、奉献精神，并且最重要的是适应性。因此，建议应该针对现有社会资本存在的问题从以下三个方面优化社会资本，充分发挥社会资本的积极作用。总的来说，宏观层次社会资本的构建需要政府发挥自上而下的作用，微观层次社会资本和中观层次社会资本的构建需要企业、社区和个人做出自下而上的努力。

**一 完善相关法律制度，提高公民素质教育，转变政府职能，大力发展宏观层次社会资本**

宏观层次社会资本的核心就是普遍信任和公民参与。公民社会所要建立的普遍信任应该包括制度性信任和道德性信任两个方面。普遍信任的基本特征是：以道德为支撑，以产权为基础，以法律为保障。要想加强公民社会建设，提高社会的普遍信任程度和公民参与的积极性，为社会提供丰富的宏观层次社会资本，需要从制度建设、公民教育和政府职能改革等方面，努力构建完善的制度、高素质的公民和服务型政府"三位一体"的社会结构，给行为主体带来稳定的行为预期。

(一) 完善法律制度

政府要加强制度建设特别是法制建设,通过制度安排和制度创新为社会行为人之间的交往营造高效的沟通渠道,增加法理型社会资本总量,逐步杜绝权力向社会关系和人际关系的介入,严厉打击不道德交易、以权谋私等违法乱纪行为,以实现公共利益的最大化。

制度建设层面可以重点在以下三个方面完善。

第一,加强民主法制建设,建构完善的监督机制。提高政府管理水平,加强廉政建设,促使政府及其官员尽心尽力地为人民谋利益,增强政府及其官员的诚信意识和责任意识,提升政府的公信力、亲和力,树立政府的良好形象,这些都有助于增加信任社会资本的存量。

第二,增加制度的有效供给,促进规范社会资本的培育。要大力推进制度创新,完善户籍制度及与其相关的一系列制度安排,如劳动就业制度、社会保障制度、收入分配制度、教育制度、住房制度、城市管理制度和政治参与制度等,消除制度上的不平等。同时,还要建立有利于民众参与公共事务的制度,如政府社情民情反映制度、政府官员与民众的沟通和互动制度、民众与大众媒体对政府的监督制度等(马宏,2013)。[①]

另外,我们还要借鉴国外经验,建立起完善的企业和个人信用制度,提供科学的信用等级评定、信用信息采集和信用监督等机制,有效监督和制约失信者,提高社会普遍信任水平。

第三,加强制度的有效执行,真正实现有法必依、执法必严、违法必究,发挥制度的作用。

(二) 加强公民素质教育

加强公民素质教育可以培育社会的公民意识和公共精神。公民意识和公共精神是影响公民公共参与积极性的重要因素。前者是指在现代法治下形成的民众意识,是由公民的主体意识、权利意识、社会责

---

[①] 马宏:《转型时期社会资本变迁及其对收入分配的影响》,《广西社会科学》2013 年第 5 期。

任意识、参与合作意识等多种意识沟通构成的有机统一体。后者是体现公民之间心理认同、相互团结、信任合作、互惠互利水平的主要标志。公民意识和公共精神的培育将直接支持法治社会和民主政治,为现代社会资本的建立提供核心驱动力。公民素质教育可以通过教育和媒体的导向作用从道德和法律层面进行加强。就道德层面而言,政府应该充分利用各种资源,重建社会道德共识,构建一套系统的、既符合中国国情又适应于现代社会的价值观体系,大力宣传诚信观念,弘扬尊老爱幼、信守承诺、与人为善、助人为乐、热爱家乡等中国传统美德。就法律层面而言,政府要向全社会普及基本的法律常识,特别是产权意识和契约责任意识。

(三)转变政府职能

政府治理理念和政府职能的转变是促进我国公民社会健康发育和现代社会资本建立的先决条件。一个有效的政府对于形成一个规范有序和普遍信任的社会至关重要。传统的强政府使个人和组织的发展都依附于政府,缺乏独立自主性。因此,政府职能转变首先要改变传统"政府本位"和"全能政府"的治理理念,树立"社会本位"和"有限政府"的治理理念,逐步从权力管制型政府转向公共服务型政府,从政府单一治理主体模式转向政府、市场、社会组织和公民多元主体共同参与的治理模式。公共服务型政府在服务过程中应该建立健全社会各阶层制度化、理性化的利益表达机制和协商机制,积极回应公民的利益诉求,妥善调节各社会阶层的利益矛盾。同时,政府还应该增加政府运作的透明度,维护制度执行效率,为公民提供公平公正的社会环境,为社会弱势群体提供必要的支持和保护,培育社会普遍信任产生和发展的良好的社会制度环境。

**二 大力推进民间组织和社区的建设,为中观层次社会资本发挥作用提供有效载体**

各种民间组织和公民社区的健康发展是推动公民社会发育、提升社会普遍信任的有效途径。健康高效的各种民间组织和公民社区能为组织内部成员提供信息交流和分享、彼此信任和互惠互利的横向交往网络,是中观层次社会资本发挥作用的重要媒介和载体。人类社会是以群体生活为主体的，因此，一个健康和谐的社会的建立不能单靠政府和公民个体的力量，自由、志愿集合的群体组织在其中发挥着重要作用，民间社团组织有助于推动成员之间的互动合作，促使普遍信任的形成。因此，政府要从法律制度上规范支持各种民间组织和社区的建立与发展，做到既能为民间组织和社区提供适合的组织资源与制度，又能赋予民间组织和社区适当的自治功能。

（一）民间社团组织的发展

要采取以下措施，加强民间社团组织自治，同时要依法加强对民间社团组织的监管，积极引导它们健康发展。

第一，健全法律法规体系，为民间社团组织发展营造良好的外部环境。民间社团组织作为市场经济发展的必然产物，其发展离不开相应的法律法规。一方面，法律可以赋予各种草根组织以制度上的合法性，保护其发展。另一方面，合法的社团民间组织必须遵守当地政府的所有适用法令法规，做到"遵纪守法"。

第二，完善社团组织章程和机构，建立健全的内部制度和合适的章程以指导民间社团组织开展活动，并以章程为依据，健全组织管理机构。

第三，减少政府对民间社团组织发展的直接干预，从而降低当前民间社团组织对政府的依赖性和附属性，实现非官方性、独立性和自愿性。

第四，广泛建立多功能中间组织，扩大民间社团组织的地域性和广泛参与性，实现民间社团组织的大范围覆盖。在城市地区，要大力发展包括如工会、协会、商会以及建立在自愿基础上的具有公共物品性质的联合会等的发展。除了鼓励城市民间组织的发展，还要大力发展农村民间组织，建立各种形式的社区集体经济组织、农村中介组织、村民自治组织、农村社会化服务组织和农村专业合作经济组织等，扩大农民的参与网络，建立农村社会新型合作的机制。

（二）加强社区凝聚力

加强社区凝聚力，可以从以下三个方面入手。

第一，加快社区组织建设，加强社区治理。社区组织是社区管理的主要力量，在满足社区居民的需求、提高社区居民的社区意识和归属感方面发挥着重要作用。社区服务组织包括政府的社区服务组织和民间非营利组织。要充分发挥城市社区业主委员会、农村村民委员会等社区组织的自治功能，真正地落实民主选举、民主决策、民主管理和民主监督，并用协商、互惠等手段，实现公共产品的创造和社区事务的管理，使社区组织回归社会属性，培育社区居民的公民精神和集体行动的意识。另外，政府也要适当介入社区管理，通过加强组织立法建设，制定经济扶持政策，提供公共物品等宏观方面为社区提供适合的组织资源和制度，但不能过多地介入社区组织的日常经营决策。政府自上而下的主动性，可以对社会资本的增加产生积极的影响（Maloney Stoker，2000：817）。

第二，拓展社区公共空间。社区居民的公共参与和交流需要一定的社区公共空间，因此，要加强社区公园、社区文化中心、社区学校、社区服务中心、社区舞台等社区公共领域的建设，为社区居民提供互动交往、培养信任的场所。

第三，注重社区文化建设，加强公共参与。可以通过社区活动和社区公共话题来吸引社区居民参与的兴趣，促进社区居民之间的交流和沟通，培养社区居民共同的认知和相互信任，形成社区文化。

### 三　注重企业和个体社会资本的积累，改善社会资本占有的群体不平衡状况

企业和个体所拥有的社会资本可以有效地帮助其获得金融服务，提高其收入水平。因此，企业和个体都要努力提高社会资本存量，有意识地扩大关系网络。

另外，由于社会资本分布不平衡主要体现在民营中小企业和国有大企业、低收入群体和高收入群体之间的社会资本拥有量的差别，因此，要改善整个社会不同群体所拥有的社会资本存量不平衡的状况，重点就是提升低收入群体和民营中小企业拥有的社会资本存量。

（一）帮助农民、农民工等低收入群体提升微观层次社会资本

微观层次个人主体社会资本的建构和积累主要受到就业、教育、财富、家庭等方面的影响（杨青青、苏秦，2012）。政府作为公共资

源和公共政策的提供者，应该成为帮助农民和农民工构建社会资本的主导力量。因此，政府要创造条件，加大对农民和农民工等低收入群体的社会福利保障制度和教育培训支持，清除对低收入群体的制度歧视和限制，使其能获得更多的学习、工作和交往的机会，拓展多种途径和不同阶层不同领域内的人与组织进行接触，建立广泛的联系，从而提升其拥有的微观社会资本总量，缩小与高收入阶层社会资本拥有量的差距。具体来说，政府应该在以下六个方面进行努力。

第一，政府要进一步推进户籍制度、农村土地流转制度、农民的教育与培训制度和农民工市民化制度改革。逐渐模糊城市户口与农村户口，建立统一且无差别的"居民户口"，有效破除农民工职业流动障碍。

第二，建立健全的社会保障体系。这就要求政府不仅要建立起涵盖农民个人的医疗、养老、失业保险的保障体系，也要逐渐完善其家人就业、子女入学等问题的具体规章制度。

第三，国家财政应该加大对农村的教育投资，尤其是落后地区农村的教育投资，减小人力资本投资的差距；建立更加完善公平的教育机制，使教育体系做到入学、升学的透明化和公正化。

第四，政府要加大对农村通信、交通等基础设施建设的投资，便利农民社会交往的渠道，降低对外交流成本。

第五，要完善就业机制，帮助低收入群体建立信息渠道广泛、内容真实的就业平台和人才市场，以满足其就业需求。

第六，加大宣传力度，搭建农民工和城市居民的交流平台，落实农民工对于社区公告事务的参与权，创造平等、宽容、和谐人文环境与氛围，消除城市居民对于农民和农民工的偏见及歧视，帮助农民工更好地融入城市生活。

从农民和农民工个体来看，首先，农民和农民工要积极拓展自己的关系网络，通过参加各种类型的专业合作、协会、工会、互助会等社会组织，拓展自身的组织关系网络；通过与银行及其信贷员保持密切的联系和互动，构建良好的金融关系网络；通过积极参与村委会换届选举，提高自身政治地位，与政府工作人员保持良好的沟通交流等方式构建良性的政府关系网络。其次，农民和农民工可以通过参加社会成人教育、职业培训机构等方式，努力提高自身的知识和技能水平，增加个人的人力资本存量。

（二）大力扶植民营中小企业的发展，帮助民营中小企业构建良好的社会资本

中小企业是推动中国经济增长和解决就业问题的重要力量。在我国中小企业普遍遭遇外部融资难困境下，社会资本作为一种资源，可以有效提升企业信用水平，帮助高新技术企业获得外部信贷支持。但是，目前民营中小企业与国有大企业在社会资本存量上存在较大的差距，这种不平衡的状况使中小企业在融资服务中遭遇到了不平等的对待，不利于中小企业经营绩效的提高。因此，政府、银行和民营中小企业都应该采取相应措施，帮助民营中小企业提升自身的社会资本。

第一，政府要制定有效的政策措施，扶持民营中小企业的发展，为民营中小企业发展培育公平的竞争环境。首先，政府应该通过完善《中华人民共和国公司法》《中华人民共和国劳动合同法》《中华人民共和国反垄断法》等法律制度为民营中小企业发展提供一个诚实守信、公平竞争的市场发展环境。其次，政府可以通过对民营企业提供贷款、财政补贴、贷款担保、税收优惠、组建风险投资基金等措施，扶持民营中小企业的发展，提升民营中小企业的自身竞争力。最后，政府应该树立为民营中小企业服务的意识，与民营中小企业建立有效的交流沟通渠道，培养良好的双边关系。

第二，银行尤其是国有银行要转变对民营中小企业的歧视态度，公平对待民营中小企业，同时也要大力发展中小金融机构、小额贷款公司和村镇银行等适合中小企业的金融服务新路径，积极研究适合民营中小企业的信贷产品，多方面为中小企业提供金融服务，满足其合理资金需要。

第三，民营中小企业自身在自我完善、自我提高的基础上也应该采取措施，拓展自身社会资本，充分利用社会资本来缓解企业的融资约束。中小企业拥有的社会资本既包括企业主个人的社会资本，也包括企业作为主体拥有的社会资本。因此，中小企业既要积极拓展企业

高管的个人关系网络，又要保持企业与政府、银行以及行业内其他企业之间的良好关系，建立长期、稳定、相互信任、协同共赢的关系网络，增加企业信誉，积极运用信息技术网络，促进自身社会资本的生成和积累。在这个过程中，企业管理者发挥的作用尤其重要。作为企业管理者，除积极拓展自身的社会关系网络之外，还要创造出一个团结合作的环境，要善于发现企业内部及外部小集团间存在的弱关系，加强交流和联系，充分发挥其在企业社会资本构建过程中的主动性。

（三）均衡义务教育发展，推进教育公平

中国教育不均衡的发展主要体现在不同地区教育投入不平等和不同阶层教育机会不平等两个方面。因此，教育平等主要从以下三个方面推进。

第一，要加大对农村和经济落后地区的教育资源投入力度，缩小城乡和地区教育差距。一是要加大对农村和经济落后地区义务教育各阶段学校的教育经费投入，改善农村和经济落后地区的校舍等基础设施建设及教学设备，提高办学条件。二是要合理配置农村和落后地区教师资源，提高师资素质。除采取提高教师福利待遇吸引更多优秀人才在农村和落后地区任教之外，还应该为教师提供更多的在职培训、交流和深造的机会，提高教师教学技能和品德素质。

第二，加大对农民和低收入人群等弱势群体的教育支持，保障和维护弱势人群公平获得优质教育的机会。一是各级政府和学校要增加对贫困学生义务教育阶段学习生活的资助，保证贫困家庭的经济负担。二是高等院校要完善对于贫困学生的学费减免、助学贷款和勤工助学制度，帮助贫困学生顺利完成高等教育，提高他们的自理能力。三是各级高中和高等学校在录取学生时，也要考虑农村和落后地区在教育基础上的弱势，对其生源地的学生适当降低录取标准，让其也能拥有相对公平的入学机会。

第三，改革"划片招生"等义务教育政策，建立合理的"生源流动"机制。现有的以居住地为基础的"划片招生"政策导致了学区房的恶炒，造成了不同群体由于居住区域的差异形成的义务教育分割，恶化了教育不均衡现象。因此，可以采取在不同学校均衡配置教育资源，统一教学标准来弱化重点学校和非重点学校的划分。另外，同一学区应该有几所同类学校可供选择，最终结果由学生申请和学校摇号随机选择，这样，就能遏制"学区房"的恶炒，降低由于不同收入群体的居住区域分层而带来的不同阶层教育机会的差异和固化，实现生源的合理流动。

（四）实施区域经济协调政策，改善社会资本分布的区域不平衡状况

第一，政府要实施区域经济协调政策，加强对落后地区的政策支持力度，加强区域交流，引导发达地区丰富的资本和先进的思想技术流入落后地区，改善落后地区教育水平，逐步缩小落后地区与发达地区的经济差距，改善社会资本地域分布不均衡的状况。

第二，政府要采取有效措施，缩小城乡经济差距，提高农民收入，改善城乡居民社会资本分布不平衡状况。一是要进一步深化农村经济改革，大力发展乡镇企业，因地制宜发展特色农业，推行规模化经营和集约化经营，从而提高农村生产效益，实现科学富农和政策富农。二是要加大中央财政转移支付力度，加强农村基础设施建设和政策支持，大力发展农村经济。

## 第二节 深化金融发展的对策建议

国有银行的高度垄断以及与政府的紧密联系、金融市场的不平衡和金融创新的不足已经成为阻碍银行提高金融效率，造成不同产权企业和不同收入个体金融服务不均衡的主要因素，束缚了金融发展对于收入分配的改善效应。因此，要改善金融发展的收入分配效应，必须解决目前中国金融发展过程中存在的问题。

**一 深化国有银行改革，完善银行治理结构，改变对民营中小企业的"所有制"歧视**

深化国有商业银行改革，首先就在于深化产权制度改革。一是要继续引入新的股东；二是要发挥新股东对于银行的"人格化"股东监

督机制,保护新股东的利益,约束政府对银行的行政干预,降低银行对于政府的依赖程度。其次,要建立完善的银行内部治理结构,规范银行经营行为。一是要按照现代企业制度要求建立起互相制衡的法人治理结构,明确股东、董事和经理的责权利。二是要参照国外金融机构经营运作的经验,建立起科学完善的信用风险识别防范体系、有效的内控体系和丰富的激励约束机制,降低信贷风险和经理人内部控制风险问题,最大限度地保护股东的利益不受侵害。

改变对民营中小企业的"所有制"歧视,应该摒弃所有制偏见,对民营企业和国有企业一视同仁,建立科学的信贷管理体制,创新为民营中小企业服务的金融产品,适当加大对民营中小企业的贷款比例,通过长期的业务往来和共同交流,与民营中小企业建立良好的银企关系,利用好社会资本在融资服务中的积极作用。

**二 放宽金融业准入限制,完善金融体系**

适度地放松金融管制,降低金融市场进入门槛,大力发展农村新型微型金融组织(如小额贷款公司、社区银行、乡镇银行、合作金融等)和地方中小金融机构体系,可以让金融市场主体充分竞争,让中小企业和低收入者也能够享受到金融服务,这是在金融体系内缩小收入差距最基本的条件。

(一)微型金融的发展

社会资本在微型金融中的运行机制较好地保障了微型金融对于低收入群体的金融服务,提高了低收入群体的收入,改善了金融发展的收入分配效应。因此,微型金融机构的发展,对于提高低收入群体的收入水平、缩小社会居民的贫富收入差距具有重要的意义。

1. 完善法律制度,加强规范监管,积极培育和发展微型金融机构行业组织

政府部门应当在法律制度上承认微型金融机构的合法地位,允许民间资金通过合法的形式成立微型金融机构,并将微型金融机构纳入政府的监管体系,最大限度地防范微型金融存在的金融风险。例如,在全国范围内,根据经济发展情况,均衡地设置新型农村金融组织,明确微型金融机构的市场定位和客户群体,与已有的农村金融机构展开差异化竞

争，防止农村金融的恶性竞争和"金融空心化"局面；制定不同于城市金融的监管标准；有步骤地开放金融市场，允许微型金融机构准入。

2. 加大政策扶持力度，降低微型金融机构支农业务的经营风险

由于微型金融机构的主要贷款投向是具有弱质性的农业，贷款成本和贷款风险都比较高，在微型金融机构发展初期，金融支农的成本压力较大，很难实现自给自足的可持续发展。因此，政府需要加大对于微型金融发展的扶持力度，降低微型金融机构的经营风险。具体来说，政府可以采取以下措施支持微型金融的发展：一是适当提高小额贷款标准，加大利率市场化力度，扩大微型金融机构业务范围，对微型金融机构实施财政奖补政策、减免各种税费、贴息等政策，为微型金融机构提供制度建设、人员培训和技术支持的服务；二是需要引入政策性保险、商业性保险和担保机构进入农村市场，对微型金融机构的贷款业务提供一定的保险机制。

（二）地方中小金融机构的健全

中小金融机构主要是指地方性的金融机构，如各地城市商业银行、城市信用社和农村信用社等。相比国有金融机构，地方性中小金融机构也有信息、区位和监督上的优势，更适合为中小企业提供融资，能有效降低中小企业融资中的信息不对称程度，从根本上解决中小企业的融资困境。因此，政府应该放松金融市场准入的限制，提供法律制度和政策支持，鼓励地方性中小金融机构的发展。

**三 进一步完善科学的信贷管理体制，加强金融创新，加大对中小企业和农民的信贷支持**

要进一步完善科学的信贷管理体制，重视金融创新在金融体系内的运用，减少金融体系的运行成本，提高金融服务质量，使更多的低收入群体能够享受到金融服务。完善科学的信贷管理体制关键是要改革传统的通过审查客户的报表，依赖于客户的规模和提供的资产抵押来发放贷款的信贷管理模式，引入新的信贷标准，采用新的信贷模式。首先，金融业务和金融产品的创新，关注客户的成长性，将信贷项目和规模与市场分析紧密联系在一起，为中小企业和低收入群体提供更丰富的服务。例如，在金融产品上，根据中小企业的生命周期及

其资金需求特点提供业主联保贷款、订单贷款、供应链融资、厂房按揭贷款、通用设备贷款、可变现库存抵押、应收账款和知识产权质押等中小企业需要的多种新型信贷品种。其次，充分发挥社会资本在金融交易中的信息优势和抵押监督优势，推行小组联保贷款机制和中心会议机制，降低交易双方的信息不对称程度和交易成本，提高交易效率。最后，建立市场化利率定价机制，加大信贷人员和客户的培训力度，增强信贷人员的客户调查和风险识别技术，提高客户的投资能力和风险控制能力。

### 四 实施区域金融协调发展

要根据区域发展的特点和差异，制定区域性货币政策，在利率、准备金率、金融机构设置条件及信贷政策方面区别对待，有所侧重。例如，新型农村金融机构应合理分布在县、乡、村等行政区域内部，逐步提高新型农村金融机构的覆盖面，满足不同地区的金融服务需求；落后地区的利率水平可以适当降低，引导资金对于落后地区的投资；在落后地区适当放宽金融机构的市场准入条件，大量引入民间资本，为民间金融机构提供引导和规范的途径，从而促进落后地区的经济发展，提高这些地区的居民收入水平。

### 五 规范非正规金融发展

非正规金融的规范合法化运作，可以很好地与社会资本结合在一起，提高低收入群体的收入水平，缩小社会居民收入差距。一方面，培育社会资本和非正规金融发展的良好环境，积极拓展社会资本在非正规金融发展中的空间，充分发挥社会资本在非正规金融发展中的积极作用。另一方面，要将非正规金融纳入监管范围，促进非正规金融的规范合法化运作。首先，要完善相关法律法规，明确规定非正规金融的基本经营原则，在法律上或制度上承认非正规金融的合法地位，保护合法非正规金融机构的财产权利和正当的经营活动。其次，要对不同规模和性质的非正规金融形式实施分类调整、规范或打击等分类监管。对于纳入监管范围的非正规金融要求其严格按照国家金融业关于资本充足率、准备金率等要求运作，制定合理的利率空间，保证金融市场的稳定。对于扰乱金融秩序、非法集资诈骗的行为要依法处罚取缔，限制其发展。再次，要将非正规金融机构纳入金融行业自律组织体系，加强非正规金融机构与正规金融机构的沟通和联系，积极发展金融行业自律组织的自律监管作用，规范非正规金融机构的发展。最后，应该完善相应的金融支持服务。例如，加强信用制度体系的建设与完善，并把中小企业和农户都纳入全国征信系统中，建立全国统一标准的完整的信用数据库；组建专门机构，为融资合约双方提供必要的信息和法律咨询服务。

# 参考文献

[1] 白小瑜：《农民工的社会资本》，《黑河学刊》2005 年第 6 期。

[2] 包明亚：《布尔迪厄访谈录——文化资本与社会炼金术》，上海人民出版社 1997 年版。

[3] 边燕杰：《城市居民社会资本的来源及作用：网络观点与调查发现》，《中国社会科学》2004 年第 3 期。

[4] 边燕杰、李煜：《中国城市家庭的社会网络资本》，《清华社会学评论》2005 年第 2 期。

[5] 边燕杰、丘海雄：《企业的社会资本及其功效》，《中国社会科学》2000 年第 2 期。

[6] 边燕杰、张文宏：《经济体制、社会网络与职业流动》，《中国社会科学》2001 年第 2 期。

[7] 卜长莉：《社会资本与社会和谐》，社会科学文献出版社 2005 年版。

[8] 布尔迪厄：《文化资本与社会炼金术》，上海人民出版社 1997 年版。

[9] 蔡继明：《从混合经济形成看两大经济思想体系融合》，《学术月刊》2005 年第 1 期。

[10] 蔡丽华：《收入分配不公与社会公平正义探析》，《当代世界与社会主义》2012 年第 1 期。

[11] 曹向、匡小平：《制度环境与商业信用融资有效性》，《当代财经》2013 年第 5 期。

[12] ［美］C. 格鲁特尔特、T. 范·贝斯特纳特尔：《社会资本在发展中的作用》，黄载曦、杜卓君、黄治康译，西南财经大学出

版社 2004 年版。

［13］陈海燕：《农村社区建设中的社会资本构建》，《重庆科技学院学报》（社会科学版）2010 年第 4 期。

［14］陈佳：《微型金融的历史、现状与未来：一个国际视角》，《农村金融研究》2012 年第 12 期。

［15］陈键：《银企关系与信贷可获得性、贷款成本》，《财贸经济》2008 年第 1 期。

［16］陈婧敏：《中国金融发展对贫富差异的作用》，《企业导报》2010 年第 10 期。

［17］陈军、曹远征：《农村金融深化与发展评析》，中国人民大学出版社 2008 年版。

［18］陈蓝萍、景文宏、孟秋敏、李育峰：《金融资源配置、金融效率与城乡收入差距的关系研究——基于省际面板数据的实证》，《甘肃金融》2014 年第 9 期。

［19］陈磊：《金融发展、汇率变动与中国省区制造业出口》，《投资研究》2011 年第 9 期。

［20］陈梦根：《意料之外的组合 实至名归的大师——2013 年诺贝尔经济学奖得主学术思想简评》，《中国统计》2014 年第 3 期。

［21］陈硕：《社会资本视角下的我国民间金融发展问题研究》，博士学位论文，北京交通大学，2015 年。

［22］陈银娥：《微型金融与贫困农民收入增长——基于社会资本视角的实证分析》，外国经济学说与中国研究报告，2012 年。

［23］陈银娥、师文明：《微型金融对贫困减少的影响研究述评》，《经济学动态》2011 年第 4 期。

［24］陈宇、谭康林：《枢纽型社会组织功能的再思考——基于社会资本理论的视角》，《汕头大学学报》（人文社会科学版）2015 年第 1 期。

［25］陈志刚：《金融自由化与收入分配：理论与发展中国家的金融》，《上海经济研究》2006 年第 1 期。

［26］陈志刚、王皖君：《金融发展与中国的收入分配：1986—

2005》,《财贸经济》2009 年第 5 期。

[27] 程昆、潘朝顺、黄亚雄:《农村社会资本的特性、变化及其对农村非正规金融运行的影响》,《农业经济问题》2006 年第 6 期。

[28] 储小平、李怀祖:《家族企业成长与社会资本的融合》,《经济理论与经济管理》2003 年第 6 期。

[29] 崔万田、曾勇、马喆:《区域经济发展绩效:一个基于社会资本的分配视角》,《教学与研究》2009 年第 6 期。

[30] [美] 道格拉斯·诺斯:《制度、制度变迁与经济绩效》,生活·读书·新知三联书店 1994 年版。

[31] 邓建平、曾勇:《政治关联能改善民营企业的经营绩效吗》,《中国工业经济》2009 年第 2 期。

[32] 邓名瑛、刘霞:《论伦理道德对交易费用的影响》,《道德与文明》2003 年第 2 期。

[33] 丁冬、傅晋华、郑风田:《社会资本、民间借贷与新生代农民工创业》,《华南农业大学学报》(社会科学版) 2013 年第 3 期。

[34] 丁宁:《中国农村小额信贷发展的制约因素及对策探析》,《金融发展研究》2009 年第 5 期。

[35] 董玹:《金融发展对收入分配的影响渠道分析》,《上海立信会计学院学报》2005 年第 2 期。

[36] 杜建华、田晓明、蒋勤峰:《基于动态能力的企业社会资本与创业绩效关系研究》,《中国软科学》2009 年第 2 期。

[37] 杜庆军:《中国转型期的关系与非国有企业融资》,博士学位论文,复旦大学,2004 年。

[38] 杜旭宇:《社会资本与农民增收的关联分析》,《经济体制改革》2006 年第 2 期。

[39] 范烨、周生春:《经济发展视角的社会资本研究述评》,《当代经济管理》2009 年第 5 期。

[40] 费孝通:《乡土中国·生育制度》,北京大学出版社 1985 年版。

［41］冯江红：《我国非正规金融存在原因及约束机制》，《新西部》2010年第10期。

［42］冯巍：《内部现金流量和企业投资——来自我国股票市场上市公司财务报告的证据》，《经济科学》1999年第1期。

［43］［美］弗朗西斯·福山：《大分裂：人类本性与社会秩序的重建》，中国社会科学出版社2003年版。

［44］［美］弗朗西斯·福山：《信任：社会美德与创造经济繁荣》，海南人民出版社2001年版。

［45］付卫艳：《金融发展、金融稳定与经济增长的关联机制与实证分析》，博士学位论文，吉林大学，2014年。

［46］高翔：《中国二元经济结构的现状与发展研究》，博士学位论文，厦门大学，2007年。

［47］耿欣、冯波：《小额贷款公司运营及其可持续发展研究——以山东小贷公司为例》，《山东社会科学》2015年第1期。

［48］龚鹤强、林健：《关系认知、关系运作、企业绩效：来自广东省私营中小企业的实证研究》，《南开管理评论》2007年第2期。

［49］顾列铭：《二元金融考验中国》，《管理与财富》2005年第2期。

［50］关雁春：《生态主义的"红色"批判——佩珀生态社会主义思想研究》，博士学位论文，黑龙江大学，2011年。

［51］官兵：《企业家视野下的农村正规金融和非正规金融》，《金融研究》2005年第10期。

［52］郭金龙、于兆吉：《论金融发展理论的演进——从传统比较金融观到金融资源论》，《理论界》2006年第3期。

［53］郭熙保、张克中：《社会资本、经济绩效与经济发展》，《经济评论》2003年第2期。

［54］郭云涛：《区域社会转型与城市居民的社会资本研究》，《社会》2011年第4期。

［55］郭志仪、赵小克：《甘肃省金融发展与城乡收入差距的实证研

究——基于 1978—2011 年的时间序列数据》,《西北人口》 2012 年第 6 期。

[56] 何金耿、丁加华:《上市公司投资决策行为实证分析》,《证券市场导报》2001 年第 9 期。

[57] 贺善侃:《论社会公平的历史性》,《毛泽东邓小平理论研究》2010 年第 11 期。

[58] 胡海青、崔杰、张道宏、张丹:《中小企业商业信用融资影响因素研究——基于陕西制造类非上市企业的证据》,《管理评论》2014 年第 2 期。

[59] 胡金焱:《民间借贷、社会网络与贫困脆弱性》,《山东师范大学学报》(人文社会科学版) 2015 年第 4 期。

[60] 胡石清:《社会理性与可持续发展经济学研究》,博士学位论文,华侨大学,2011 年。

[61] 胡旭阳:《民营企业家的政治身份与民营企业的融资便利——以浙江省民营百强企业为例》,《管理世界》2006 年第 5 期。

[62] 胡志军、刘宗明、龚志民:《中国总体收入基尼系数的估计:1985—2008》,《经济学》(季刊) 2011 年第 4 期。

[63] 胡宗义、李鹏:《农村正规与非正规金融对城乡收入差距影响的空间计量分析——基于我国 31 省市面板数据的实证分析》,《当代经济科学》2012 年第 2 期。

[64] 黄伯勇:《对农村信用社小额信贷可持续发展问题的探讨》,《经济体制改革》2008 年第 2 期。

[65] 黄丹:《中国农村金融压抑类型的研究》,博士学位论文,武汉大学,2011 年。

[66] 黄福广、李西文:《风险资本对中小企业融资约束的影响研究——来自我国中小企业板上市公司的证据》,《山西财经大学学报》2009 年第 10 期。

[67] 黄玹:《金融发展对收入分配的影响渠道》,《上海立信会计学院学报》2005 年第 3 期。

[68] 黄宁莺:《社会资本视域中的女性贫困问题》,《福建师范大学

学报》(哲学社会科学版) 2008 年第 11 期。

[69] 黄其松:《社会资本:科尔曼和帕特南的比较》,《云南行政学院学报》2007 年第 6 期。

[70] 黄晓波:《马克思社会资本思想研究》,博士学位论文,广西师范大学,2014 年。

[71] 黄新建、徐小芳:《政府干预、金融业发展和企业债务期限结构——基于我国民营上市公司的研究》,《技术经济》2010 年第 3 期。

[72] 霍姿名、魏亚平:《文化创意企业社会资本对商业信用的影响研究》,《东南大学学报》(哲学社会科学版) 2016 年第 6 期。

[73] [德] 简斯·贝克尔特:《经济社会学与嵌入性:对"经济行动"的理论抽象》,《经济社会体制比较》2004 年第 6 期。

[74] 江春、杜颖奎:《金融发展与收入分配:一个文献综述》,《金融理论与实践》2008 年第 8 期。

[75] 江春、江鹏:《金融发展如何更好地改善收入分配:理论进展与中国对策》,《金融发展研究》2011 年第 11 期。

[76] 江田华:《社会资本对金融发展的宏观影响分析》,西南财经大学出版社 2007 年版。

[77] 姜玮:《当前我国居民收入分配差距的现状、特点及原因研究》,《江西社会科学》2010 年第 10 期。

[78] 姜玮:《当前我国收入分配政策体系构建研究》,《企业经济》2011 年第 4 期。

[79] 焦瑾璞:《微型金融在中国》,《中国金融》2014 年第 3 期。

[80] 杰凌:《期待阳光的民间金融》,《中国投资》2005 年第 2 期。

[81] 金名:《民间借贷"热钱"涌动》,《中国国情国力》2005 年第 3 期。

[82] 康卫华:《大变革下的当代美国社区银行》,《国际金融研究》2005 年第 6 期。

[83] 孔晗、陈志刚:《金融发展与城乡居民收入差距关系研究——基于湖北省 1978—2007 年数据》,《金融理论与实际》2010 年第

7期。

[84] 孔梓、宁继鸣：《社会资本在孔子学院资源配置中的作用》，《东岳论丛》2014年第12期。

[85] 黎春娴、徐继红：《农村社会资本与我国农村多支柱养老模式的建构》，《理论导刊》2014年第12期。

[86] 李惠斌、杨雪冬：《社会资本与社会发展》，社会科学文献出版社2000年版。

[87] 李见顺：《新农村建设：重建农村社会资本的路径选择》，《理论月刊》2008年第5期。

[88] 李见顺、朱国庆：《重建三峡民族地区农村社会资本的路径选择》，《三峡大学学报》（人文社会科学版）2008年第2期。

[89] 李洁影、杨文婷、莫李院：《关于我国新型银企关系再造的理性思考》，《企业家天地》2006年第10期。

[90] 李静：《农村金融发展和改革的地区差别》，《中国农村观察》2005年第6期。

[91] 李兰兰、赵岩青：《社会资本视角下我国农村信用合作社小额信贷运作情况研究》，《财贸经济》2008年第9期。

[92] 李六：《社会资本理论和中国的社会资本》，《世界经济情况》2010年第4期。

[93] 李路路：《社会资本与私营企业家——中国社会结构转型的特殊动力》，《社会学研究》1995年第6期。

[94] 李路路：《私营企业主的个人背景与企业"成功"》，《中国社会科学》1997年第2期。

[95] 李淑芬：《企业家社会资本对集群企业竞争优势的影响研究》，博士学位论文，吉林大学，2011年。

[96] 李树岭、马庆忠、王冠：《社会资本视角下"润丰惠万家"社区居民贷款案例分析》，《金融发展研究》2011年第1期。

[97] 李水蓝、朱湖英：《城市化对城乡收入差距影响实证分析》，《合作经济与科技》2015年第2期。

[98] 李涛：《社会互动、信任与股市参与》，《经济研究》2006年第

1期。

[99] 李蔚春、陈婷：《青海资本市场发展与产业结构调整》，《青海金融》2015年第3期。

[100] 李晓红、罗敏：《转型中社会资本对人力资本投资的影响》，《中国制度经济学年会论文集》，2006年。

[101] 李焰、张宁：《集团控股比例与上市公司融资约束——基于代理理论的实证分析》，《经济与管理研究》2007年第3期。

[102] 李圆圆、张晓琼：《转型社会中农民工城市社会资本的缺失与构筑》，《山东财政学院学报》2013年第6期。

[103] 李镇西：《微型金融：国际经验与中国实践》，中国金融出版社2011年版。

[104] 厉以宁：《当前非公有制经济进一步发展亟待解决的几个问题》，《经济界》2004年第4期。

[105] 连玉君、程建：《投资—现金流敏感性：融资约束还是代理成本？》，《财经研究》2007年第2期。

[106] 梁贤俊：《基于社会资本视角之我国农村贫困问题原因探析》，《内蒙古农业大学学报》（社会科学版）2010年第6期。

[107] 廖若晨：《大力发展金融业促进滨海新区经济发展》，《天津经济》2011年第2期。

[108] 林南：《社会资本——关于社会结构与行动的理论》，上海人民出版社2005年版。

[109] 林毅夫、孙希芳：《信息、非正规金融与中小企业融资》，《经济研究》2005年第7期。

[110] 刘斌、李磊、莫骄：《社会信任影响FDI的区位选择吗？》，《财贸研究》2011年第12期。

[111] 刘灿、金丹：《社会资本与区域经济增长关系研究评述》，《经济学动态》2011年第6期。

[112] 刘长生、简玉峰：《社会资本、人力资本与内生经济增长》，《财贸研究》2009年第2期。

[113] 刘国亮、姜涛：《社会资本积累与家庭收入分化》，《经济与管

理》2005年第10期。

[114] 刘海波、张丽丽：《我国农村非正规金融与农民收入关系研究》，《东北师大学报》（哲学社会科学版）2009年第5期。

[115] 刘奂成：《中国收入分配问题的成因》，《衡阳师范学院学报》2013年第5期。

[116] 刘璐琳：《社会资本对经济增长的影响机理分析》，《兰州学刊》2008年第1期。

[117] 刘轶、张飞：《基于社会资本的中小企业集群融资分析》，《湖南大学学报》2009年第3期。

[118] 刘志友、孟德锋、杨爱军：《金融发展、支农目标与微型金融机构的成本效率——以江苏省小额贷款公司为例》，《财贸经济》2012年第8期。

[119] 卢燕平：《社会资本与我国金融发展研究》，法律出版社2010年版。

[120] 卢志刚、宋顺锋：《农民工收入微观影响因素统计分析》，《现代财经》2006年第10期。

[121] 罗党论、黄向、聂超颖：《产权、政治关系与房地产企业融资》，《财贸研究》2010年第6期。

[122] 罗杰、黄君慈：《非正式社会结构下民间信用演进与生命周期》，《财经研究》2005年第9期。

[123] 罗小锋：《社会资本与公共物品供给中的精英动员——基于对闽西M村的实地研究》，《福州大学学报》（哲学社会科学版）2014年第5期。

[124] 马宏：《社会资本、金融发展与经济增长——基于中国东中西部省际数据的实证检验比较》，《经济问题》2013年第9期。

[125] 马宏：《社会资本与中小企业融资约束》，《经济问题》2010年第12期。

[126] 马宏：《我国非正规金融的发展、影响与监管创新分析》，《开发研究》2008年第10期。

[127] 马宏：《我国民营企业融资约束与对策》，《价格月刊》2009

年第 6 期。

[128] 马宏：《转轨时期我国民营企业与银行紧密型银企关系的构建》，《经济经纬》2009 年第 2 期。

[129] 马宏：《转型时期社会资本变迁及其对收入分配的影响》，《广西社会科学》2013 年第 5 期。

[130] 马宏、李耿：《制度、社会资本与高新技术企业融资约束——基于深圳创业板上市公司的实证研究》，《证券市场导报》2014 年第 12 期。

[131] 马宏、汪洪波：《高科技中小企业社会资本对商业信用融资的影响——基于深圳创业板上市公司的实证研究》，《西南民族大学学报》（人文社会科学版）2015 年第 2 期。

[132] 马宏、汪洪波：《社会资本对中国金融发展与收入分配关系的影响——基于中国东中西部地区面板数据的实证研究》，《经济评论》2013 年第 5 期。

[133] [美] 玛格里特·米勒：《征信体系和国际经济》，中国金融出版社 2004 年版。

[134] 毛水榕：《转型时期农村社会资本的变迁与重构》，《知识经济》2011 年第 15 期。

[135] [美] 詹姆斯·S. 科尔曼：《社会理论基础》，邓方译，社会科学文献出版社 1999 年版。

[136] 梅锦萍：《社会资本：现实功能和理论意涵》，《学术交流》2010 年第 12 期。

[137] 孟利艳：《网络公共领域中社会资本的再生产何以可能?》，《南京政治学院学报》2013 年第 7 期。

[138] 孟夏、陈磊：《金融发展、FDI 与中国制造业出口绩效——基于新新贸易理论的实证分析》，《经济评论》2012 年第 1 期。

[139] 苗红娜：《社会资本研究：分类与测量》，《重庆大学学报》（社会科学版）2015 年第 11 期。

[140] 聂正彦、苗红川：《我国城镇居民文化消费影响因素及其区域差异研究》，《西北师大学报》（社会科学版）2014 年第 5 版。

[141] 潘闽：《北京市金融产业发展与城乡收入差距的关系研究》，《环渤海经济瞭望》2009 年第 1 期。

[142] 彭定赟、谷军健：《我国金融发展对缩小收入差距的正负效应研究》，《武汉理工大学学报》（社会科学版）2015 年第 3 期。

[143] 彭定赟、未明宏：《我国金融发展与收入差距变化的动态关联研究》，《武汉金融》2013 年第 5 期。

[144] [法] 皮埃尔·布尔迪厄：《文化资本和炼金术——布尔迪厄访谈录》，包亚名译，上海人民出版社 1997 年版。

[145] 皮天雷：《社会资本、法治水平对金融发展的影响分析》，《财经科学》2010 年第 1 期。

[146] [美] 普特南：《繁荣的社群——社会资本和公共生活》，社会科学文献出版社 2000 年版。

[147] [美] 普特南：《使民主运转起来：现代意大利的公民传统》，江西人民出版社 2001 年版。

[148] 钱水土、俞建荣：《中国农村非正规金融制度：演进路径与政策规范》，《商业经济与管理》2007 年第 2 期。

[149] 青木昌彦：《比较制度经济学》，远东出版社 2001 年版。

[150] 饶华春：《中国金融发展与企业融资约束的缓解——基于系统广义矩估计的动态面板数据分析》，《河北经贸大学学报》2009 年第 6 期。

[151] 人行海南州中支课题组：《海南州金融业支持"三农"发展的调查》，《青海金融》2004 年第 7 期。

[152] 邵智宝：《共生共赢　建立我国新型银企关系模式探析》，《北方经济》2012 年第 15 期。

[153] 沈伯平、沈卫平：《制度建设：中国经济增长的新源泉》，《江苏社会科学》2014 年第 6 期。

[154] 沈国琴：《宁夏"草根银行"发展中存在的问题及对策》，《中共银川市委党校学报》2012 年第 5 期。

[155] 沈洋：《社会资本视角下的农业产业化扶贫研究》，博士学位论文，华中师范大学，2013 年。

[156] 师亚宏:《构建和谐社会要正确处理好新时期人民内部矛盾》,《今日中国论坛》2013年第10期。

[157] 石兵、陈娱、顾雅蓉:《国外银企关系的借鉴与启示》,《现代金融》2007年第8期。

[158] 石晓军、李杰:《商业信用与银行借款的替代关系及其反周期性:1998—2006年》,《财经研究》2009年第3期。

[159] 石晓军、张顺明:《商业信用、融资约束及效率影响》,《经济研究》2010年第1期。

[160] 石秀印:《中国企业家成功的社会网络基础》,《管理世界》1998年第6期。

[161] 苏基溶、廖进中:《中国金融发展与收入分配、贫困关系的经验分析——基于动态面板数据的研究》,《财经科学》2009年第12期。

[162] 孙立平:《断裂:20世纪90年代以来的中国社会》,社会科学文献出版社2003年版。

[163] 孙岩:《中国农村非正规金融演进研究》,博士学位论文,辽宁大学,2010年。

[164] 唐时达、巴曙松、刘睿等:《金融结构、劳动力市场特征与就业——基于中国省际面板数据的实证研究》,《江淮论坛》2015年第2期。

[165] 唐时达、刘瑶:《贸易自由化、劳动流动与就业结构调整》,《世界经济研究》2012年第3期。

[166] 唐为、陆云航:《社会资本影响农民收入水平吗——基于关系网络、信任与和谐视角的实证分析》,《经济学家》2011年第9期。

[167] 唐弋宇:《产权性质与中国上市公司债务融资结构的实证研究》,《现代管理科学》2011年第5期。

[168] 陶萍、温琳、陶广君:《货币紧缩对不同制度环境下房地产企业商业信用融资影响研究》,《工程管理学报》2015年第2期。

[169] 田杰、陶建平:《我国农村金融发展与城乡收入差距关系研

究——来自县（市）面板数据的经验证据》，《中国流通经济》2011 年第 10 期。

[170] 田军华：《发挥产业集群优势构建良好银企关系》，《南方金融》2006 年第 9 期。

[171] 万解秋：《信贷配给条件下的中小企业融资》，《经济学动态》2005 年第 2 期。

[172] 万希：《论社会资本与社会企业家》，《经济纵横》2007 年第 6 期。

[173] 汪红梅：《我国农村社会资本变迁的经济分析》，博士学位论文，华中科技大学，2008 年。

[174] 王策：《关于收入分配中效率与公平问题的研究》，《现代交际》2012 年第 2 期。

[175] 王超恩、刘庆：《社会资本与农民工创业融资方式选择》，《西北农林科技大学学报》（社会科学版）2015 年第 3 期。

[176] 王春超、周先波：《社会资本能影响农民工收入吗？——基于有序响应收入模型的估计和检验》，《管理世界》2013 年第 9 期。

[177] 王红：《四川贫困地区农村小额信贷问题研究》，《甘肃农业》2005 年第 10 期。

[178] 王丽萍、霍学喜、邓武红：《西部地区农户资金借贷实证分析——以陕西省 248 户调查为例》，《中国农业大学学报》（社会科学版）2006 年第 3 期。

[179] 王丽英、刘后平：《区域经济差异：资本深化效应还是投资效率改进？》，《改革与战略》2011 年第 12 期。

[180] 王鸾凤、黄霆珺：《文化与金融发展的研究综述》，《财贸研究》2007 年第 1 期。

[181] 王曙光：《农村金融与新农村建设》，华夏出版社 2007 年版。

[182] 王亚飞：《农业产业链纵向关系的治理研究——以专业化分工为研究视角》，博士学位论文，西南大学，2011 年。

[183] 王永钦：《市场互联性、关系型合约与经济转型》，《经济研

究》2006 年第 6 期。

[184] 王宇露：《海外子公司的战略网络、社会资本与网络学习研究》，博士学位论文，复旦大学，2008 年。

[185] 王兆远：《大力推进混合所有制经济和非公有制经济发展》，《青海社会科学》2005 年第 2 期。

[186] 韦伯：《儒教与道教》，王容芬译，商务印书馆 1995 年版。

[187] 魏锋、刘星：《融资约束、不确定性对公司投资行为的影响》，《经济科学》2004 年第 2 期。

[188] 魏浩、刘吟：《对外贸易与国内收入差距：基于全球 125 个国家的实证分析》，《统计研究》2011 年第 8 期。

[189] 魏下海：《异质型人力资本与中国全要素生产率增长：基于省际面板数据的经验分析》，《劳动经济评论》2010 年第 11 期。

[190] 温泉、宋炜丽：《农村小额信贷亟待改革的制度经济学分析》，《产业与科技论坛》2008 年第 7 期。

[191] 温涛、冉光和、熊德平：《中国金融发展与农民收入增长》，《经济研究》2005 年第 9 期。

[192] 吴辫：《湖北地区小额农贷业务存在的问题及对策》，《湖北农村金融研究》2007 年第 4 期。

[193] 吴锦、陈志刚：《金融发展与中部地区城乡收入差距研究》，《武汉金融》2012 年第 7 期。

[194] 吴腾华：《我国金融市场结构：特征、问题及其成因》，《学术研究》2008 年第 11 期。

[195] 吴小瑾：《基于社会资本视角的中小企业集群融资机制研究》，博士学位论文，中南大学，2008 年。

[196] 吴玉宇、张珺：《对我国民间金融发展的一点思考》，《甘肃农业》2006 年第 6 期。

[197] 夏先朝：《城乡二元经济结构下农村留守儿童教育问题研究——以渭南市临渭区大王乡为例》，《艺术科技》2012 年第 4 期。

[198] 熊芳：《互联网金融发展与〈金融学〉教学思考》，《科技经济

市场》2014年第2期。

[199] 熊芳:《微型金融机构（MFIs）发展的文献综述》,《金融发展研究》2009年第4期。

[200] 熊芳:《微型金融机构可持续发展的实证分析》,《统计与决策》2014年第1期。

[201] 熊芳、潘跃:《民族地区微型金融机构社会扶贫功能的统计学分析——基于对湖北省恩施土家苗族自治州的调研数据》,《金融发展研究》2014年第2期。

[202] 熊芳、潘跃:《社会资本对农户联保贷款效应影响的实证分析》,《统计与决策》2015年第6期。

[203] 熊跃根:《论当代社会变迁中的社会资本建构与市民社会发展》,《广东社会科学》2005年第5期。

[204] 徐茂魁、陈丰、张家伟等:《对金融发展理论的思考——以美国次贷危机为鉴》,《政治经济学评论》2009年第1期。

[205] 徐琼:《也谈二元经济结构下我国农村剩余劳动力的转移途径》,《商业文化》2011年第3期。

[206] 徐淑芳:《全球微型金融的现状与发展趋势》,《金融研究》（实务版）2007年第9期。

[207] 徐淑芳:《信任、社会资本与经济绩效》,《学习与探索》2005年第5期。

[208] 许国新:《商业银行特许权价值的自律效应研究》,《上海金融》2008年第3期。

[209] 闫瑶:《银行改革对银企关系的影响》,《中央财经大学学报》2008年第3期。

[210] 杨桂萍:《申论模拟试题：收入分配问题》,《时事报告》2010年第8期。

[211] 杨俊、李晓羽、张宗益:《中国金融发展水平与居民收入分配的实证分析》,《经济科学》2006年第2期。

[212] 杨喜孙、薛瑞鑫、叶华:《农村信用社小额信贷可持续发展面临的问题及对策》,《农村经济》2007年第5期。

[213] 杨小玲：《社会资本视角下的中国金融发展与经济增长关系——基于1997—2008年省际面板数据研究》，《产经评论》2010年第2期。

[214] 杨宜音：《自己人：信任建构过程的个案研究》，《社会学研究》2005年第2期。

[215] 杨毅、颜白鹭：《银企关系对制造业中小企业商业信用可得性影响研究——基于江苏徐州和广西柳州典型样本的经验证据》，《武汉理工大学学报》（社会科学版）2011年第6期。

[216] 杨宇、沈坤荣：《社会资本、制度与经济增长——基于中国省级面板数据的实证研究》，《制度经济学研究》2010年第2期。

[217] 姚福喜、徐尚昆：《国外社会资本理论研究进展》，《理论月刊》2008年第5期。

[218] 尹景松：《我国分配制度调整的思考》，《才智》2011年第5期。

[219] 游碧蓉、郑境辉：《农村社会资本变迁下的农村合作金融发展》，《科研科技和产业》2008年第10期。

[220] 游国雄：《中国农户小额信贷正规化的路径选择》，《时代金融》2008年第1期。

[221] 游家兴、刘淳：《嵌入性视角下的企业家社会资本与权益资本成本——来自我国民营上市公司的经验证据》，《中国工业经济》2011年第6期。

[222] 于景辉：《全球化背景下的我国社会管理机制创新研究》，博士学位论文，吉林大学，2011年。

[223] 于蔚、汪淼军、金祥荣：《政治关联和融资约束：信息效应与资源效应》，《经济研究》2012年第9期。

[224] 余玲铮：《金融发展与收入不平等：只是线性关系?》，《上海金融》2012年第4期。

[225] 余玲铮：《金融中介发展对收入不平等影响的实证分析》，《现代管理科学》2012年第7期。

[226] 余明桂、潘红波：《政治关系、制度环境与民营企业银行贷

款》,《管理世界》2008年第8期。

[227] 余秀江、杨威、谭华风:《企业家异质性与中小企业信贷可获性关系综述》,《华东经济管理》2013年第1期。

[228] [美]约瑟夫·斯蒂格利茨:《正式和非正式的制度》,《经济社会体制比较》2003年第1期。

[229] 曾国安、冯柏林:《如何促进收入分配制度的改革?》,《江西社会科学》2014年第1期。

[230] 张斌彬:《意识形态与"经济人"假定》,《经济研究导刊》2011年第2期。

[231] 张兵、刘丹、郑斌:《农村金融发展缓解了农村居民内部收入差距吗?——基于中国省级数据的面板门槛回归模型分析》,《中国农村观察》2013年第3期。

[232] 张琛:《自由现金流量代理成本检验与控制研究》,博士学位论文,合肥工业大学,2014年。

[233] 张方华:《企业的社会资本与技术创新——技术创新理论研究的新视野》,《自然辩证法通讯》2003年第6期。

[234] 张芳:《中国银行业市场份额分析》,《中国经贸导刊》2012年第16期。

[235] 张改清:《中国农村民间金融的内生成长——基于社会资本视角的分析》,《经济经纬》2008年第2期。

[236] 张广利、孙贵霞:《普遍信任的缺失与培育:社会资本视角的分析》,《华东理工大学学报》(社会科学版)2006年第9期。

[237] 张红伟、陈伟国:《中国金融发展与城乡收入差距关系的实证研究》,《财政研究》2008年第12期。

[238] 张捷:《结构转换期的中小企业金融研究:理论、实证与国际比较》,北京经济科学出版社2003年版。

[239] 张俊生、曾亚敏:《社会资本与区域金融发展——基于中国省际数据的实证研究》,《财经研究》2005年第4期。

[240] 张立军、湛泳:《中国农村金融发展对城乡收入差距的影响——基于1978—2004年数据的检验》,《中央财经大学学

报》2006 年第 5 期。

[241] 张亮、朱俊珺：《浅析我国的收入分配改革问题》，《东方企业文化》2011 年第 4 期。

[242] 张明艳、孙晓飞：《金融发展影响收入分配的理论争论》，《商业时代》2013 年第 6 期。

[243] 张其仔：《社会网与基层社会生活——晋江市西滨镇跃进村案例研究》，《社会学研究》1999 年第 3 期。

[244] 张其仔：《社会资本论——社会资本与经济增长》，社会科学文献出版社 1999 年版。

[245] 张前程：《金融发展与收入分配关系的研究综述》，《经济研究导刊》2009 年第 3 期。

[246] 张爽、陆铭、章元：《社会资本的作用随市场化进程减弱还是加强——来自中国农村贫困的实证研究》，《经济学》2007 年第 6 期。

[247] 张铁军：《关于制约非公经济发展的体制瓶颈的几点思考》，《山西青年管理干部学院学报》2005 年第 3 期。

[248] 张维迎、柯荣住：《信任及其解释：来自中国的跨省调查分析》，《经济研究》2002 年第 10 期。

[249] 张文宏：《社会转型过程中社会网络资本的变迁》，《社会》2008 年第 3 期。

[250] 张文宏：《社会资本：理论争辩与经验研究》，《社会学研究》2003 年第 4 期。

[251] 张鑫：《社会资本和融资能力对农民创业的影响研究》，博士学位论文，西南大学，2015 年。

[252] 张兴、张炜：《节粮型畜牧业发展一定有益于粮食安全吗？——基于省域面板数据的实证分析》，《生态经济》2015 年第 2 期。

[253] 张学海、杨晓龙：《金融发展与城乡收入差距实证研究》，《现代管理科学》2012 年第 12 期。

[254] 张学志、才国伟：《社会资本对农民工收入的影响研究》，《中

山大学学报》(社会科学版) 2012 年第 5 期。

[255] 张雪:《社区公共安全治理的公民参与——基于社会资本的视域》,《安徽农业大学学报》(社会科学版) 2015 年第 1 期。

[256] 章奇、刘明兴、陶然:《中国金融中介与城乡收入差距》,《中国金融学》2003 年第 11 期。

[257] 赵安娜:《非公有制经济亟待解决的问题》,《中国经济信息》2004 年第 7 期。

[258] 赵昂、荣灿:《社会资本理论视角下农村资金互助社的运行机制分析》,《华中师范大学研究生学报》2015 年第 1 期。

[259] 赵晨:《产权结构与企业投资——现金流敏感性的实证分析》,《河南工业大学学报》(社会科学版) 2008 年第 2 期。

[260] 赵家章:《社会资本是否影响经济增长——基于中国区域视角的经验分析》,《经济与管理研究》2010 年第 12 期。

[261] 赵静:《构建新型银企关系的难点与对策》,《商业文化》2007 年第 4 期。

[262] 赵祥:《企业集群融资机制的变迁》,《经济与管理研究》2005 年第 1 期。

[263] 赵祥:《社会资本的经济分析及在我国的表现》,《经济问题》2006 年第 3 期。

[264] 赵欣、尹韶青:《试论高等教育与社会分层的双向关系》,《中国成人教育》2014 年第 2 期。

[265] 赵延东:《求职者的社会网络与就业保留工资:以下岗职工再就业过程为例》,《社会学研究》2005 年第 4 期。

[266] 赵延东、罗家德:《如何测量社会资本:一个经验研究综述》,《国外社会科学》2005 年第 3 期。

[267] 郑长德:《中国金融发展与城镇居民收入差距关系的实证研究》,《财经理论与实践》2006 年第 6 期。

[268] 郑传贵:《社会资本在社会发展中的作用——兼论韩国新村运动提高社会资本的实践与思考》,《学术交流》2006 年第 11 期。

[269] 郑传贵:《转型期农村社区社会资本研究——以赣东北项村为

例》，博士学位论文，西北农林科技大学，2005年。

[270] 郑刚：《小额农贷面临诸多问题》，《时代金融》2005年第9期。

[271] 郑江淮、何旭强、王华：《上市公司投资的融资约束：从股权结构角度的实证分析》，《金融研究》2001年第11期。

[272] 郑京海、胡鞍钢：《中国改革时期省际生产率增长变化的实证分析（1979—2001年）》，《经济学》（季刊）2005年第1期。

[273] 郑美群：《基于智力资本的高技术企业绩效形成机理研究》，博士学位论文，吉林大学，2006年。

[274] 郑颖：《以金融体制改革助推经济转型》，《现代商业》2011年第11期。

[275] 郑志刚：《金融发展的决定因素——一个文献综述》，《管理世界》2007年第3期。

[276] 中国银行四川省分行课题组：《经济转型时期的银企关系研究》，《西南金融》2006年第1期。

[277] 钟君、曹阳：《社会资本与经济学分析范式研究评述》，《金融教学与研究》2015年第1期。

[278] 钟云华、沈红：《文化资本理论视野下助学贷款的社会流动功用研究》，《教育科学》2012年第4期。

[279] 周长城、陈云：《贫困：一种社会资本视野的解释》，《学海》2003年第2期。

[280] 周红云：《社会资本及其在中国的研究与应用》，《经济社会体制比较》2004年第2期。

[281] 周小柯、席艳玲、陈一：《地方政府行为视角下金融发展与经济增长的关系——基于219个地市级及以上城市面板数据的实证研究》，《金融与经济》2015年第1期。

[282] 朱国宏：《经济社会学》，复旦大学出版社1999年版。

[283] 朱建军、常向阳：《村庄社会资本与居民收入差距的实证分析》，《南京农业大学学报》（社会科学版）2010年第10期。

[284] 朱明：《国际金融危机的文化透视及提升我国金融业战略竞争

力的思考》,《商业研究》2012年第9期。

[285] 朱乾宇:《民族贫困地区农村信用合作社推行农户小额信贷的实证分析》,《社会科学》2007年第4期。

[286] 朱映凤:《中国通货膨胀的门限效应及主要影响因素研究》,博士学位论文,重庆大学,2011年。

[287] 朱运河:《外出农民工职业发展影响因素研究——基于安徽省3市的调查数据》,《调研世界》2014年第2期。

[288] 卓凯:《非正规金融、企业家甄别与制度变迁:理论与经验》,《制度经济学研究》2006年第1期。

[289] 佐藤宏:《中国农村收入增长:1990—2002年》,《世界经济汇》2009年第4期。

[290] Adler Paul and Kwon Seok-Woo, "Social Capital: Prospects for a New Concept", *The Academy of Management Review*, Vol. 27, No. 1, 2002.

[291] Aghion, P. and Bolton, P., "A Theory of Trickle—Down Growth and Development", *Review of Economic Studies*, Vol. 64, 1997, pp. 151-172.

[292] Arellano, M. and Bond, S., "Some Tests of Specification for Panel Data: Monte Carlo Evidence and an Application to Employment Equations", *Review of Economics Studies*, Vol. 58, 1991, pp. 277-297.

[293] Arrow, Kenneth J., *Gifts and Exchanges*, Philosophy and Public Affairs, Summer, 1972, p. 357.

[294] Batjargal, B. and Liu, M., "Entrepreneurs' Access to Private Equity in China: The Role of Social Capital", *Organization Science*, Vol. 15, No. 2, 2004, pp. 159-172.

[295] Beck, T., Levine, R. and Levkov, A., "Big Bad Banks: The Impact of U. S. Branch Deregulation on Income Distribution", *NBER Working Paper*, No. 13299, 2007.

[296] Beck, Thorsten, Asli Demiguc-Kunt and Ross Levine, "Finance, Inequality and Poverty: Cross-country Evidence", *World Bank*

Policy Research Working Paper 3338, June, 2004.

[297] Beck, T., Demirguc - Kunt, A., Laeven, L. and Levine, R., "Finance Firm Size, and Growth", *Money, Credit and Banking*, Vol. 40, No. 7, 2008, pp. 1379 - 1405.

[298] Beck, T., Demirguc - Kunt, A., Laeven, L. and Levine, R., "Finance, Firm Size, and Growth", *Money, Credit and Banking*, Vol. 40, No. 7. 2008, pp. 1379 - 1405.

[299] Bian Yanjie, "Bringing Strong Ties Back in: Indirecties, Network Bridges, and Job Searches in China", *American Sociological Review*, 62, 1997.

[300] Bjrnskov, C., "Themultiple Facets of Social Capital European", *Journal of Political Economy*, Vol. 22, 2006, pp. 22 - 40.

[301] Bond, S., "Dynamic Panel Data Models: A Guide to Micro Data Methods and Practice", *CEMMAP Working Paper CWP09/02*, Department of Economics, Institute for Fiscal Studies, London, 2002.

[302] Boubakri, N. O., Guedhami, Saffar D. R. and Mishra, W., "Political Connections and the Cost of Equity Capital", *SSRN Working Paper*, 2010.

[303] Bourdieu Pierre, *The Forms of Social Capital Handbook of Theory and Research for the Sociology of Education*, John Richardson, Westport, CT: Greenwood Press, 1986.

[304] Bowles, S. and Gintis, H., "Social Capital and Community Governance", *Economic Journal*, 112 (483), 2002, pp. 419 - 436.

[305] Boxman, E. A. W., De Graaf, P. M. and Flap, Henk D., "The impact of Social and Human Capital on the Income Attainment of Dutch Managers", *Social Networks*, Vol. 13, 1991.

[306] Brass, Daniel and Burkhart, Marlene, "Centrality and Power in Organizations", in Nohria, Nitin and Eccles, Robert G. (eds.), *Networks and Organizations*, Boston: Harvard Business School Press, 1992.

[307] Brown, Thomas Ford, "Theoretical Perspectives on Social Capital", *Working Paper*, in http: Pphal. Lamar. Edu, 1997.

[308] Burt, Ronald, *Structural Holes: The Social Structure of Competition*, Cambridge: Harvard University Press, 1992.

[309] Campbell, K., Marsden, P. and Hurlbert, J., "Social Resources and Socioeconomic Status", *Social Networks*, Vol. 8, No. 1, 1986.

[310] Casey, Terrence and Kevin Christ, "Social Capital and Economic Performance in the American States", *Social Science Quarterly*, Vol. 86, No. 2, 2005, pp. 826 – 845.

[311] Chakraborty, S. and Ray, T., "The Development and Structure of Financial Systems", *University of Oregon Economics Department Working Papers*, Vol. 31, No. 9, 2003, pp. 2920 – 2956.

[312] Clarke, George, Xu, Lixin Colin and Zou, Heng – fu, "Finance and Income Inequality: Test of Alternative Theories", *March World Bank Policy Research Working Paper*, Vol. 2984, 2003.

[313] Clarke, G., Xu, L. C. and Zou, H., "Finance and Income Inequality; What Do the Data Tell Us?", *Southern Economic Journal*, Vol. 72, No. 3, 2006, pp. 578 – 596.

[314] Coleman, James S., *The Foundations of Social Theory*, Cambridge, MA: Belknap Press of Harvard University, 1990.

[315] David Knoke, *Political Networks: The Structural Perspective*, New York: Cambridge University Press, 1990, pp. 68 – 69.

[316] Dawson, P. J., "Financial Development and Economic Growth in Developing Countries", *Progress in Development Studies*, No. 4, 2008, pp. 325 – 331.

[317] De Graaf, N. and Flap, H., "With a Little Help from My Friends", *Social Forces*, Vol. 67, No. 2, 1988.

[318] Demirgü – Kunt, A. and Maksimovic, V., "Firma as Financial Intermediations: Evidence from Trade Credit Data", Mimeo, World

Bank, 2001.

[319] Douglass C. North, *Institutions, Institutional Change and Economic Performance*, New York: Cambridge University Press, 1990, p. 37.

[320] Edward S. Shaw, *Financial Deepening in Economic Development*, Oxford University Press, 1973.

[321] Faccio, M., "The Characteristics of Politically Connected Firms", *Purdue University Working Paper*, 2007.

[322] Fafchamps, "Development and Social Capital", *Development Studies*, Vol. 42, 2006, pp. 1180 – 1198.

[323] Fazzari, Steven M., Glenn, Hubbard R. and Petersen, Bruce C., "Financing Constraints and Corporate in Investment", *Brookings Paper on Economic Activity*, No. 1, 1988, pp. 141 – 195.

[324] Fukuyama, Francis, *Trust: The Social Virtues and the Creation of Prosperity*, New York Free Press, 1995.

[325] Gaamaa Hishigsuren, *Evaluating Mission Drift in Microfinance: Lessons for Programs with Social Mission*, http://erx.sagepub.com/cgi/content/abstract/31/3/203, 2007.

[326] Galor, Oded and Joseph Zeira, "Income Distribution and Macroeconomics", *Review of Economic Studies*, Vol. 60, No. 1, 1993, pp. 35 – 52.

[327] Garretsen, H., Lensink, R. and Setrken, E., "Growth, Financial Development, Social Norms and Legal Institutions", *International Financial Markets, Institutions and Money*, No. 14, 2004, pp. 165 – 183.

[328] Goergen, M. L., "Renneboog. Investment Policy, Internal Financing and Ownership Concentration in the UK", *Journal of Corporate Finance*, No. 7, 2001, pp. 257 – 284.

[329] Goldin, C. and Katz, L. F., "Human Capital and Social Capita: The Rise of Secondary Schooling in America, 1910 – 1940", *NBER Working Paper*, 1998.

[330] Goldsmith, R. , *Financial Structure and Economic Development*, New Haven: Yale University Press, 1969, pp. 155 –213.

[331] Granovetter, Mark, "The Strength of Weak Tie", *American Journal of Sociology*, Vol. 78, 1973.

[332] Granovetter, M. and Swedberg, R. , *The Sociology of Economical Life*, Boulder , Colorado: Westview Press , 1992.

[333] Granovetter, M. , "Economic Action and Social Structure: The Problem of Embeddedness", *American Journal of Sociology*, Vol. 91, No. 3, 1985, pp. 481 –510.

[334] Greenwood, Jeremy and Boyan Jovanovic, "Financial Development, Growth, and the Distribution of Income", *Journal of Political Economy*, Vol. 98, No. 5, 1990, pp. 1076 –1107.

[335] Guiso, L. , Sapienza, P. and Zingales, L. , "The Role of Social Capital in Financial Development", *The American Economic Review*, Vol. 94, No. 3, 2004, pp. 526 – 556.

[336] Houston, J. and James, C. , "Do Relationships Have Limits Banking Relationships, Financial Constraints, and Investment", *Journal of Business*, Vol. 74, No. 3, 2001, pp. 347 –374.

[337] Inessa Love, "Financial Development and Financing Constraints: International Evidence from the Structural Investment Model", *The Review of Financial Studies*, Autumn 16, 3, 2003.

[338] Inessa Love, "Corporate Governance and Bank Performance in Emerging Markets: Evidence from Russia and Ukraine", *Emerging Markets Finance and Trade*, Vol. 51 (Sup2), 2015, pp. S101 –S121.

[339] James Copestake, "Mainstreaming Microfinance: Social Performance Management or Mission Drift?", *World Development*, 3S (10), 2007.

[340] James K. Sebenius, "Negociation Arithmetic: Adding and Subtracting Issues and Parties", *International Organization*, Vol. 37, Spring, 1983, pp. 281 –316.

[341] Jeremy Greenwood, Boyan Jovanovic, "Financial Development,

Growth, and Distribution of Income", *Journal of Political Economy*, Vol. 98, 1990, pp. 1076 – 1107.

[342] Karlan, D., "Microfinance Impact Assessments: The Perils of Using New Members As a Control Group", *Journal of Microfinance*, Vol. 48, No. 2, 2001, pp. 76 – 85.

[343] King, Robert G. and Levine, Ross, "Finance and Growth: Schumpeter Might Be Right", *Quarterly Journal of Economics*, Vol. 108, 1993, pp. 717 – 738.

[344] Knack, S., "Social Capital and the Quality of Government: Evidence from the U. S. States", *American Journal of Political Science*, Vol. 46, No. 4, 2002, pp. 772 – 785.

[345] Kohler, M., Britton, E. and Yates, T., "Trade Credit and the Money Transmission Mechanism", *Working Paper*, The Bank of England, 2000.

[346] Krugman, P., "The Myth of Asia's Miracle", *Foreign Affairs*, Vol. 73, No. 6, 1994, pp. 63 – 79.

[347] La Porta, R., Lopez – De – Silanes, F., Shleifer, A. and Vishny, R., "Trust in Large Organization", *American Economic Review*, Vol. 87, 1997, pp. 333 – 338.

[348] Larke, George, Xu, Lixin Colin and Zou, Hengfu, "Finance and Income Inequality: Test of Alternative Theories", *March World Bank Policy Research Working Paper* 2984, 2003.

[349] Leana, Carrie, Buren and Vanó, Harry J., "Organizational Social Capital and Employment Practices", *The Academy of Management Review*, Vol. 24, No. 3, 1999.

[350] Leenders, R. and Gabbay, S. M., *Corporate Social Capital and Liability*, Boston: Kluwer Academic Press, 1999, pp. 483 – 494.

[351] Lin Nan, "Social Networks and Status Attainment", *Annual Review of Sociology*, Vol. 25, 1999.

[352] Lin, Nan and Dumin, Mary, "Access to Occupations Through So-

cial Ties", *Social Networks*, Vol. 8, 1986.

[353] Lin, Nan, Ensel, Walter M. and Vaughn, John C., "Social Resources and Strength of Ties: Structural Factors in Occupational Status Attainment", *American Sociological Review*, 46 (4), 1981.

[354] Lindon J. Robison and Marcelo E. Siles, "Social Capital and Household Income Distributions in the United States", *Journal of Social Economics*, Vol. 28, 1999, pp. 43 – 93.

[355] Luo, Jar – Der, Chi, Shu – Cheng and Lin, David, "Who Is Trustworthy A Comparison of Social Relations Across the Taiwan Strait", Paper Presented at the Conference of North American Chinese Sociologists Association, Chicago, Aug. 14th, 2002.

[356] Marsden, Peter and Hurlbert, Jeanne, "Social Resources and Mobility Outcomes: A Replication and Extension", *Social Forces*, Vol. 66, 1988.

[357] Maurer, Noel and Haber, Stephen, "Bank Concentration, Related Lending and Economic Performance: Evidence from Mexico", *Stanford University MIMEO*, 2003.

[358] Mckinnon, R. I., "Money and Capital in Economic Development", Brooking Instition, Washington D. C., 1973, pp. 121 – 145.

[359] Mogues, T. and Carter, M. R., "Social Capital and the Reproduction of Economic Inequality in Polarized Societies", *Journal of Economic Inequality*, Vol. 3, 2005, pp. 193 – 219.

[360] Montgomery, James, "Job Search and Network Composition: Implications of the Strength of Weakties Hypothesis", *American Sociological Review*, Vol. 57, 1992.

[361] Morduch, J., "The Microfinance Promise", *Journal of Economic Literature*, Vol. 37, 1999, pp. 1569 – 1614.

[362] Nee, V., "Social Inequalities in Reforming State Socialism: Between Redistribution and Market in China", *American Sociological Review*, Vol. 55, No. 3, 1991, pp. 267 – 282.

[363] Newman, A. F., Banerjee, A. V., Newman, A. F. et al., "Occupational Choice and the Process of Development", *Journal of Political Economy*, Vol. 101, No. 2, 1993, pp. 274 – 298.

[364] Oded Galor, Joseph Zeira, "Income Distribution and Macroeconomics", *Review of Economic Studies*, Vol. 60, 1993, pp. 35 – 52.

[365] Olstrom, Governing, *The Commons: The Evolution of Institution for Collection Action*, New York: Cambridge University Press, 1990, pp. 200 – 201.

[366] Ostrom, E., "Private and Common Property Rights", *Encyclopedia of Law and Economics*, eds. by Bouckaert, B. and De Geest, G., 1999, pp. 332 – 379.

[367] Paxton, Pamela, "Is Social Capital Declining in the Unites Stated? A Multiple Indicator Assessment", *American Journal of Sociology*, Vol. 105, No. 1, 1999.

[368] Petersen, Mitchell A. and Raghuram, Rajan G., "Trade Credit: Theories and Evidencce", *Review of Financial Studies*, Vol. 10, 1997, pp. 661 – 691.

[369] Portes, Alejandro, "Social Capital: Its Origins and Applications in Modern Sociology", *Annual Review of Sociology*, Vol. 24, 1998.

[370] Putnam Robert, *Making Democracy Work: Civic Traditions in Modern Italy*, Princeton NJ: Princeton University Press, 1993.

[371] Putnam Robert, "Bowling alone: America's Declining Social Capital", *Journal of Democracy*, Vol. 6, 1995.

[372] Reingold, David, "Social Networks and the Employment Problem of the Urban Poor", *Urban Studies*, Vol. 36, 1999.

[373] Ronald, S., *Burt Structure Holes: The Social Structure of Competition*, Harvard University Press: Cambridge, 1992.

[374] Schiantarelli, "Use of Recombinant Inbred Lines (RILs) to Identify, Locate and Map Major Genes and Quantitative Traitloci Involved with in Vitro Regeneration Ability in Arabidopsis Thaliana", *TAG Theoret-*

ical and Applied Genetics, Vol. 102, No. 2, 2001, pp. 335 – 341.

[375] Seemann, P. and Hüppi, R., "Social Capital: Securing Competitive Advantage in the New Economy", Financial Times, London, 2001.

[376] Shaw, Edward S., Financial Deepening in Economic Development, New York: Oxford University Press, 1973.

[377] Shin, H. H. and Park, Y. S., "Financing Constraints and Internal Capital Markets: Evidence from Korean Chaebols", Journal of Corporate Finance, Vol. 5, 1999, pp. 169 – 191.

[378] Shleifer, A. and Vishny, R. W., "Management Entrenchment: The Case of Manager – Specific Investments", Journal of Financial Economics, Vol. 25, 1989, pp. 123 – 140.

[379] Sobel, Joel, "Can We Trust Social Capital?", Journal of Economic Literature, Vol. – XL, 2002, pp. 139 – 154.

[380] Stiglitz, J. E., "Formal and Informal Institutions in Social Capital: A Multifaceted Perspective", The International Bank for Reconstruction and Development, The World Bank, 2000, pp. 59 – 70.

[381] Thorsten Beck et al., "Finance, Inequality and Poverty: Cross – country Evidence", World Bank Policy Research Working Paper 6, 2004, pp. 33 – 38.

[382] Townsend, R. M. and Ueda, K., "Financial Deepening, Inequality, and Growth: A Model – based Quantitative Evaluation", Kenichi Ueda, Vol. 73, No. 1, 2003, pp. 251 – 293.

[383] Uzzi Brian, "Embedness in the Making of Financial Capital: How Social Relations and Networks Benefit Firms Seeking Financing", American Sociological Review, Vol. 64, No. 4, 1999, pp. 481 – 505.

[384] Uzzi Brian, "The Sources and Consequences of Embedness for the Economic Performance of Organizations'", American Sociological Review, Vol. 61, 1996.

[385] Volker, Beate and Flap, Henk, Getting ahead in the GDR: Hu-

man Capital and Social Capital in the Status Attainment Process under Communism, Universiteit Utrecht, the Netherlands, 1996.

[386] Wegner, Bernd, "Job Mobility and Social Ties: Social Resources, Prior Job, and Status Attainment", *American Sociological Review*, 56, 1991.

[387] Whiteley, Paul F., *Social Capital and European Democracy*, NY: Routledge, 1999.

[388] Zheng, Y., "Bank Lending Incentives and Firm Investment Decision in China", *Working Paper*, Chinese University of Hong Kong, 2008.